종교문화의 안과 밖

종교문화의 안과 밖

이야기를 해야 알죠! II

● 한국종교문화연구소 편 ●

종교는 가공된 다이아몬드 이상으로 다양한 얼굴을 지닌 세계다. 계시나 깨달음의 체험과 같은 종교경험에서부터 신화와 경전, 교리와 사상, 윤리와 규범, 의례와 실천, 종교 전문가와 평신도, 종교예술에 이르기까지 다양한 차원을 지니고 있을 뿐만 아니라 정치나 경제와도 밀접한 관련을 맺고 있는 것이 종교의 세계다. 다면적이고 다층적인 차원을 지닌 종교는 개인과 사회, 역사에 지대한 영향을 미친다. 종교를 통해 마침내 인생의 진리와 구원을 얻었다고 고백하는 사람이 있는가 하면, 종교 때문에 인생을 망쳤다고 탄식하는 목소리도 들린다. 종교로 인해 높은 장벽이 세워지는가 하면, 종교가 화해의 메신저가 되기도 한다. 종교 때문에 전쟁이 일어나는가 하면, 종교를 통해 평화의 횃불이 피어오르기도 한다.

도서출판 모시는사람들

책을 내며

　종교는 종종 다이아몬드에 비유된다. 대부분의 사람이 '다이아몬
드' 하면 제일 먼저 떠올리는 이미지는 아마도 '이 세상에서 가장 단단
한 광석'일 것이다. 어떤 것으로도 변질시키거나 마모시킬 수 없는 단
단한 천연 광물 말이다. 눈치 빠른 독자라면 이 대목에서 곧바로 종교
적 진리의 영원성과 다이아몬드의 단단함을 연결시킬 것이다. 불교 경
전에 친숙한 독자라면 'Daimond Sutra'로 영역되는 「금강경」의 지혜를
떠올릴지 모른다. 영원한 진리나 지혜의 표상으로서 다이아몬드는 구
도자나 수행자의 길을 걷고자 하는 종교인들에게 삶의 나침판과 같은
역할을 할 수 있을 것이다.
　그런데 이 대목에서 종교 연구자의 관심을 더 끄는 것은 다이아몬
드 원석의 경도보다는 보석으로 가공된 다이아몬드의 외형이다. 다이
아몬드 반지나 목걸이를 보면 금방 알 수 있듯이 다이아몬드는 수많
은 면을 지니고 있다. 수십 개, 심지어는 수백 개의 면을 가진 다이아
몬드 보석도 있다. 따라서 어떤 각도에서든지 다이아몬드를 볼 수 있
다. 그런 만큼 한 면만 보고 그 다이아몬드의 전모를 파악했다고 할 수
는 없다.
　종교는 가공된 다이아몬드 이상으로 다양한 얼굴을 지닌 세계다. 계

시나 깨달음의 체험과 같은 종교경험에서부터 신화와 경전, 교리와 사상, 윤리와 규범, 의례와 실천, 종교 전문가와 평신도, 종교예술에 이르기까지 다양한 차원을 지니고 있을 뿐만 아니라 정치나 경제와도 밀접한 관련을 맺고 있는 것이 종교의 세계다.

이처럼 다면적이고 다층적인 차원을 지닌 종교는 개인과 사회, 역사에 지대한 영향을 미친다. 종교를 통해 마침내 인생의 진리와 구원을 얻었다고 고백하는 사람이 있는가 하면, 종교 때문에 인생을 망쳤다고 탄식하는 목소리도 들린다. 종교로 인해 높은 장벽이 세워지는가 하면, 종교가 화해의 메신저가 되기도 한다. 종교 때문에 전쟁이 일어나는가 하면, 종교를 통해 평화의 햇불이 피어오르기도 한다. 이처럼 복합적이고 역동적인 종교의 세계를 이해하기 위해서는 다양한 관심과 시각을 지닌 종교 연구자들의 협력이 필요하다.

이 책은 한국종교문화연구소의 구성원들이 연구소의 온라인 소식지인 뉴스레터에 기고한 수백 편의 글 중 일부를 뽑아 엮은 것이다. 본 연구소는 2008년부터 연구원 중심으로 매주 회원들이 돌아가며 뉴스레터에 에세이 형식의 짧은 글을 게재하여 왔다. 종교문화의 안과 밖을 두루 살피는 동시에 이에 관한 비판적 담론의 장을 마련하기 위해서였다. 이 담론의 공간에 실리는 글들은 회원 각자가 종교를 연구하는 과정에서 갑자기 떠오른 생각이나 아이디어를 단상의 형식으로 정리한 것에서부터 국내외적으로 일어난 종교 관련 사건과 이슈에 대한 시평, 나아가 종교학 이론이나 종교 연구 방법과 관련한 학문적 의제에 이르기까지 매우 다양한 메뉴로 구성되어 있다.

　본 연구소에서는 3년 전인 2018년에 뉴스레터에 실린 글 중 일부를 뽑아 『이야기를 해야 알죠!: 37인이 말하는 종교문화』라는 제목으로 첫 번째 책을 발간한 바 있다. 이번이 두 번째 기획으로서 총 63편의 글을 실었다. 첫 번째 책의 경우와 마찬가지로 이번에도 글의 성격과 내용을 고려하여 네 부분으로 나누었고, 시평에 해당하는 글들의 말미에는 발표 시점을 표기하여 독자의 이해를 돕도록 하였다. 한국종교문화연구소가 존재하는 한 이 시리즈는 계속될 것으로 보인다. 이 책을 통해 종교문화에 대한 우리 사회의 비판적 성찰과 인식 지평이 더 확장되고 심화되기를 기대해 본다. 이번에도 책이 나오기까지 여러 모로 힘써 준 도서출판 모시는사람들에게 다시 한번 감사드린다.

2021년 7월
필자들을 대표하여 이진구

종교문화의 안과 밖

제1부

비평

종교현실에서 우리가 기대할 수 있는 것

　요즘 저는 종교를 보면서 마음이 편치 않습니다. 좋은 가치와 착한 규범들을 가르치고 실천한다는 종교들이 서로 티격태격할 뿐만 아니라 아예 살육도 마다하지 않는 싸움의 소용돌이를 일으키기도 하기 때문입니다. 그런데 그것이 먼 곳에서 일어나는 일이 아니라 바야흐로 우리 울안에서도 그런 사태에 이를지도 모른다는 조바심이 일면서 무척 당혹스럽고 두렵고 걱정이 됩니다.

　하기야 종교 간의 갈등이 어제 오늘의 일은 아닙니다. 종교는 아득한 때부터 그래왔습니다. 무릇 신념이란 그것이 굳어지면 거의 맹목적인 자기 절대화에 이르기 때문입니다. 그렇기 때문에, 종교인들에게는 무척 송구스러운 말이지만, 종교는 평화를 위해 기여하기보다 실은 갈등을 야기하는 주체로 존속해왔다고 해도 그르지 않을 만큼 늘 스스로 가르치는 좋은 덕목이 무색하게 미움, 저주, 살육을 마다하지 않았습니다. 종교와 종교 간에, 종교와 종교 아닌 다른 문화 간에, 그리고 심지어 자기 집안(교단 내)에서조차 한 번도 조화롭게 지낸 적이 없습니다. 제각기 자기가 절대적으로 옳다고 믿기 때문입니다. 그리고 그럴 때마다 종교(종파)는 자기를 정당화하는 '거룩한 논리'를 당당하게 폈습니다.

그럼에도 불구하고 종교사는, 이를테면 정치사와 다르지 않게, 그 소용돌이 속에서 종교들의 '흥망성쇠'를 보여주고 있습니다. 비록 인간이 종교적이기를 지속하지 않은 것은 아니지만, 하나의 종교의 소멸, 그것을 수반한 신의 사망, 그리고 새 종교의 출현, 그것을 수반한 신의 탄생으로 점철되는 역사를 종교사는 기술하고 있는 것입니다.

그러나 그렇다고 해서 오늘 우리 시대의 종교들이 서로 대립각을 짓고 으르렁거리는 현상을 보며 종교란 본래 그러한 것이라고 하면서 나 몰라라 할 수는 없습니다. 종교의 일이 종교의 울안에서 끝나는 것이 아니기 때문입니다. 종교도 삶의 한 자락인데 그것이 제대로 제 몫을 하지 못하면 사람살이 전체가 성하질 않게 되기 때문입니다. 더구나 자기만이 참과 옳음과 착함을 전유(專有)하고 있다는 태도에서 비롯하는 이른바 종교의 '타자배제의 윤리'가 언제 어디서나 누구나 자기를 승인하지 않는 사람들은 제거해야 하는 것이 당연한 규범이라고 가르치는 한, 그러한 태도가 오늘 우리의 삶에서 굉음(轟音)을 내지 않을 까닭이 없기 때문입니다. 옳고 그름을 판단하지 말자는 것이 아니라 다름에 대한 인식 이전에 그 다름을 그름으로 판단하는 태도는 건강하지 못하다는 것을 우리는 익히 경험하고 있기 때문에 하는 이야기입니다.

그리고 보면 우리가 새삼 겪고 있는 '테러'는 '전투'의 변용(變容)이라기보다 가장 고전적인 의미에서의 '제의(祭儀)'의 수행과 다르지 않다고 해야 옳을 것 같습니다. 왜냐하면 자기와 동조하지 않는 존재는 언제 어디서나 누구나 상관없이 배제해야 한다는 '신념이 집전(執典)하는 행위'이기 때문입니다. 그러므로 테러의 희생자는 그 테러 주체에게는 신에게 봉헌한 제물과 다르지 않습니다. 이러한 구조를 지닌 문화가 성하게 되면 인간의 어떤 가치도 의미도 공황상태에 들지 않을 수 없습니다.

그러므로 종교가 이 지경에 이르면 이것은 예사로운 일이 아닙니다. 그것은 과장한다면 인류의 파멸을 초래할 수도 있는 일이기 때문입니다. 그렇다면 우리는 종교인이든 비종교인이든 우리가 직면하는 종교의 현실에 대한 진지한 관심을 기울이지 않으면 안 됩니다. 그리고 지금이 그러해야 하는 때인 것 같습니다. 해답이라고 이해해 온 종교가 정치사와 다르지 않게, 그 소용돌이 속에서 종교들의 '흥망성쇠'를 보여주고 있습니다. 비록 인간이 종교적이기를 지속하지 않은 것은 아니지만, 하나의 심각한 문제로 떠오르고 있기 때문입니다.

이 계기에서 저는 북유럽의 신화(Nordic myth)를 조금 살펴보고 싶습니다. 아득한 때의 게르만족의 이야기들을 13세기에 다듬은 것이라고 전해지는 『엘더 에다(Elder Edda. 에다의 시)』는 다른 문화권과 상당히 다른 그들 나름의 독특한 세계관을 담고 있습니다. 세상은 최종의 파멸(Ragnarök)을 향해 운명 지워져 있다는 것, 그 파멸은 집안의 갈등과 형제간의 살해와 근친상간의 만연이라는 안의 전조(前兆)와 죽은 자의 영역에 있는 개(Garm)들이 짖어대고, 늑대(Fenri)들이 먹이를 찾아 배회하고, 사람을 해치는 바다의 뱀이 뭍으로 기어 올라오는 밖의 전조들을 보여준다는 것, 그러다 땅에 뿌리를 박고 하늘을 떠받치면서 가지를 뻗어 온 세상을 덮은 거대한 나무(Yggdrasil), 곧 우주 축(axis mundi)이 흔들리면서 하늘과 땅을 잇는 무지개다리(Bifröst)마저 끊어진다는 것, 그리고 마침내 바다 건너에 있는 거인(Surt)들과 우리를 지켜주는 신들이 싸움을 시작한다는 것, 그런데 신들(Odin, Thor, Ty)이 모두 결국 살해당하고 만다는 것, 마침내 땅을 태우는 불꽃이 하늘에 이르고, 하늘의 별들이 쏟아져 내리고, 땅은 바다 속으로 가라앉으면서 세상이 끝난다는 것.

흔히 선(善)의 궁극적 승리가 노래되는 것이 신화입니다. 그런데 이 북유럽의 신화는 다릅니다. 신은 예시한 전조들이 고쳐지지 않는 상황 속에서 세상과 더불어 자신들마저 소멸되고 맙니다. 인간의 현실을 신도 어쩌지 못합니다. 그것이 신의 운명입니다. 세상은 당대의 신과 인간, 그리고 그에 적대적이던 부정적인 힘들을 모두 아우른 채 사라집니다. 진정한 종국은 이렇게 이루어집니다. 그리고는 이 파멸의 이야기는 아무런 논리적 연계도 없이 새 세상의 이야기로 이어집니다.

오딘(Odin)의 몰락 후에 오시는

내가 감히 그 이름을 부를 수도 없는

아무도 그 모습을 본 적이 없는

그 누구보다도 높은 분의 다스림 아래에서

....

새 세상이 열린다.

신의 죽음마저도 포함하는 종말이 진정한 종국이고, 그래야 비로소 처음이 비롯한다는 이 이야기는 우리가 미처 생각지 못한 의미를 터득하게 해줍니다. 우리는 흔히 신에 의한 심판과 재생, 절대적인 것에 의한 터득과 완성을 일컫습니다. 그러나 기존의 신이나 절대도 생각해보면 이제까지의 지금 여기의 일그러짐과 온전하지 못함에 책임 없다고 할 수 없습니다. 그 가르침과 주장과 그로부터 말미암는 온갖 참과 규범을 좇아 살겠다고 애써 온 것이 오늘 우리의 정황이라면, 그런데 삶과 더불어 그 종교조차 '한심한' 상황이 되어버린 것이라면, 그 신과 그 절대도 이 삶의 현실이 보여주는 황량함으로부터 면책될 수가 없습니다. 그렇다면 그 신이나 절대도 종말의 계기에서 마땅히 사라지지 않으면 안 됩니다. 어떤 드높은 가치나 의미로 수식된다 할지라도 '회복'이나 '복원'은 이미 적합성을 잃은 대책입니다. 요청되는 것은, 혹은 여기에서 지금 우리가 기대할 수 있는 것은, 다만 '새로움' 뿐입니다.

신화는 실증할 수 없는 이야기들입니다. 그래서 역사와 달리 신화는 대접을 받지 못했습니다. 허구라고 판단되었기 때문입니다. 그러나 흥미로운 것은 그 '허구가 지닌 진실'입니다. '사실의 기술'이 다 담지 못하는 '사실의 의미'가 신화라는 형식으로 읊어진 것은 아닐까 하는 의문이 일면서 신화는 '역사가 쓴 시(詩)'일는지도 모른다는 생각들을 하곤 했습니다. 그래서 사람들은 조심스럽게 '신화읽기'에 무게를 두게 되었고, 그렇게 신화라는 범주에 드는 이야기들을 읽으면서 사람들은 많은 것을 얻게 되었습니다.

북유럽의 신화를 읽으면서 저는 갑자기 두려웠습니다. 지금 우리의 종교들에서 우리가 기대할 수 있는 것이 과연 무엇일까 하는 생각을 하게 되었기 때문입니다. 그런데 종교를 향해 참람(僭濫)한 발언이 될 수밖에 없습니다만, 오늘의 종교에 기대할 수 있는 것은 별로 없는 것 같습니다. 이미 우리의 종교들은 충분히 '낡아' 더 이상 어떤 역할도 할 수 없게 된 지 오랜 것 같습니다. 애써 긍정적인 면을 찾아 거기에 줄을 대고 이어 살고 싶은데도, 이미 구조적으로 손상되어 있는데, 어렵사리 찾아내는 소소한 긍정적인 것들이 얼마나 종교에 대한 우리의 기대를 되살려 줄는지 모르겠습니다.

종교에 대해 덕담을 해도 모자란데 자칫 종교가 '저주'라고 들을 수도 있을 이러한 발언은 조심스럽습니다. 하지만 역사는 때로 냉엄하게 정직합니다. 북유럽의 그러한 신화를 토해낼 수밖에 없었던 아득한 시대의 그곳에서의 인간의 경험을 우리는 겸허하게 살필 의무가 있습니다. 그렇다고 주장하고 싶습니다.

●정진홍

죽어서 받는 이름 시호(諡號)

아기가 태어나면 이름을 지어준다. 이름에는 부모의 사랑과 기대가 담겨 있다. 그 이름만큼이나 예쁘게 자란다면, 그 이름의 기대를 저버리지 않는다면 인생은 성공할 수 있을 것이다. 부담이 되는 이름이든 자랑스러운 이름이든 사람들은 자기 이름을 부르는 소리에 반응하며 성장한다. 교복 왼쪽 가슴에 달려있던 이름표, 출석부에 적힌 이름, 도장에 새긴 이름 등 나의 이름은 나를 대신하여 곳곳에서 나를 보여주었다. 이렇게 이름이란 이 세상에 태어나 다른 사람과 소통하는 또 다른 나다. 그런데 내가 죽은 후 누군가가 나의 이름을 지어준다면 어떨까? 왜 죽은 나를 위해 이름을 지을까? 그 이름을 부른다 한들 거기에 응답할 수 없을 터인데….

조선시대 국왕은 태어날 때보다 사망한 후 더 많은 이름을 갖게 된다. 시호(諡號), 묘호(廟號), 전호(殿號), 능호(陵號) 등이 그것이다. 능호는 왕의 무덤을 지칭하는 이름이다. 전호는 상중(喪中)에 신주(神主)를 봉안하는 혼전의 이름이다. 묘호는 상례 후 신주를 봉안한 사당의 이름이다. 우리에게 익숙한 태조, 정종, 태종, 세종 등은 모두 묘호이다.

이렇게 국왕의 이름은 사후 대행왕이 거처하는 공간과 연관되어 있다. 건물 이름이면서 그 공간의 주인을 가리킨다. 이러한 공간적 개념과 무관한 또 하나의 이름이 바로 시호이다.

시호는 사후에 그 사람의 행적과 덕성을 평가하여 지은 이름이다. 시(諡)는 행위의 자취를 나타내는 이름이며, 호(號)는 공을 나타내는 이름이다. 그러므로 시호란 생애를 마친 사람에게 그 삶의 행로와 업적을 드러내기 위해 만든 이름이다. 이것은 한 사람의 일생을 문자로 표현하려는 유교의 독특한 평가 방식이다. 시호는 작위가 있는 사람에게 내렸다. 그리고 시호는 자기가 스스로 짓는 것이 아니라 천자나 제후가 내려주는 것이었다. 제후가 죽으면 신하들이 그의 행적을 정리하여 천자에게 보고하고, 천자는 대신을 보내어 시호를 내렸다. 반면 천자가 죽으면 제후가 남교(南郊: 천제를 올리는 제단)에서 시호를 올리는데 이것은 천자의 시호가 하늘로부터 오는 것임을 상징적으로 보여주기 위한 것이었다. 이러한 시호는 공공성과 엄정성을 기준으로 하지 않을 수 없었다.

조선시대 국왕은 중국 황제가 내려주는 시호를 받았음에도 불구하고 그와 무관하게 자체의 시호를 올렸다. 국왕이 승하하면 2품 이상의 관리들이 의정부에 모여 시호를 정하여 올리고 국왕이 최종적으로 결정하였다. 왕의 시호는 대개 8글자로 지었다. 예를 들어 영조는 "익문선무희경현효(翼文宣武熙敬顯孝)"이다. 당시 설명에 의하면 익(翼)은 백성을 사랑하고 태평한 것을 좋아하였다는 뜻이고, 문(文)은 도덕의 명성이 널리 알려졌고, 선(宣)은 위대한 선행을 두루 알렸고, 무(武)는 대위를 보존하고 공업을 안정시켰으며, 경(敬)은 이른 아침부터 늦은 밤까지 스스로를 경계하였고, 현(顯)은 행실이 안팎으로 드러났으며, 효(孝)는 조종의 뜻을 이어 대사를 이루었다는 뜻이다. 이는 영조가 백성을 사랑하고 태평성세를 이룩하였을 뿐만 아니라 무신란(戊申亂) 등을 평정하여 대위를 보존하고, 모든 일에 공경한 마음을 발휘하고 효성을 실천한 군주였다는 평가이다.

시호가 신주에 적힘으로써 승하한 왕은 신(神)이 되고, 축문(祝文)에 적혀 그의 이름으로 불리게 된다. 후왕은 선왕의 시호를 금보(金寶)에 새기고 그에 대한 찬양의 글을 옥으로 만든 책문(冊文)에 새겨 종묘에 봉안하였다. 이 모든 것이 그 공덕을 영원히 전하기 위함이었다. 왕을

시대가 바뀌고 환경이 바뀌었지만 개인과 가족의 범위를 넘어 공공의 선이 무엇인지, 그리고 그것을 실현하는 나의 삶이 무엇인지가 조선시대 유교가 우리에게 전하는 물음일 것이다. 사진은 영조 상시호(上諡號) 금보(金寶)(위)와 영조 상시호(上諡號) 옥책(玉冊) (출처: 국립고궁박물관) OPEN

기억하는 것은 그의 공덕을 기억하는 것이다. 2017년 세계기록유산에 등재된 조선시대 어보(御寶)와 어책(御冊) 중 많은 것이 이 시보(諡寶)와 시책(諡冊)이다.

공덕(功德)은 살아생전 그가 이룬 공적과 덕행을 가리킨다. 고대 중국에서는 공덕의 유무가 사후에 받을 심판에 영향을 줄 것으로 여겼다. 그리고 역사에 남겨질 그 행적과 이름을 위해 조신하였다. 유교는 그 공덕의 가치를 높이는 이데올로기였고 그에 따라 인물을 평가하는 시스템이었으며, 이를 위한 공경한 삶을 안내하는 수신 프로그램이었다. 시대가 바뀌고 환경이 바뀌었지만 개인과 가족의 범위를 넘어 공공의 선이 무엇인지, 그리고 그것을 실현하는 나의 삶이 무엇인지가 조선시대 유교가 우리에게 전하는 물음일 것이다.

● 이욱

외줄타기와 송장 자세

1974년 8월 7일 새벽, 당시 세계에서 가장 높은 건축물인 세계무역
센터(WTC)의 남쪽과 북쪽 110층 쌍둥이 빌딩. 그 빌딩 사이에 지름 22
밀리미터의 쇠줄이 설치된다. 이는 전날 밤에 어둠을 틈타 아직 완공
되지 않은 건물에 몰래 잠입한 친구들이 밤새도록 외줄 곡예사 필리프
프티(Phillppe Petit: 1949~)를 위해 마련해 놓은 것이다. 두 빌딩 사이에
고정된 쇠줄의 길이는 약 60미터. 지상으로부터 높이는 411미터 50센
티미터, 우리나라 63빌딩의 1.7배 되는 높이.

1968년 필리프 프티는 아픈 이를 치료하러 치과에 갔다가 잡지에서
쌍둥이 빌딩이 곧 뉴욕 하늘에 솟아 "구름을 간질일 것"이라는 소식을
접한다. 그 이후 그의 목표는 단 하나, 쌍둥이 빌딩을 간질이는 구름을
잡는 사람이 되는 것이고, 그 목표를 이루기 위해 모든 삶을 집중한다.
이제 몇 차례의 시행착오 끝에 이날 밤, 그의 표현대로 드디어 "쿠데
타"가 시작된 것이다. 그가 쇠줄 위에 놓인 몸의 균형을 잡기 위해 양
손에 가지고 있는 것은 길이 7.9미터, 무게 25킬로그램의 가느다란 쇠
막대기뿐. 허공에서 출렁이는 쇠줄의 폭을 줄이기 위해 두 줄의 받침

로프가 설치되어 있지만, 바람이 강하면 도저히 그 완화 기능도 기대할 수가 없다. 아침 7시 15분 마침내 그는 준비를 마치고 남쪽 타워에서 발을 떼어 다른 쪽을 향한다.

"옥상 끄트머리로 간다. 빔에 발을 얹는다. 왼발을 강선에 올린다. 체중을 오른발에 싣고서 건물 옆면에 찰싹 달라붙는다. 나는 아직 물질세계에 속해 있다. 체중을 살짝만 왼쪽으로 옮겨도 오른쪽 다리가 자유로워져 오른발이 줄에 사뿐히 닿을 것이다. 한쪽은 산더미, 내가 아는 생. 다른 쪽은 구름의 우주, 미지의 것으로 가득하여 우리 눈에는 텅 빈 것으로 보이는 세계. 너무 큰 공간. 두 세계 사이에 나의 존재가 남아 있는 모든 힘을 머뭇머뭇 나눠 실으려 하는 가느다란 선이 있다. 나의 주위 아무 생각도 없다. 공간이 너무 크다. 두 발과 줄 하나 그것뿐."(필리프 프티, 이민아 옮김, 『나는 구름 위를 걷는다』, 이레, 2008, 234쪽)

그렇게 까마득한 높이의 허공에서 필리프 프티는 45분 동안 두 빌딩 사이를 8번이나 왕복하면서 쇠줄 위에 머물러 있었다. 걸을 뿐만 아니라, 쇠줄 위에 앉기도 하고, 무릎을 꿇고 하는 인사도 하였으며, 드러눕는 모습도 보여주었다. 지상에서 그를 올려다보는 사람들은 그가 추락하여 죽을 수 있다는 점에 가슴을 졸였으나, 그는 자신의 머리 위를 나는 갈매기와 대화를 나눌 정도로 침착한 상태를 유지하면서 순간을 즐기고 있었다. 마치 쇠줄과 하나가 된 채, 공기의 흐름에 몸을 맡기고 춤을 추는 무용수처럼!

　뉴욕 경찰이 헬리콥터로 끌어내리겠다고 위협하고 또 비가 내리기 시작하자, 필리프 프티는 쇠줄에서 내려와 경찰에 체포된다. 왜 그런 위험한 행동을 했느냐는 상투적인 질문에 그가 한 대답. "오렌지가 세 개 있으면 전 돌리지요. 높은 빌딩이 두 개 있으면 전 그 사이를 걷는 답니다."

　세기적인 "예술적 범죄"라는 표현은 매스컴에서 필리프 프티가 행한 일을 묘사하기 위해 사용된 것이다. 그런 표현은 그의 공연을 예술의 범주에 포함시키려고 하기 때문에 나타나는 것이다. 하지만 당시 주요관심사였던 닉슨의 워터게이트 뉴스를 누르고 그가 매스컴의 관심을 독점한 것을 어떻게 이해해야 할까? 자신의 두 눈으로 생생하게 본 "이 세상 것이 아닌 현상"의 중요성을 어떻게 고작 대통령의 스캔들에 비교할 수 있는가? 필리프 프티는 공연이라기보다는 일종의 제의를 행한 셈이 아닌가?

　하지만 필리프 프티의 이 "제의"(혹은 "희생제의")를 저세상적(otherworldly) 분위기의 관점에서만 보는 것도 문제가 있다. 왜냐하면 필리프 프티가 우리에게 보여주는 것은 환상적인 기적이 아니라, 몸과 마음의 완벽한 일치가 자연의 흐름 속에서 구현될 때 나타나는 현상이기 때문이다. 여기서 들숨과 날숨의 리듬은 쇠줄을 흔드는 바람의 리듬과 분리되지 않는다. 마음의 집중 상태는 몸과 몸 주위의 자연을 하나의 단위로 아울러서 혼연일체로 만드는 것이다. 이때 삶과 대립하는 죽음은 존재할 수 없다. 이미 죽음의 공포는 설 자리가 없는 것이다.

수만 가지 요가의 동작 가운데, 고수만 할 수 있는 고난도의 동작이 있다. 보통 사람들이 그 기묘한 자세를 따라 하기는 불가능하다. 하지만 요가 동작 가운데 가장 어려운 자세는 그런 고수용 자세가 아니라고 한다. 이른바 송장 자세라고 하는 것이 가장 어려운 요가 동작이라는 것이다. 송장 자세란 온몸의 긴장을 다 풀고 시체처럼 있는 동작이다. 삶과 죽음을 대립항으로만 보는 이들은 송장 자세를 하기 어렵다. 살아남으려면 가능한 한 죽음을 몰아내야 한다고 생각하기 때문에 항상 몸은 경직되고 신경은 곤두서 있다. 이런 이에게 필리프 프티는 기적을 보여주었다. 하지만 우리도 집중과 이완의 상호관계망을 만들고, 삶과 죽음을 소통시킬 수 있을 때 그런 기적은 달성할 수 있지 않을까?

필리프 프티에 관한 다큐멘터리(〈맨 온 와이어〉)가 상영 중[2010. 2]이다. 시간을 내서 그가 제사지내는 모습을 보는 것도 하루 저녁을 지내는 훌륭한 방법이 틀림없다.

● 장석만

조선시대 태(胎)와 땅, 그리고 돌의 문화

"태어날 때 자신의 신을 가지고 나온다"고 해야 할까? 국립고궁박물관과 한국학중앙연구원이 공동주최하는 "조선 왕실 아기씨의 탄생"(2018.6.27~9.2)이란 전시를 준비하면서 느낀 결론이었다. 조선시대 왕의 자녀가 태어나면 아기를 따라 나온 태를 왕실에서 보관했다가 3일째 되는 날 100번씩이나 깨끗이 씻은 후 준비한 항아리에 넣고 봉하였다. 항아리는 크기가 서로 다른 두 개를 준비하는데 작은 항아리 바닥에 중국 동전 한 닢을 놓고 그 위에 태를 놓았다. 입구를 막고 뚜껑을 닫은 후 이를 큰 항아리에 넣고 항아리 사이에 솜을 넣어 고정시킨 다음 뚜껑을 닫고 끈으로 묶었다. 그리고 길한 날을 잡아 태항아리를 길지(吉地)에 묻었다. 이를 태실(胎室)이라 부르고, 태를 보관하는 것을 안태(安胎) 또는 장태(藏胎)라고 하였다. 태를 묻고 지내는 '태신안위제'에서 알 수 있듯이 태실의 주인은 태신(胎神)이었다.

태신에 대한 신앙은 삼국시대까지 올라간다. 충북 진천군 태령산(胎靈山)에 김유신의 태실이 있으며 이후 고려시대 왕실의 태실이 여러 곳에서 발견되었다. 그리고 조선시대에 들어와 왕자와 왕녀의 태실이 계속 조성되었다. 이러한 태실은 사후 무덤과 유사하다. 매장지 내부의 모습이나 규모에서 차이가 나지만 태와 유체(遺體)는 그 주인과 연속성을 가지기 때문이다. 아기를 생성시킨 태반은 분리된 이후에도 아기의 장수와 건강에 계속 영향을 미친다고 여겨졌다. 태는 그 아기의 또 다른 몸일 뿐 아니라 아기를 보호하는 수호신이었다.

그러나 태 또는 태신은 보이지 않는다. 땅속에 감춰지고 일정 시간이 지나면 부패하여 사라진다. 오히려 더 시선이 가는 것은 태실의 땅과 돌이다. 태는 태가 묻힌 봉우리와 그 위에 조성하는 석물을 통해 드러날 뿐이다. 태신의 영험은 길지(吉地)를 만남으로써 힘을 얻는다. 복은 땅에서 비롯하였다. 태실에 적합한 땅은 풍수의 길지와 유사하지만 좌청룡, 우백호의 주변 산세보다 볼록 튀어나온 봉우리를 귀하게 여겼다. 태봉(胎峰)이란 이름 역시 쉽게 찾을 수 있다. 태실의 역사는 이 땅을 둘러싼 역사이다. 조선전기 태실의 길지로 선택된 곳은 궁궐에서 먼 경상도, 충청도, 전라도 지역이었다. 그러나 시기가 지날수록 서울에서 가까운 곳에 태실을 조성하려고 했으며, 영조대 이후에는 원자(元子)나 원손(元孫)을 제외하면 궁궐 안 후원에 태를 묻었다. 궁 밖의 태실은 보호하고 관리하기 어려울 뿐 아니라 그 주변의 땅을 경작하거나 묘지로 사용하려는 백성들의 열망이 늘어났기 때문이다. 경제적 가치를 넘어서 태의 영험을 유지하는 게 쉽지 않았다.

태항아리를 땅에 묻을 때 항아리만을 넣지 않는다. 큰 돌의 안쪽을 파내어 만든 석함(石函)을 먼저 땅에 묻고 그 안에 태항아리를 넣은 다음 석개(石蓋)로써 덮고 흙으로 갈무리하였다. 석실 앞에는 비석을 세

왕의 권위를 보여주던 석물은 권력의 무상함을 보여주면서 자기 역할을 수행하였다.
남아있는 태가 없듯이 태신도 없지만 땅에 남기고
돌에 새긴 신앙의 흔적을 찾는 것이 우리의 몫이다.
사진은 올해 국가 보물로 지정된 명종대왕 태실(서산시 운산면 태봉리 소재)

위 태실임을 표시하였다. 그러므로 처음 석실을 만들 때에는 비석 외
돌이 표면에 드러나지 않는다. 차후 왕이 되면 이 석실 위에 돌로써 바
닥을 깔고 육중한 돌을 얹은 후 난간을 만들고, 그 앞에 큰 비를 다시
세워 국왕의 태실임을 표시하였다. 이를 가봉(加封)이라 하였다. 안태
나 가봉에서 가장 힘든 것은 돌을 운반하는 일이다. 석함을 옮길 때 태
주인의 천수를 기원하여 천 명의 백성이 동원되기도 하였다. 가봉을
위해서는 더 많은 공력이 필요하였다. 궁궐 밖 태실의 조영을 꺼렸던
이유 역시 민력(民力)을 동원하기 어려웠기 때문이다. 정조는 원자였던
순조의 태실을 만들면서 석함을 연석(軟石)이란 무른 돌을 사용하여 제
작함으로써 민력을 줄이고자 하였다. 가봉의 규모 역시 이전에 비하여

줄였다. 그럼에도 불구하고 태의 권위는 돌을 통해 지속되었다.

조선시대 왕과 왕자녀들의 태는 서삼릉 경내로 옮겨져 있다. 일제강점기에 이곳으로 옮긴 것이다. 과거에 태실이 있던 자리에는 석물만 남아있다. 온전한 형태를 갖춘 것도 있지만 대부분 원형을 잃어버리고 망실된 것이 많다. 왕의 권위를 보여주던 석물은 권력의 무상함을 보여주면서 자기 역할을 수행하였다. 남아있는 태가 없듯이 태신도 없지만 땅에 남기고 돌에 새긴 신앙의 흔적을 찾는 것이 우리의 몫이다.

● 이욱

죽은 나의 몸을 어떻게 하시겠습니까?

경기도 어느 지역의 노인종합복지관에서 "죽음 준비 프로그램"에 운영진으로 참여할 기회가 있었다. 나는 '노인'이 아니었지만, 내 자신과 지인들의 '죽음'을 준비해야 하는 개인이라는 점에서는 프로그램에 참여하는 그 어느 분들과도 다르지 않다고 느꼈다.

죽음은 노인들만의 문제가 아니다. 죽음은 노소(老少)를 가리지 않고 누구에게나 찾아오기 때문이다. 즉, 죽음은 노인이 되어야만 비로소 당사자가 되는 특수한 사건이 아니다. 누구든지 다른 사람보다 먼저 죽을 수 있고, 불현듯 다른 사람의 죽음을 마주할 수도 있다. 그런 점에서 우리는 모두 죽음의 잠재적 당사자다.

'웰다잉(well-dying)'에 대한 이야기가 시작된 지도 이미 꽤 오래되었다. 그 담론의 연장선에서 등장하는 호스피스, 완화의료, 존엄사 등에 관한 논의가 특히 노인들과 환자들의 관심을 끄는 것은 자연스러운 일이다. 사실 그 이슈들은 모두 사회 전반의 공론화와 심도 있는 토론을 필요로 하는 공공의 문제다. 여기서 한 걸음 더 나아가 '죽음 이후의 시신 처리'를 다루는 장법(葬法)의 이슈를 포괄할 때, 죽음은 사회구성원 모두가 함께 겪어내야 하는 사회적 삶의 일부가 될 수밖에 없다.

하지만 개인들에게 죽음은 여전히 낯설다. 죽어가는 몸이나 이미 죽은 몸을 직접 보는 경험도 일상적이지 않다. 특히 자신이 살아온 집에서 죽음을 맞이하는 사람이 적어진 현대 사회에서 우리는 대개 병원이 구획해 놓은 특수한 시공간에 놓인 죽음과 주검을 경험한다. 오늘날 죽음은 의사의 선언을 통해 실현되고, 주검의 처리는 현대의 관습, 제도, 각종 인프라를 이용해 신속하게 이루어진다.

죽음은 타인의 죽음과 주검을 통해 간접적으로 지각하고 경험할 수 있는 사건이지만 현대 한국 사회에서는 그러한 간접 경험조차 아무에게나 허용되지 않는다. 죽음에 익숙해질 기회는 현실에서 제공되지 않는다. 그럼에도 불구하고 죽음은 여전히 모두의 문제다. 사회 곳곳에서 '죽음 준비 프로그램'을 통해 낯선 죽음을 익숙한 일상으로 끌어들이려는 활동이 전개되는 것은 바로 이러한 상황을 바탕으로 하고 있다고 생각된다.

이런 상황이 부정적인 것만은 아니다. 죽음과 주검이 개인의 일상경험과 멀어진다는 것은 그만큼 그 사회가 불행한 사고를 많이 겪고 있지 않다는 것일 수 있기 때문이다. 한국전쟁의 전장(戰場)에 노출되었던 세대 가운데에는 일상에서 시신이 적절히 처리되지 못하고 방치되어 있는 것을 직접 보거나 곳곳에서 부패해가는 주검이 뿜어내는 냄새를 맡았을 때의 당혹스러움과 끔찍함을 아직도 기억하는 분들이 적지 않다. 이에 비추어 볼 때, 죽음과 주검이 개인들의 일상에 자주 등장하지 않는다는 것은 그만큼 지금의 삶이 안정되어 있음을 의미하는 것일 수 있다. 조금 더 공공의 물적 기반에 초점을 두고 말하자면, 이는 매년 축적되는 사망자 수에 상응하는 시신 처리 능력을 한국 사회가 어떻게든 유지하고 있음을 의미하는 것이기도 하다.

통계에 따르면, 2017년 한국의 사망자 수는 28만 5천 명을 상회한다. 베이비붐 세대의 노령화와 관련해 더욱 가속화될 한국 사회의 고령화는 앞으로 당분간 더 많은 시신 처리의 물적 기반과 문화적 기반을 요청하게 될 것이다. 이러한 예측은 이미 전국 화장률의 변화를 통해 구체화되고 있다. 1994년에 전국적으로 20.5%에 불과하던 화장률이 2016년에는 82.7%로 조사되었다. 이런 추이는 최근 들어 매장(埋葬)보다 화장(火葬)을 선택하는 유족들이 급격히 증가하고 있음을 보여준다. 이는 매장지의 절대적 부족이라는 물적 조건에 대한 사회적 인식과 화장이라는 시신 처리 방식의 정당성에 대한 문화적 수용 없이는 나타나기 어려운 현상이다. 화장의 선호는 전국적으로 화장시설의 수요와 공급을 증가시키고 있으며, 이는 새로운 장법의 확산으로 이어지기도 한다.

'자연장(自然葬)'이 그것이다. 2015년에 개정된 〈장사 등에 관한 법률〉에 따르면, 시신(屍身), 즉 임신 4개월 이후에 죽은 태아를 포함하는 인간의 시체를 장사지내는 방식으로서 매장과 화장 외에 자연장을 별도로 규정하고 있다. 이때 '자연장'은 화장한 유골의 골분을 수목, 화초, 잔디 등의 밑이나 주변에 묻어 장사하는 것을 의미한다. 이 정의에 따르면, 현대의 매장이나 화장 자체는 자연장일 수 없지만, 특정한 방식으로 이루어지는 화장과 매장의 하이브리드(hybrid)는 자연장이 될 수 있다. 또, 자연장이 가능한 구역을 '자연장지'라고 부르며, 산림에 조성하는 자연장지를 '수목장림'이라고 부른다.

자연장은 화장으로 인해 급속하게 육탈된 유골에 수목, 화초, 잔디의 자연적 리듬을 투영하려는 일종의 이중장 형태로서 이해할 수 있다. 이 자연장의 등장은 현대 한국 사회의 시신 처리 방식과 관련해 사람들이 고민하게 되는 문제가 어떤 것인지를 짐작하게 해준다. 무엇보다, 화장률의 급격한 증가는 '편의주의'를 배제하고 이해하기 힘들다. 즉, 화장을 선택한다는 것은 '편의'를 선택하는 것이기도 하다. 그런데 이 선택에는 미안(未安)과 의미(意味)의 긴장이라는 문제가 뒤따른다. '자연장'은 이러한 긴장 속에서 적합성을 갖게 된 장법이다.

요즘 나는 과연 누가 내 시신을 어떻게 처리하게 될지가 궁금하다. 생전의 내 의견이 최대한 존중되길 바라지만, 결국 그 일의 판단과 실행이 살아있는 자들의 몫이라는 것은 분명해 보인다. 다만, 나의 죽은 몸은 살아있는 자들에게 "자, 어떻게 하시겠습니까?"를 소리 없이 묻게 될 것이다.

●구형찬

예수를 십자가에 못 박는 인디언

2019년 8월 7일부터 18일까지 밴쿠버 곳곳에서 바인즈 아트 페스티벌(Vines Art Festival)*이라는 발랄한 생태예술축제가 열렸다. 마지막 날, 페스티벌의 마무리는 (보통 아메리카 인디언으로 알려져 있고 캐나다에서는 'First Nations'로 일컬어지는) 원주민들이 주도했다. 스무 명 가량이 거대한 삼나무들 사이에 둥글게 둘러앉았고, 두 원주민 여성의 인도에 따라 마무리 의례(Unsettling Ceremony)가 진행되었다. 인상적인 순서가 있었다. 눈 옆에 일자로 선을 그은 머스퀴엄(Musqueam Nation) 여성이 어린 아들과 함께 타악기를 두드리며 둥글게 앉은 우리 주위를 한 바퀴 빙 돌았고, 자기네 언어로 노래를 불렀다. 그러고 나서 그 여성은 저음으로 아주 긴 이야기를 시작했다. 이야기의 일부를 짧게 소개하면

---

* 밴쿠버에서는 5년 전부터 매해 여름 열흘 가량 바인즈 아트 페스티벌(Vines Art Festival)이라는 일종의 생태예술 축제가 열린다. 예산도 거의 없고 개런티도 없는데, 뜻있는 예술가들, 다양한 성격의 주민들, 우리가 흔히 북아메리카 인디언이라고 알고 있는 캐나다 원주민들이 모여서 소박하지만 진지하고 유쾌하게 축제를 이끌어간다. 참가비는 없고 중간 중간에 깡통을 돌려서 기부금을 받는다.

아래와 같다.

19세기 말, 캐나다에는 '인디언 레지덴셜 스쿨'이라는 것이 있었다. 원주민 아이들을 데려다가 근대적 교육을 시킨다는 명목으로 가족으로부터, 원주민 언어와 문화, 그들의 전통으로부터 분리시키는 강제 기숙학교인데, 많은 그리스도교 기관이 레지덴셜 스쿨의 운영에 관여해왔다. 그 여성의 아버지는 레지덴셜 스쿨을 오랫동안 다녔는데, 거기서 심각한 성적 학대를 당했고, 부족의 언어도 잃어버리고 전통도 정체성도 잃어버리고 가족은 뿔뿔이 흩어지게 되는 등 레지덴셜 스쿨의 해악을 온몸으로 경험했다고 한다. 사실 그 여성은 그러한 아버지의 사정을 모르고 있었는데, 아버지가 늙어서 병상에 있을 때 신문에 실린 어떤 신부의 얼굴을 보고 그 사진을 가리키면서 바로 저놈이라고 말했다고 한다. 그때 비로소 아버지가 해준 얘기에 따르면, 스쿨에 들어간 첫날부터 그 신부가 성적 학대를 수년에 걸쳐 감행해왔다는 것이다. 그 원주민 여성의 아버지도, 어머니도 엇비슷하게 고통스러운 삶을 살았기에, 자녀들에게 걸핏하면 폭력을 행사했다. 옷장 속에 숨어서 자신이 안보이게 되면 좋겠다고 생각하는 것이 그녀의 일상이었고, 그 여성은 native라는 게 과연 뭘까, 언어도 잃고 집도 잃은 상태에 처한 사람들에게 nativeness라는 게 과연 무얼까 생각했다고 한다.

그 머스퀴엄 원주민 여성의 목소리는 나지막했지만 메시지는 강렬했고, 나는 레지덴셜 스쿨의 역사와 기억에 관심을 갖게 되었다.* 자기

---

* 이 날의 의례는 삼나무 연기와 독수리 깃털로 참가자 한 사람 한 사람을 정화하는 씻김의식

네 언어와 문화를 강제적으로 박탈당한 레지덴셜 스쿨의 경험은 캐나다 원주민들에게 깊은 상흔을 남겼고, 나는 밴쿠버 원주민 퀴어 필름 페스티벌부터 파란 오두막 프로젝트(원주민 생태예술 프로젝트)에 이르기까지 저마다 다른 성격의 행사와 모임에 참여할 때마다 원주민이 묻는 정체성의 물음을 되풀이해서 들을 수 있었다. 나는 누구인가? 우리는 누구인가? 우리는 어디서 왔는가?

　며칠 뒤 밴쿠버 박물관에서 나는 매우 인상적인 전시를 만났다. 〈There Is Truth Here〉라는 타이틀로 열린 그 전시는 레지덴셜 스쿨 및 데이 스쿨에 다니던 원주민 아동들이 당시에 그린 그림을 어렵게 입수해서 한곳에 모은 전시회였다. 전시장 입구에서 짧은 영상이 상영되고 있었는데, 레지덴셜 스쿨에서 살아남은 '생존자들(survivals)'의 눈물 젖은 목소리를 들을 수 있었다. 영상 속에서 그들은 레지덴셜 스쿨에서 언어를 잃어버리고 문화를 잃어버리고 마침내 '내가 누구인지' 정체성을 잃어버리게 되었다고 말했다.

　전시장 안으로 들어서서 이리저리 둘러보는데, 삼나무 목판에 그려진 그림 하나가 나의 시선을 사로잡았다. '예수를 십자가에 못 박는 인디언'을 묘사한 그림이었다! 그림은 매우 선명하고 강렬했고, 나는 1934년~1942년 사이의 어느 날 오소유스의 어떤 원주민 아이가 그린 '예수를 못 박는 인디언' 그림의 함의를 생각해보기 시작했다. 일반적으로 원주민 아이들을 대상으로 한 레지덴셜 스쿨과 데이 스쿨에서는 원

으로 최종적으로 마무리되었다.

주민의 영성을 말살하고 그리스도교를 전파하기 위해 다양한 방식으로 종교교육을 시행해왔다. 그런데 예수를 못 박는 인디언 그림이라니! 강제 기숙학교 생활이 너무 힘들었고, 그래서 자기네 문화 대신 강요된 '예수'를 못 박고 싶을 만큼 기숙학교가 싫었던 것일까? 내 상상의 나래는 더 이상 뻗어나가지 못했다. 나중에 살펴보니 뒤쪽에도 연작 그림('십자가의 길' 연작 그림)이 있었고, 거기서는 예수를 심문하는 빌라도가 인디언으로 그려졌을 뿐 아니라 심문 당하는 예수의 머리에도 깃털이 하나 꽂혀 있었다. 예수는 그림 속에서 전형적인 원주민의 외양을 지닌 다른 인물들과는 달리 짧은 머리와 수염 등 외양은 전형적인 (서양식) '그리스도'의 모습을 하고 있지만, 어떻든 인디언의 깃털을 꽂고 있었던 것이다. (그런데 십자가에 달린 예수의 머리에서는 깃털이 자취를 감춘다.)

　그로부터 열흘 가량 지난 후, 스똘로 원주민의 문화와 역사를 오랫동안 연구해온 고든 모스와 앤 모스 부부를 만났다. 그들은 레지덴셜 스쿨을 둘러싼 담론의 지형이 결코 단순명쾌하지 않으며, 오히려 매우 복잡하다는 것을 되풀이해서 강조했다. 레지덴셜 스쿨에 관해서 이런저런 이야기를 나누다가, 앤 모스가 편집한 책, 곧 스똘로 원주민 자녀들이 수용되었던 세인트 메리 인디언 레지덴셜 스쿨(the Saint Mary's Indian Residential School) 생존자들의 증언집인 〈Amongst God's Own〉을 선물 받게 되었다. 그런데 증언집의 표지 사진이 눈에 확 들어왔다. 십자가상에 달린–전형적인 서구적 모습으로 표상된–예수 주위로 원주민들이 창을 들고 서 있는 사진이었다. 그것은 1892년 브리티시아일랜드 세인트 메리 스쿨에서 이루어진 인디언 수난극의 한 장면이다.

1863년 개교한 세인트 메리 스쿨은 브리티시 컬럼비아에서 가장 오래된 레지덴셜 스쿨로서, 1985년에 폐교할 때까지 프레이저 강을 굽어보는 아름다운 장소에 자리 잡고 있었다. 세인트 메리의 개교와 운영에는 '원죄 없으신 마리아께 봉헌된 수도회(Oblates of Mary Immaculate)'가 깊이 관여했다. 19세기 말부터 20세기까지 세인트 메리 스쿨은 지상에서의 예수의 마지막 시간을 공연하는 그리스도 수난극으로 인근에 널리 알려졌다고 한다. 증언집에 따르면, 세인트 메리의 그리스도 수난극에서는 원주민들이 창을 휘두르는 로마 병사와 백부장 뿐 아니라 사도, 제자, 그리고 그리스도 자신의 역할까지 배역을 맡았다고 한다. 다만 수난극의 절정인 그리스도의 십자가형 장면에서는 실물 크기의 (전형적) 그리스도상이 십자가에 걸렸는데, 그 상처에서 마치 피 같은 액체가 막달라 마리아를 나타내는 원주민 여성에게 쏟아지는 등, 수난극은 매우 정교하고 생생하게 구성되었다고 한다. 그러한 그리스도 수난극 공연의 발상과 구성에 원주민 학생들은 얼마나 깊이 참여했을까? 원주민의 그러한 참여는 자발적인 것이었을까? 그들은 어떤 생각으로 연극에 참여했을까? 책에 실린 단편적인 정보들로는 내막을 깊이 알기 어려웠다. 과연 원주민들이 자신의 문화적 전통을 기반으로 가톨릭을 창조적으로 흡수한 것일까, 아니면 자신의 문화 전통을 박탈당하고 그 자리에 가톨릭을 이식 당한 것일까.

어떻든 분명한 것은, 레지덴셜 스쿨을 운영해온 캐나다의 그리스도 교계는 근래에 이르기까지도 원주민 문화에 대해 오만하고 배타적인 태도를 고수해왔으며, 원주민 문화의 힘과 복잡성을 보지 못했고, 그들을 오로지 계몽과 선교의 대상으로만 여겼다는 점이다. 세인트 메리의 마지막 관리자 중 하나인 맥나마라(Terence McNamara) 신부는 고백했다. "우리는 오만한 마음으로 이곳에 왔습니다. 우리는 단지 우리만 진리를 갖고 있다고 여겼고, 우리가 오기 전까지는 여기에 영(spirit)이 없다고 생각했습니다."[*]

오소유스의 원주민 아동이 그린 예수 그림과 세인트 메리 기숙학교 학생들이 배역을 맡아 공연한 그리스도 수난극 사진이 '갓 쓴 예수' 그림처럼 단순히 '토착화된 그리스도교'의 예시로 보이지 않는 까닭은, 그러한 그림과 연극의 바탕에 원주민의 종교문화를 말살하고 그리스도교를 이식하려는 배타적 선교 방침의 그림자가 짙게 드리워 있기 때문일 것이다. (1991년 캐나다의 '원죄 없으신 마리아께 봉헌된 수도회'는 원주민 문화의 해체에 그들이 담당했던 역할을 인정하고, 원주민들을 대상으로 사과문을 발표했다.)

● 유기쁨

* Terry Glavin and Former Students of St. Mary's, *Amongst God's Own: The Enduring Legacy of St. Mary's Mission*, Mission, BC: Longhouse Publishing, 2002, p. 87.

웰빙의 시대와 불사, 혹은 영생의 종교

현대 사회에서 공공연하게 불사와 영생을 주장하는 종교현상은 우스꽝스러운 해프닝으로 간주되곤 한다. 삶을 연장할 수 있는 무수한 장치와 방법이 인류를 오랜 불사의 꿈에 근접시키고 있기 때문일까? 과학이야말로 그 꿈을 다각적으로 현실화시키려 하기에 불사와 영생은 상대적으로 덜 절박한 종교적 관심사가 된 것인가? 아니면 오히려 그 결과 삶의 과잉을 겪게 된 이들에게, 더 이상 죽음이 아니라, 삶의 피로와 공포가 더 커져버린 것인가?

여전히 우리 삶 속에서 죽음이 종교의 상투적 물음이라고 치부해버릴 수만은 없는 무게로 다가온다 할지라도, 세속화 시대 이후 열린 수많은 '새로운 행복의 문들'은 죽음과 삶의 오래된 대비나 실존적 절박함을 희석시켜버린 것처럼 보인다. '죽음이라는 원수'를 맞닥뜨려야 하는 삶의 언어가 아니라, 이미 삶 속에 들어와 있는 죽음, 죽음 속에서의 삶을 어디서나 겪고 스펙터클하게 보는 생활환경 속에서 이제는 잘 살고, 잘 죽는 것이 더 절실하고 혹은 트렌디한 종교 언어로 부상했다.

웰빙과 웰다잉의 시대! 방점은 죽음과 삶보다는 '잘'에 찍힌다. 이제 종교도 그에 부합하는 실용적이고 공리주의적 사용가치에 따라 값이 매겨지고 존재 의미를 부여받는다. 그렇게 볼 때 이미 충족된 불사와 영생이 오히려 악몽이 될 수 있음을 엿본 현대인들에서 불사와 영생을 말하는 종교는 뒷북치는 이야기, 시류에 동떨어진 촌스러운 메시지로 들리는 것일지도 모르겠다. 죽지 않는 것이 아니라, 건강하게 잘 사는 것이 현대인의 모든 일상뿐 아니라 종교 담론도 주도하고 있다. 죽는 것보다 재난과 질병으로 고통받는 것, 고통 속에 자신의 삶과 가족의 삶을 소진하는 것, 고통을 대물림해야 하는 것, 삶이 죽음보다 끔찍해지는 것이야말로 더 철저한 두려움을 불러일으키고 있는 것이다. '개똥밭에 굴러도 이승이 최고'라는 옛 속담의 공감대가 사뭇 약화된 이러한 현대 종교문화를 분석하기 위해서는 죽음과 삶에 대한 익숙한 종교적 물음과 해답을 되묻고 그 유효성을 따져볼 필요가 있다.

불사와 영생, 부활에 대한 직접적 종교적 주장이 희화화되거나 큰 공감대를 얻지 못하고 주변화되는 경향은 현대 종교가 더 이상 삶과 죽음이라는 고전적 문제를 중심으로 기능하지 못한다는 것을 보여주는 징후다. 그렇다면 불사의 종교적 꿈은 퇴화된 기관처럼 흔적만 남아 있는 것일까? 아니면 휴화산처럼 잠재되어 있는 것일까? 최근에도 신종교 운동에서 간간이 표출되는 불사와 영생이라는 종교적 욕망은 소위 현대인들에게 낯설며 매개되지 않은 원시적 종교성으로 터부시된다. 한편 현대 문명에 길들여진 제도 종교에게는 희미해진 정통 이단 시비의 경계선을 확인시키는 초점으로만 작동하는 것 같다.

그리스도교의 육체 부활 신앙과 영생의 교리는 그 두드러진 사례라

할 만하다. 「사도신경」의 문구가 보여주듯이, 상당히 초기부터 그리스도교 구원에서 육체부활에 대한 믿음과 부패하는 몸과 물질 속으로 신적인 것이 편입되는 현상은 특징적인 것이었다. 영혼의 불멸은 고대에 널리 퍼진 종교적 관념이었지만, 몸의 부활 신앙 및 그와 관련된 다채로운 종교적 실천들은 영혼불멸의 관념과 연관되면서도 차별화되는 그리스도교적 현상으로 존재해 왔던 것이다. 저명한 스위스의 신학자 오스카 쿨만은 이교적 (영혼)불멸의 교리와 그리스도교의 몸의 부활의 교리의 차이를 지적한 바 있다. 그러한 차이에 대한 강조는 이교와의 연속성보다는 구약성서의 부활신앙과 그리스도의 부활신앙을 연결시키려는 신학적 의도에도 불구하고, 그리스도교의 부활신앙, 특히 육체부활 신앙을 오래된 불사의 종교성 혹은 영혼불멸의 종교적 관념과 비교하고 형태적으로 분석할 수 있는 지점을 포착할 수 있게 해준다.

그리스도교의 육체부활 신앙은 세 가지 점에서 종교사적으로 눈길을 끈다. 첫째, 도교가 추구하는 바와 같은 삶의 연장과 지속이 아니라, 죽음을 전제하고 죽음과 통합한 새로운 삶이라는 점, 둘째, 영혼의 불멸과 영생이 아니라 이례적으로 몸의 부활과 영생을 주장한 점, 셋째, 죽음과 삶의 영원 회귀와 순환보다는 개체화된 한 죽음과 삶에 초점이 맞추어진 점이다. 물론 이 특징적인 그리스도교의 육체부활 신앙이 그와 병행될 만한 사례가 없는 독특한 현상은 아니다. 죽음 이후 몸의 부활을 추구한 병행적 종교적 사례들뿐 아니라, 관련된 다양한 장례와 매장 관습에 비추어서도 이해될 수 있다.

그렇지만 현재 그리스도교 전통 속에서는 많이 퇴색된 이 신앙과 실천은 사실상 상당히 역사가 오래 되었으며 다양한 흔적을 남기고 있다. 현대 문명 세계에 길들여진 그리스도교 문화가 오랜 그리스도교사의 관점에서 보면 아주 특수한 사례일 수도 있는 것이다. 의심 많은 제자 도마가 부활한 예수의 실제 살을 꼬집고 놀란 표정으로 확인하는 아주 익숙한 그림 속 장면처럼, 육체부활을 부정하거나 상징적 해석으로 환원하는 것은 그리스도교 사에서 거듭 거부되어왔다. 그러나 한편으로 육체부활과 영생을 직접적으로 주장한 종파도 이단으로 정죄되었다. 육체부활 신앙은 이단 정죄의 기준이 되는 교리형식으로 존재하지만, 그리스도교가 종교적 관념과 실천의 역사에서 갈라져 나온 분기점과 관련되기도 하는 것이다.

　육체부활 신앙이 아예 부인해서도, 직접적으로 주장해서도 안 되는 식으로 존재하는 이러한 역설적인 상황은 그리스도교사에서 그러한 신앙이 어떻게 존재했고 어떤 역할을 했으며, 현대 그리스도교에서는 과연 어떤 의미가 있는지 성찰을 촉구한다. 웰빙의 시대에, 불사, 부활, 영생의 종교들은 어떻게 존재하고 어떻게 변형되고 있는가?

●안연희

한국 귀신의 소망

한국의 귀신은 소박하다. 시도 때도 없이 산 사람들의 꿈과 현실에 나타나서 산 사람들을 불안하게 하다가도 누군가 나서서 자기 사연을 들어주면 언제 그랬느냐는 듯이 조용해진다. 널리 알려진 아랑 이야기가 이를 잘 보여준다. 한 고을 원님의 금지옥엽이었던 아랑은 그녀를 짝사랑했던 통인에 의해 억울한 죽음을 당한다. 자신의 억울한 죽음을 알리기 위해 아랑은 그 고을에 새로 부임해 오는 원님에게 나타나지만, 아랑을 보고 놀란 원님은 하루를 못 넘기고 죽는다. 이런 일이 되풀이되면서 그 고을은 두려움으로 뒤덮인다. 다행히 용기 있는 원님이 부임해 와 아랑이 자신의 사연을 전달하고 억울함을 풀게 되면서 고을은 다시 평화로워지고, 아랑은 다시 나타나지 않는다.

아랑 이야기는 한국의 귀신은 그저 두려움의 대상이 아니라는 것을 말해준다. 단지 그들을 대면할 용기가 필요할 뿐이다. 용기를 내어 그들과 마주하고 그들의 이야기를 들어주면 된다. 자기 사연을 다 말한 귀신들은 흡족한 표정을 지으며 자기 자리로 돌아갈 것이다.

한국의 귀신은 자기들끼리 이야기 나누는 것을 좋아하지 않는 듯하다. 언제나 산 사람들을 향해 이야기를 하려고 한다. 한국의 귀신 관련 이야기는 죽은 자인 귀신과 산 사람의 상호 관계를 전제한다. 한국의 귀신 가운데서 가장 야단스런 귀신은 바로 자기 이야기를 들어줄 산 사람이 없는 귀신이다. 한국 사회에서 죽은 자인 귀신들의 이야기를 듣고 죽은 자와 산 자를 이어주며 그럼으로써 삶의 문제를 해결하는 대표적인 의례 메커니즘이 무속의 굿이다. 무속의 굿 특히 죽은 자를 위한 굿은 죽은 자의 이야기를 들어주는 과정의 연속 그 이상도 이하도 아니다. 굿의 과정을 통해 자기 이야기를 전한 죽은 자는 편안한 마음으로 저세상을 향해 떠난다.

그런데 자신의 답답하고 맺힌 사연을 말하고 그것을 들어줄 사람을

한국 사회에서 죽은 자인 귀신들의 이야기를 듣고 죽은 자와 산 자를 이어주며 그럼으로써 삶의 문제를 해결하는 대표적인 의례 메커니즘이 무속의 굿이다.

필요로 하는 것은 산 사람도 마찬가지이다. 엉뚱한 생각인지 몰라도, 점집이 여전히 유지되는 것도 이런 사정이 한 가지 요인으로 작용하는 것으로 보인다. 사람들이 점집을 찾는 것은 불확실한 미래에 대한 정보를 얻고자 하는 이유도 있지만, 한편으론 다른 곳에서는 말할 수 없는 내밀한 개인사나 가정사 등의 고민을 토로할 수 있기 때문일 것으로 여겨진다.

명확한 근거를 제시하긴 어려워도 한국 사람들이 이전보다 훨씬 더 외로워지고 있는 것은 분명한 것 같다. 학업, 취업 등의 이유로 가족들이 떨어져 사는 것이 일반화되고, 젊은 층의 결혼도 늦어져 1인 가구의 수가 갈수록 늘어간다. 그렇다고 예전처럼 이웃 간의 끈끈한 유대가 개인과 개인을 이어주지도 못한다. 사회는 냉정하게 경쟁 일변도로 치닫고, 예전의 공동체적 관계를 뒷받침할 복지체계는 허약하기 그지없다.

OECD국가 중 가장 높은 자살률은 이러한 상황을 그대로 반영한다. 2012년 통계에 의하면 자살로 사망한 사람은 모두 1만4천427명으로, 하루 39.5명이 자살로 생을 마친 셈이다. 한 신문칼럼에 의하면, 자살에 병이나 사건, 사고로 인한 죽음을 제외하고 현재 한국인의 죽음 가운데 이른바 자연사는 절반도 되지 않는다고 한다.

심각한 것은 자살이 가장 많이 나타나는 세대가 10대, 20대, 30대이고, 40대와 50대의 사망 원인 2위도 자살이라는 점이다. 40대와 50대는 한국 사회의 현재를 책임지는 중추 세대이다. 10대와 20대, 그리고 30대는 미래의 주역이 될 세대이다. 현재와 미래를 담당하고 담당할 세대에서 자살에 의한 사망이 수위를 다툰다는 것은, 세계 최저의 출산율과 맞물려, 한국 사회가 심각한 위기 상황에 봉착했음을 보여주는 것이다. 그리고 10대에서 50대에 이르기까지 거의 전 세대에 걸쳐 자살률이 이렇게 높게 나타난다는 것은 자살이 말 그대로 개인의 자발적 죽음이 아니라 사회구조적 요인에 의해 초래된 사회적 타살일 가능성을 강하게 내비친다.

이런 상황에서 요구되는 것은, 자살을 초래하는 사회구조적 요인의 변화와 개혁도 필요하지만, 사람과 사람 사이에 대화와 소통의 다양한 통로를 마련하는 것이라고 생각된다. 사람들은 고난과 슬픔, 고통 그 자체를 견디지 못하기보다는 그것을 누군가와 이야기하고 나눌 수 없을 때 그것에 굴복할 가능성이 크기 때문이다. 현재 한국 사회에서 삶과 죽음의 자리는 점점 멀어지고 있다. 갈수록 죽음은 삶에서 회피되고 치워버려야 하는 분리와 배제의 대상이 되어간다. 더 이상 죽은 자와 죽음의 사연을 듣고 공감하며 삶의 자리로 수용하지 않는다. 이처럼 삶과 죽음이 차단된 상황에서 무속의 굿판 외에 귀신들은 어디서 자기 이야기를 할 수 있을지, 혹시 산 자와 죽은 자의 소통의 부재는 산 자 사이의 소통의 부재를 반증하는 것은 아닌가라는 생각이 쉽게 지워지지 않는다.

●이용범

다크투어리즘과 도호쿠오헨로

현대적 순례의 뉴웨이브 중 하나로 아우슈비츠 수용소 같은 "비극의 현장을 돌아보는 여행"인 이른바 '다크투어리즘'을 들 수 있다. 일본의 경우 오래전부터 다크투어리즘을 대표하는 곳으로 히로시마 원폭돔과 나가사키 원폭평화기념관을 꼽을 수 있겠다. 1995년 한신대지진과 2011년 3·11동일본대지진 관련 지역도 다크투어리즘의 대상지로서 많은 관심을 모으고 있다. 우리나라로 치면 원효대사처럼 유명한 고승인 홍법(弘法)대사 구카이(空海)의 묘소가 있는 와카야마현(和歌山県) 고야산(高野山)의 오쿠노인(奥の院)에는 한신대지진 위령비와 동일본대지진 위령비가 마주 보고 있다. 이 외에도 한신대지진 이후 전국 각지에 피재(被災)기념비가 세워졌고 그곳을 순회하며 위령하는 '진재 모뉴먼트 교류네트워크'가 형성되었다. 이들은 주로 피해자 가족이나 친지들로 구성되었으며 종교의 틀을 넘어선 공동체로 발전하고 있다.

한편 도호쿠(東北)지역 동일본대지진 이후 피해가 극심했던 후쿠시마현(福島県), 미야기현(宮城県), 이와테현(岩手県), 아오모리현(青森県)의 유지들이 '일반사단법인 도호쿠오헨로 프로젝트'를 결성하여 희생

자들을 위령하고 진혼하기 위한 각종 사업을 추진해왔다. 그 중 가장 핵심적인 것은 시코쿠헨로(四国遍路) 88개소 영장처럼 순례지를 선정하여 각 순례지를 잇는 위령과 진혼의 루트를 만드는 사업이다. 2015년 62개소의 순례지가 발표되었고 그 후 1개소가 추가되어 현재 총 63개소의 '도호쿠오헨로(東北お遍路)'라는 다크투어리즘의 순례지가 조성되었다.

도호쿠오헨로의 홈페이지(http://tohoku-ohenro.jp/)는 이 순례지를 '마음의 길'이라고 소개하면서 천년 후에도 이어질 이야기를 찾아내어 '마음의 길의 이야기'로 널리 알리는 것이 사업의 취지라고 밝힌다. 이와 아울러 민족과 종교를 넘어서 많은 사람이 순례지를 찾아주기를 기대하면서, 피해지역들이 협력하여 천년 후에도 경제적·문화적으로 자립 발전할 수 있는 부흥에 일조하기 위한 여러 가지 활동 내용을 피력하고 있다.

성지순례라는 전통적인 종교시스템을 이용하여 특정 장소와 관련된 이야기와 기억을 전달하여 사회적으로 공유하려는 시도인 도호쿠오헨로 63개소의 순례지는 신사와 사원 등의 종교시설이 가장 많다. 신사(도리이 포함) 16개소, 사원(지장상과 관음상 포함) 14개소, 정교회 1개소 등 총 31개소로 전체의 절반 정도를 차지한다. 신사와 사원은 대개 높은 고지대의 지반이 탄탄한 곳에 세워지는 경향이 있으므로 다수가 쓰나미 피난처로 기능할 수 있기 때문일 것이다.

그다음이 위령비, 진혼탑, 석비, 인공산 등의 각종 모뉴먼트(10개소)와 기념공원(6개소)이며, 그 외에 센다이공항과 원자력발전소를 비롯하여 학교, 기차역, 운하, 수문, 뮤지엄, 등대, 간석지 등의 공공시설 및 해수욕장, 온천장, 포구, 수족관, 방재숲과 특정 나무, 가옥군, 역사적 인물의 동상 등 종교와 무관한 곳도 많다. 전체적으로 도호쿠오헨로의 순례지는 진재 피해를 면한 곳이나 쓰나미로부터의 피난처가 된 곳, 부흥의 상징이 된 곳, 피해가 심했던 곳이 주종을 이루며, 후쿠시마 제1원전과 그 근방의 해수욕장을 제외하면 모두 위령·진혼·부흥의 상징이라 할 수 있다.

도호쿠오헨로에 대해 다크투어리즘이란 말은 이미지가 안 좋으니 '부흥투어리즘' 또는 '희망투어리즘'이라고 해야 한다는 의견도 있다. 다크투어리즘은 관광학, 문화연구, 인류학, 경영학, 정보학, 지역학, 커뮤니케이션론 등 다양한 분야에서 연구되고 있지만, 각 분야마다 정의가 조금씩 달라 아직도 공통의 함의를 도출하지 못하고 있다. 물론 다크투어리즘이란 어디까지나 방문자나 연구자의 입장에서 본 용어이고, 피해지역 주민들의 입장에서는 부흥투어리즘이나 희망투어리즘이란 말이 더 적합할지 모르겠다.

그러나 다크투어리즘 연구자 이데이 아키라(井出明)에 따르면, 도호쿠오헨로의 순례지는 부흥투어리즘과 겹치기는 해도 다루는 정보에 큰 차이가 있다. 다시 말해 양자가 겹치는 부분은 장소적인 위치정보에 관한 것이며 개념적인 공통항은 놀랄 만큼 적다. 한마디로 다크투어리즘의 역할은 부흥과 직접적으로 결부되지 않는다는 것이다. 일본은 히로시마와 나가사키를 다크투어리즘의 명소로 만듦으로써 자신이 희생자라는 점을 부각시키려 노력해 왔다. 마찬가지로 만일 도호쿠오헨로를 다크투어리즘의 명소로 만듦으로써 재해지역의 부흥을 부각시키려 한다면 히로시마나 나가사키의 사례와 동일한 '피해의 신화'를 초래할 것이다.

실제로 최근 일본 정부는 2020년 도쿄올림픽을 계기로 후쿠시마 재해 지역을 다크투어리즘의 명소로 만들겠다고 발표했다. 그러나 이에 앞서 원전의 위험성에 대한 절박한 인식 및 해결책 제시가 먼저일 것이다. 후쿠시마 제1원전의 방사능 유출 문제는 지금도 해결이 요원한 상태이다. 거의 체르노빌급 사고임에도 불구하고 일본정부는 3·11진재 부흥을 앞세워 실상을 은폐하고 여론을 호도하는 데에만 몰두하고 있다. 이는 '도호쿠오헨로 프로젝트'를 기획하고 진행시켜 온 재해 지역민들이 원하는 것이 아니다. 도호쿠오헨로는 다크투어리즘의 명소로서가 아니라 "사자와 생자를 매개하는 다크투어리즘"이라는 점에서 그 의의를 찾아야 할 것이다. 이것이야말로 재난의 기억과 이야기성을 강조하는 '도호쿠오헨로 프로젝트'의 결성 취지 및 순례지 선정기준에 부합하는 것이다.

어쨌든 다크투어리즘과 부흥투어리즘을 둘러싼 도호쿠오헨로의 위상은 애매하다. 그것은 여러 가지 의미에서 빅터 터너의 '리미널리티(liminality)'를 상기시킨다. 리미널리티는 애매성 즉 이것도 저것도 아닌 상태뿐만 아니라 '이방인성'과 '구조 내의 열등성'이라는 특징도 가지고 있다. 후쿠시마 제1원전 근방에 살던 주민들은 일본사회 내에서 영원한 이방인이 되었다. 실은 도호쿠오헨로의 순례자 또한 이방인이다. 순례자에 해당하는 영어 '필그림(pilgrim)'의 어원 '페레그리누스

(peregrinus)'는 원래 이방인을 가리키는 말이 아니었던가! 게다가 도호쿠 지방 자체도 역사적으로 고대에는 오랑캐들 즉 이방인이 사는 곳으로 여겨져 정벌의 대상이었고, 현대에는 고령화와 과소화 지역을 대표하는 곳이자 3·11대지진 이후에는 방사능 오염지역이 되어 일본사회라는 견고한 구조 내의 열등성을 대표하는 곳이 되었다. 이런 맥락에서 도호쿠오헨로는 '일본 순례문화의 리미널리티'라고 불릴 만하다. 거기서 일본의 자기폐쇄적 사회구조에 균열을 초래할 만한 커뮤니타스가 생겨나기를 기대해 본다.

●박규태

"왜 내 말을 들으려 하지 않지요!"

[장면 1]

크리스틴: "왜 내 말을 들으려 하지 않지요?"

경찰: "이런 제기랄, 듣고 있어요. 듣고 있다고요. 당신의 기분을 이 해합니다. 애가 변했지만, 잘못된 건 없어요. 두 사람 모두가 험한 일을 겪었지만, 그 애가 원래대로 돌아오기 위해서는 당신의 지원 과 사랑이 필요합니다.

크리스틴: "내 아들이 아니에요."

경찰: "대체 왜 이래요? 왜 이러는 것입니까?… 애 키울 만큼 벌면서 왜 엄마의 책임을 피하려 하지요?"

[장면 2]

의사: "키가 달라졌다면서요?"

크리스틴: "3인치나 작아요."

의사: "별로 이상할 것은 없어요. 충격 받으면 성장에 문제가 생겨 요. 스트레스로 척추가 줄어든 것예요."

크리스틴: "포경수술은요?"

의사: " 납치범이 아이의 위생을 위해서 시술해주었나 봅니다. 애한 텐 큰 충격이라 그 기억을 지운 거고… 이 모든 게 의학적으로 충분히 설명됩니다."

크리스틴: "내 아들을 못 알아볼 수도 있나요? 난 엄마에요."

의사: "그래서 객관성을 잃을 수 있지요. 부인은 예전과 달라진 아이를 극히 감정적인 눈으로 보고 있어요. 이 아이는 많이 변했어요. 전쟁에 나갔다 변해서 온 아이처럼 감정에 지배되는 엄마의 눈엔 그런 변화가 거부감을 일으켜 아들임을 부인하게 되죠. 진실을 바꿀 수는 없어요. 내 이론의 객관성을 확인하고 싶은데 이의 없지요?"

영화 〈체인질링 Changeling〉(2008)의 몇 장면에서 오가는 말들이다. 실화에 바탕을 둔 이 영화는 실종된 아들을 찾기 위해서 주인공 크리스틴이 행정 당국, 경찰, 병원 등과 같은 국가 이데올로기의 기구들을 상대로 힘겨운 싸움을 벌이는 모습을 생생히 담고 있다. 경찰은 범인 추적보다는 자기의 권위 유지와 관행을 중요하게 여기고, 선거를 앞둔 정치가는 자신에게 끼칠 부정적인 영향에 전전긍긍한다. 지식 권력의 표본인 의사는 경찰이 찾아준 아이가 자기 아들이 아니라는 크리스틴을 정신병자로 몰아간다. 급기야 경찰은 사건을 은폐하고 축소하기 위해서 크리스틴을 정신병원에 감금한다.

"진실을 바꿀 수 없다"는 의사의 말에서 아무런 모순도 느낄 수 없다면, 그 사람은 지극히 순진한 사람이거나 혹은 의사와 비슷한 사회적 위치에 있는 사람일 가능성이 높다. 현실 세계에서 우리는 자주, 그리고 절절하게 진실의 부재와 대체를 경험하기 때문이다. 외국 자본과 공권력에 의해 인공 섬으로 조각되고 있는 내 고향 제주도에서부터 원전 파괴로 인해 수많은 난민을 낳고 사람의 발길을 거부하는 후쿠시마, 초고압송전탑 건설로 오랜 삶의 터전이 무너져버린 밀양, 안타까운 생명을 앗아간 세월호가 잠긴 진도 앞바다, 스크린도어를 수리하던 앳된 청년을 앗아간 구의역, 시커먼 탄가루로 어둡고 숨 막히는 곳에서 늦은 밤 홀로 일하던 청춘을 집어삼킨 태안화력발전소 등 셀 수 없이 많은 곳곳에서 진실은 거짓과 왜곡으로, 혹은 망상과 집착으로 뒤바뀌고 대체되며, 삶은 절망의 어둠 속으로 내몰린다.

공적 이데올로그들은 말한다. 현실을 받아들이라고, 국가를 위해서, 사회를 위해서, 미래를 위해서 누군가의 희생은 필요하고, 그 가치는 숭고한 것이라고. 그러나 그렇게 숭고한 희생의 이념은 좀처럼 그 말을 뱉는 자신과 그의 식솔들을 향하지는 않는다. 희생을 견뎌야 하는 자들은 줄곧 사회의 주변부에 있는 자들이었다. 생산의 효율과 이익의 극대화에 맞추어진 사회 구조가 빚어내는 수많은 희생자와 그들을 잃은 상실감으로 쓰라린 가슴을 부여잡고 광화문 네거리에서, 진도 팽목항에서, 굴뚝에서, 공장 앞에서, 국회 앞에서 아픔을 호소하고 사고의 재발을 막아 줄 것을 외치는 '사람들'을 향해서 정치-경제의 이데올로그들은 말한다. 경제의 발목을 잡지 말라고, 사회 안정과 통합이 필요하다고, 감정을 추스르고 현실을 받아들이라고. 그리고 다른 한쪽에서는 이데올로그의 추종자들이 희생의 논리를 수긍하지 못하는 자들에게 조롱과 멸시를 보내고 위협과 폭력을 가한다.

반 바렌(Th. P. Van Baaren)은 〈희생의 이론적 탐구 Theoretical Speculations on Sacrifice〉에서 희생의 네 가지 기본 형식을 논한다. 첫째, 호혜성에 기초한 선물로서의 희생. 둘째, 상대의 이익을 위해서 자신의 어떤 것을 내주는 희생. 셋째, 원초적인 사건의 의례적 반복으로서의 희생. 넷째, 세상을 상징적으로 성화하는 몸짓으로서의 희생이다. 그의 말에서 눈이 가는 곳은 희생의 첫 번째 형식이다. 그는 이렇게 말한다. "희생은 선물로서 반드시 그것에 대한 보답이 뒤따르게 마련이고, 그러므로 그것은 전적으로 호혜성의 영역에 속한다. 여기서 희생은 포기하는 것이 아니고 자신의 처지를 나약하게 만드는 것도 아니다. 왜냐하면 선물과 그것에 대한 보답은 직접적으로 그리고 본질적으로 서로 묶여 있기 때문이다…주는 행위가 공동체를 세운다는 이러한 기본 관념에서부터 호혜성은 발생한다. 이 호혜성은 두 상대자 사이의 균형이 무너질 때, 예컨대 부와 권력을 지닌 왕이 가난하고 약한 자들 위에 서게 될 때만 실패한다. 이런 의미에서 희생은 사회학적 실재를 반영한다. 신과 인간 간의 거리가 너무나 커질 때, 호혜성의 이념은 떨어져 나가고, 적어도 배경 속으로 침몰한다. 그때 선물은 더 이상 공동체를 형성하는 물질이 아니다. 그것은 단지 상납 혹은 조공일 뿐이다."

오늘날의 현실세계에서 언급되는 희생은 더 이상 호혜성의 가치를 담고 있지 못하다. 사회의 여러 곳에서 막강한 부와 권력을 차지한 자들에게 과도한 힘이 주어져 있기에 그들과 호혜성의 관계 맺기는 불가능하기 때문이다. 그들은 보답할 선물도 의지도 없으면서 공적 영역에서 설 자리가 없는 자들에게 선물을, 희생을 요구한다. 진리를 위해서, 국익을 위해서, 사회를 위해서, 안보를 위해서, 경제를 위해서. 그 속에 '내'가 설 자리는 없다. 아도르노(Theodor W. Adorno)는 〈미니마 모랄리아〉에서 도구적 이성에 사로잡힌 근대인의 냉기와 타인과의 관계의 빈곤화를 비판한다. "왜곡되지 않은 모든 관계, 유기체 내부에 있는 화해적 요소란 아마, 주는 행위, 선사하는 행위이다. 앞뒤를 재고 계산하는 논리에 의해 선사하는 능력을 잃어버린 인간은 스스로를 사물로 만들면서 얼어 죽는다." 효율성과 유용성을 중시하는 도구적 이성의 소유자는 사열대 위에서 군인의 사열을 받는 지휘관의 모습을 취한다. 그에게 군대의 핵심은 명령(order)이고 곧 질서(order)이다. 군의 사열에서 엇박자와 흐트러짐은 용인될 수 없다. 그에게 중요한 것은 사람이 아니라 움직이는 사물들의 질서이다.

아도르노는 맥락과 삶의 조건에 자리하지 않는 추상적인 보편적 규범의 시대착오적인 성격과 폭력성을 비판한다. 내가 사는 이곳에서는 안보와 경제의 규범이 생명과 인간의 존엄성 위에 서서 희생을 권하는 도착적인 현상이 벌어지고 있다. 이 기괴하고 끔찍한 현상은 차이의 다양성과 풍요로움, 그리고 그 역동성을 용인하지 못하는, 삶의 조건을 고려하지 않은 채 효율성과 유용성의 시선으로 세상을 바라보는 군사적 자본주의의 체제에 기인한다. 그 체제의 수호자들은 어떤 것에 대해 열심히 말을 쏟아내지만 생각하지는 않는다. 그 말은 재단하고 계산하면서 내뱉는 배경음일 뿐이다. 왜 고통을 겪는 자들의 말에 귀를 기울이려고 하지 않는 것일까? 왜 듣는 척하면서 자신의 말만 쏟아내는 것일까? 그 이유는, 타인의 말을 진심으로 경청하는 것은 생각에 이르게 하고, 생각하는 것은 아르네 네스(Arne Dekke Eide Naess)의 말에 따르면 괴롭기 때문이다. 아르네 네스는 오슬로 대학교에서 행한 한 강연에서 인류의 진정한 변화를 위한 일을 찾는 젊은이들에게 다음과 같이 말했다고 한다. "매우 쉽습니다. 그냥 앉아 있으세요. 극심한 고통을 겪고 있는 사람과 함께 앉아 있으세요." 상실과 절망을 희생으로 순화하고, 그것으로 고통을 겪는 자들을 조롱하고 멸시하고 위해를 가하는 뻔뻔스러움과 천박함이 일상이 되어버린 이 시대에 '난' 어디를 배회하는 것일까?

● 박상언

백년 전 전쟁터에서 보낸 편지들을 읽으면서

"도보여행 덕분에 다른 동료들에 비해서 우리들이 얼마나 단련되었는지 부모님들께서 아셔야 할텐데…! 우리는 평화 시절에도 여기저기 돌아다녔잖아. 그때 맸던 여행배낭은 지금 어깨에 짊어진 전투배낭 같았고, 촘촘하게 바느질된 무거운 여행용 장화를 신는 일도 오래전부터 길들여져 있었지. 우리 모두는 발이 아프도록 걷는 게 뭔지 알잖아. 우리들 대부분은 아주 어렸을 때부터 반더포겔이 되었어. 이제야 그것이 무엇을 의미하는지 알게 되었어. 우리들의 빛나던 청소년 시절 기쁜 여행이 의미하는 바를… 전쟁이 끝나고 고향에 돌아가면 너희들에게 더 많이 이야기해줄게. 어린 무리들아! 우리가 돌아가면 다시 너희들의 통솔자(Führer)가 되어줄게."(1918년 군인 반더포겔 편지 모음에서 인용)

고향의 나이 어린 친구들에게 다정하게 편지를 썼던 반더포겔 소속 형들은 더 이상 전쟁에 대해서 이야기해 주지 못했다. 1924년 조사에 따르면, 제1차 세계대전에 참전한 약 12,000명의 반더포겔 중에서 대략 7,000명이 고향으로 돌아오지 못했다.

반더포겔(Wandervogel)은 계절에 따라 서식지를 바꾸는 '철새 (Zugvogel)'라는 뜻이다. 한독사전을 찾아보니 '청년 도보여행 장려회' 로 번역되어 있다. 1896년 베를린 근교 슈테글리츠(Steglitz)의 김나지 움에서 시작했다. 주말마다 회색빛 도시의 담장에서 나와 푸른 자연과 시골을 도보했던 청소년 운동으로, 20세기 초반에서 중반까지 상당수 의 김나지움 학생들과 대학생들이 여기에 속해 있었다. 당시 노동에서 자유롭고 '반항'할 여유가 주어졌던 학생이라는 특권적 신분의 특성상 부르주아 청소년들로부터 시작되었다가, 얼마 지나지 않아 사회주의 노동자 계열 청소년 운동과 종교 계열 청소년 운동 등 다양한 계열의 반더포겔 지파들이 우후죽순 생겨났다. 20세기 독일사에 많은 정치, 종교, 문화 계열의 운동(Bewegung)이 존재했는데 그중에서도 반더포 겔은 독일 청소년 운동의 시초이자 가장 역동적이고 열정적인 모습을 보여주었던 문화·정치 운동으로 볼 수 있다. 1913년 10월 11일과 12 일 양일간에 걸친 제1회 자유독일 청소년의 날(Freideutscher Jugendtag) 에 참석하기 위해 며칠에서 몇 주에 걸쳐 호헨 마이스너에 도착한 청 소년들이 이천 명에서 삼천 명에 이르렀다.

반더포겔들은 철새처럼 집을 떠나서 이곳저곳으로 여행을 다녔다. 저렴한 가격에 머물던 숙소는 유스호스텔로 발전했다. 즐겨 찾던 시골 에서 독일 민요들을 발굴했고, 고대와 중세 시대의 낭만적인 풍습들을 따라했다. 부모와 교사들의 도움 없이 자체적 집단생활을 조직하면서 자율적 성인으로 성장하고자 했고, 태양과 바람을 쐬며 강인한 육체를 만들어 갔다. 20세기 초부터 나치즘 시기까지 독일 미술에서 많이 나타나는, 태양이나 '메시아적 존재'를 향해서 팔다리를 쭉 펴는 '깨어나는 청년기 나체'의 이미지는 당시 역동적인 청소년 운동의 에너지를 짐작케 한다. 반더포겔들이 남긴 기록에는 산업화와 도시화로 사라져가는 자연적 삶에 대한 갈구, 민요와 시골로 대변되는 소박한 독일 민족성과 고향에 대한 향수, 자유롭게 신체를 움직이면서 발견하는 몸의 문화, 또래끼리 여행하고 집단 생활하는 것에 대한 설렘 등 다양한 모습이 담겨 있다.

제1차 세계대전을 겪으면서 청소년 운동은 이전의 자연 친화적, 문명 비판적 운동에서 정치적 자각을 하는 방향으로 나아갔다. 전환점이 되었던 제1차 세계대전에서 청년들의 경험과 전쟁전후의 변화상들을 보기 위해서 한동안 인터넷 아카이브나 헌책방 등을 통하여 구할 수 있는 자료들 중심으로 읽어 보았다. 그중에는 1914~1918년 사이 전쟁터에서 고향으로 보낸 편지들이 많이 있었다. 전쟁 초기에 전장은 꽤 낭만적으로 묘사되어 있었다. 참호를 파서 숨어 지내는 일상을 '두더지 생활(Maulwurfsleben)'로, 점령 지역 자연을 목가적 이미지로 아름답게 묘사했다. 언제 실제 전투가 벌어질지 모를 프랑스 산야를 무장도보로 행렬하고, 야전(野戰)을 벌이는 가운데서도 봄을 맞아 피어나는 아름다운 프랑스의 산천을 보며 반더포겔 시절의 낭만을 떠올렸다. 같은 부대 내에 반더포겔 멤버가 있으면 예전처럼 아지트인 '둥지(Nest)'를 만들고 그곳에 모여 노래하고 민속기타(Zupfgeige)를 연주했다. 즐겨하던 의식 중에는 6월 하지(Sommersonnenwende)에 풍요를 기원하며 밤에 불을 지피는 고대 게르만과 켈트 의식을 계승한 하지축제 (Sonnenwendfeier)가 있었다. 중세 가톨릭교회는 '이교도적인' 이 의식을 성(聖) 요한의 날(Johannestag)로 만들고 기독교적 상징으로 바꾸었다. 반더포겔들에 의해서 재발견된 독일 민속적 가치는 나중에 나치즘에 의해서 위대한 게르만적인 풍습으로 확대 왜곡 해석되며, 1930~40년대의 가장 널리 퍼진 일상적 축제였던 캠프파이어로 발전했다.

이들은 전투의 참혹한 실상을 겪게 되고 전쟁이 자신들이 꿈꾸었던 또래집단의 동료애 및 낭만적 애국주의와 상당히 거리가 먼 것임을 느낄 수밖에 없었던 것 같다. 이미 1914년부터 고향에 보내는 편지에 "너희들이 전쟁에 대해서 뭘 알기나 하는지… 여기에서 사람들은 그저 먹고, 자고, 생각하지 않는 동물처럼 죽은 동료들의 시체 위를 기어오르고, 피가 가득한 땅 위에 뻗어 있다.(1914년 10월 26일 정확한 이름을 알 수 없는 H. v. P. 편지에서 인용)"와 같은 환멸적인 어구들이 눈에 띈다.

나치 정권은 이러한 청소년 운동의 상징적 어구들과 조직화를 정치적으로 이용했다. '하일 히틀러(Heil Hitler!)'로 알려진 인사가 반더포겔 사이에서 같은 집단에 속한 동료들끼리 친근감 있게 나누던 '하일(Heil!)'에서 나온 것은 우연이 아니다. 그 친근한 인사에 담긴 또래들의 우정을 교묘히 이용하여 히틀러유겐트(Hitlerjugend)를 만들었다. 나치 정권은 젊은이들과 대중들에게 호소력을 지니는 특이한 '게르만적 비전(祕傳)'의 상징들을 종교, 예술, 민속에서 다양하게 차용하여 교묘하게 정치화했다. 반더포겔 공동체인 '둥지(Nest)'를 통솔하는 선배 (Führer)는 제3제국의 지도자(Führer) 히틀러를 부르는 명칭이 되었다.

이러한 역사적 상황으로 인하여 반더포겔에 대한 평가는 아직도 논쟁적이다. 반더포겔의 본래적 취지에 동감하고 향수에 젖는 사람들이 있는가 하면, 반더포겔 단체들의 민족주의적 성향이 국가사회주의(Nationalsozialismus)의 토양이 되었다는 비판도 많다.

전쟁에서 보낸 편지들 속에 나타나는 반더포겔들은 적군을 살해하는 '가해자'이면서, 동시에 전쟁이 무엇인지 정확히 모르고 '도보여행' 하듯이 배낭 매고 등산화 신고 왔다가 처참하게 죽어가며 친구들의 죽음에 충격과 환멸을 느끼는 국가폭력의 '피해자'이기도 하다. 정치가들은 애국심을 자극하여 청년들을 전쟁터로 보냈고, 30년대에는 청소년 운동의 상징적 어구들과 의례적 행위들을 독재 정권의 슬로건(Parole)으로 사용했다. 독일 국가사회주의 시기의 정치, 종교, 그리고 예술을 들여다볼수록 나치 정부는 종합적 오컬트 집단으로 보인다. 무자비하고 '신비적인' 이 집단의 희생물 중 한 무리는, 전쟁이 끝나면 고향으로 돌아가 산천을 누비고자 했던 자국의 '철새들'이었다.

● 최정화

서세동점(西勢東漸)과 동세서점(東勢西漸)의 차이

서구 열강의 압도적 위세에 동양의 전통사회가 '굴복이냐, 파괴냐'의 양자택일에 몰린 역사적 상황을 우리는 '서세동점(西勢東漸)'이라고 한다. 수천 년 동안 동양 세력에 눌려 지내던 서구 유럽이 19세기 중후반에 동진에 나서, 이후 전 세계를 지배하고 있다. 그들은 동양에서 문화의 핵심이자 사회구성의 원리였던 종교를 비롯한 모든 삶의 양식을 통째로 서구적으로 바꾸어 버렸다. 서구적 사고와 체제가 전 세계를 휩쓸면서 '서구적 근대사회로의 이행'은 수많은 '혁명과 전쟁'을 야기하였다.

영원할 것 같았던 서세동점의 시대도 21세기에 접어들자 균열의 조짐이 나타나고 있다. 거대한 인구와 자원을 앞세운, 동양의 고전문화를 꽃피웠던 중국과 인도가 변화의 중심에 서 있다. 정신문명의 주도권만 아니라 세계경제의 주도권이 유럽에서 미국으로, 그리고 일본을 거쳐 중국과 인도로 넘어가고 있는 듯하다. 우리는 이것을 '동세서점(東勢西漸)'이라고 한다. 최근 트럼프의 미국 우선주의도 아베의 일본 우익주의도 그것에 대한 저항의 몸짓으로 해석되는 측면이 없지 않다.

새로운 국가 중심의 경제전쟁 시대가 오고 있는 것이다.

흔히 동양의 일본이 서구 열강 대열에 진입한 것으로 서세동점은 일단락되었다고 평가한다. 그러나 그것은 지극히 표면적인 평가에 지나지 않는다. 제2차 세계대전이 종료되고 세계화의 물결이 전 세계를 휩쓸고 있는 지금도 서세동점의 위력은 더욱 거세지고 있다. 서구를 닮아야 살아남는다는 강박관념, 즉 우리 안의 오리엔탈리즘도 그것에 일조를 하고 있다. 그런 점에서 한말 망국(亡國)과 해방 이후 분단 상황은 조금도 다르지 않다. 차이점이 있다면, 전자의 서세가 외부에서 강제된 것이었다면, 후자는 서세가 내면에 뿌리내리고 있다는 점이다. 한반도를 괴롭히는 분단체제도 따지고 보면 내면화된 그 서세의 위력 때문이다. 바로 그 내부의 서세 때문에 여전히 민족분단 체제가 유지되고 있으며, 우리의 민족문화 정체성과 민족공동체, 그리고 민족자치가 크게 훼손당하고 있다. 예컨대, 금강산 관광이나 개성공단 재개와 같은 민족 내부 문제마저도 우리 스스로 결정할 수 없는 처지가 아닌가.

서세는 19세기 '이성(과학)신앙'에 뿌리를 두고 있다. 서구의 이성(과학)에 대한 맹목적인 신앙은 17세기 이후 유럽에서 시작하여 19세기에 이르러서는 이성(과학)이 신(神)이고 종교가 되었다. 이 신앙은 19세기에 풍미했던 자연과학의 원자론(입자이론)을 근본 원리로 삼는다. 그러나 원자론은 19세기가 다 지나가기도 전에 완전히 폐기되고 파장이론과 같은 새로운 이론이 등장한다. 그럼에도 불구하고 원자론은 사회과학 제 분야에서 아직도 상당한 힘을 발휘하고 있다. 사회과학에서는 원자론을 기반으로 하여 타자를 배제하는 개인주의가 도출되었으며,

개인주의는 근대 사회과학의 부동의 원리가 된다. 개인주의는 인간에게 개인의 자유와 평등을 가져다주긴 하였지만, 사회조직의 지속가능성에는 치명적인 약점을 지닌다. 그러한 약점들이 비서구 사회에서 이제까지 잘 부각되지 않았던 것은 생존을 위한 근대화·산업화라는 시대적 요청이 무엇보다 시급했기 때문이었다. 근대화·산업화야말로 서세의 숙주로서 역할을 담당하고 있어 그것이 진행될수록 공동체의 폐해는 늘어만 갈 것이다. 그래서 전통적으로 관계를 중요시하는 동양사회에서도 오만한 주체만이 존재하는 세상이 되고 말았다. 말하자면, 경제적 이해만이 사회관계를 형성하는 원리로 받아들이기 때문에 다른 원리에 근거하는 모든 관계는 지속적으로 공격을 받아 주변화되고 만다. 인간의 정체성과 안식처를 제공하는 삶의 방식들 예컨대, 가족, 종교, 역사, 언어, 민족 등 다른 원리에 의해 형성되는 인간관계들이 점차 배제될 수밖에 없었다.

그런데 21세기에 접어들자 근대 이후 모든 부분에 전횡을 일삼던 이성(과학)신앙에도 황혼의 그림자가 드리우고 있다. 오만한 개인주의와 그것에 기초한 자본주의 체제는 이제 더 이상 버텨낼 수 없을 것이라는 예견들이 등장한 것이다. 이미 1970년대에 로마클럽보고서 성장의 한계가 나오고 오일쇼크가 겹쳐지면서 체제의 지속가능성에 심각한 의문이 제기되었다. 더구나 20세기 말미에 시장근본주의인 신자유주의가 확산되면서 체제 내부의 모순은 점차 확대되고 있다. 자원 공급이 무한대로 확대되는 경우에는 어느 정도 지속가능하긴 하겠지만 자연을 타자화하고 정복해 버리는, 인간이 필요한 자원을 무자비하게 뽑아내는 생산방식으로는 지속성에 한계가 있기 때문이다. 이에 자본주의 체제의 구조적인 문제를 밝히는 세계체제론(World System Theory)이 각광받기 시작했으며, 뒤이어 문학계와 학술계의 관성적 현상을 비판적으로 검토하는 포스트모더니즘도 확산되고 있다. 여기에 유기론적 관계사고(關係思考)가 기반을 이루는 아시아적 삶의 가치도 부상하고 있는 형세다.

이제까지 서세에 대한 저항과 극복은 대체로 동양의 특수성을 대립시키는 방식으로 대안을 모색해 왔다. 그러나 그것은 또 다른 오만한 주체를 대신하는 것에 지나지 않는다. 즉, 서세동점의 해소가 바로 동세서점이 아니라는 것이다. 진정한 해소를 위해서는 서구중심의 원자론적 사회조직 방식을 넘어서는 새로운 사회조직 패러다임이 필요하다. '유기론적 패러다임'으로 조직방식이 전환될 때만이 인류의 생존과 발전이 가능할 것이라는 의미이다. 이 같은 입장에서 새로운 대안문명을 지적하는 학자들이 적지 않다. 일찍이 토인비(A. J. Toynbee, 1889-1975)는 서양의 문명은 우리가 지금 살아가고 있는 문명과는 전혀 다른 '참된 기독교'로 돌아서지 않는다면 인간은 비극적인 운명을 맞을 것이라고 하였고, 소로킨(P. A. Sorokin, 1889-1968)은 앞으로 인간은 '통일된 영성에 대한 초의식 수준'에 오르게 될 것이므로 이타적인 사랑에 의한 '새 땅과 새 하늘'을 가지게 될 것이라고 하였으며, 인도의 지성 라다크리슈난(Radhakrishnan, 1888-1975)은 다가오는 미래는 '지적인 사랑에 근거한 전 세계적인 통일'이 이루어지게 될 것이라고 하였다.

여기에 한국의 민족종교들도 동참하고 있다. 과거 서세동점에 대한 위기의식을 표출한 동학농민혁명은 반외세의 기치를 높이 들기는 했지만, 서세를 극복하지 못하고 실패하고 말았다. 그렇지만 동학농민혁명의 영향을 받은 천도교, 증산교, 정역, 대종교, 원불교, 갱정유도 등의 민족종교들은 서세를 극복하고자 보편적인 대안문화를 만들고자 새로운 동서합일의 도덕문명론을 제시하고 있다. 이들은 과도한 물질문명에 동양의 정신문화를 접합함으로써 새로운 세상을 이끌어 가야 함을 역설하고 있다. 이른바 영육쌍전(靈肉雙全)이고 도학과 과학의 합덕(合德)이다. 요컨대, 동서의 상극적 갈등 속에 빠져있는 인류를 구원하기 위해 더불어 사는 공동체적 도덕문명을 마련해야 한다고 주장한다. 어느 한쪽의 정복이 아니라 해원상생의 원리를 기반으로 한 동서합덕(東西合德)을 주창하고 있는 것이다.

● 윤승용

조약, 통역, 선교

　동아시아 특히 중국사의 결정적 분기점의 하나가 아편전쟁(1839-1842)이라는 점에 대해서는 이의를 다는 사람이 별로 없을 것이다. 시진핑을 필두로 하는 현재 중국의 집권세력과 상당수의 중국인은 아편전쟁을 치욕의 역사로 기억하고 있으며 그 이전의 역사, 즉 서구문명을 압도하는 중화문명의 영광을 되찾으려는 다양한 몸짓을 보여주고 있다. '중국몽'이나 '일대일로(一帶一路)'와 같은 용어는 이러한 욕망의 표현으로 보인다. 주지하다시피 아편전쟁에서 패한 청나라는 영국에 막대한 배상금을 지불하고 5개 항구의 개항 및 홍콩 할양을 주 내용으로 하는 난징조약을 체결하였다.

　여기서 아편전쟁이나 난징조약의 역사적 배경과 의의를 논하려는 것은 아니다. 그보다는 난징조약이 체결되는 현장에 잠시 주목해 보고 싶다. 1842년 8월 29일, 영국 군함 콘월리스(Cornwallis)호 선상에서 체결된 난징조약에는 다른 조약들처럼 양국의 전권대사와 관련 인사가 참석하였다. 그런데 필자의 관심을 끈 것은 조약의 현장에 등장한 두 인물이다. 한 사람은 '한국에 온 최초의 선교사'로 불리는 귀츨라프

(K.F.A. Gützlaff, 1803-1851)이고, 다른 한 사람은 '한국 최초의 사제'가 된 김대건(1821-1846)이다. 귀츨라프는 영국 측 통역관으로 참여하였고 김대건은 프랑스 극동함대 함장의 통역관으로 참여하였다. 물론 난징조약의 당사자는 영국과 청나라였기 때문에 귀츨라프는 회담에서 일정한 역할을 수행한 반면, 김대건은 제3자인 프랑스 측의 한 수행원으로 참관하였을 뿐이다. 당시 회담 장면을 묘사한 그림이 남아 있는데 귀츨라프는 등장하는 반면 김대건은 등장하지 않는다. 이 조약에서 두 사람이 차지하는 위상의 차이다.

사실 얼마 전까지 필자의 머리에서 귀츨라프와 김대건은 완전히 따로 놀고 있었다. 귀츨라프는 언더우드와 아펜젤러로 대변되는 미국 출신의 선교사들이 들어오기 전에 잠시 한국을 거쳐 간 유럽 출신의 선교사이고, 김대건은 한국 최초의 천주교 사제로서 양자 사이에 어떤 연결점도 생각할 수 없었기 때문이다. 그런데 두 사람이 난징조약의 현장에 함께 있었다는 사실에 궁금증이 생겼다. 도대체 어떻게 하여 전혀 관련이 없어 보이는 두 인물이 난징조약이라고 하는 역사적 현장에 함께 있게 된 것일까?

귀츨라프는 프러시아 출신의 네덜란드선교회 소속 선교사로 인도네시아 지역에서 활동하고 있었지만 중국선교에 관심을 가지고 마카오로 거점을 옮긴 독립선교사다. 독립선교사는 생계비와 선교비를 스스로 해결해야 하기 때문에 영국 동인도회사의 로드 암허스트(Lord Amherst)호의 통역으로 일하게 되었다. 이 배는 중국 북부 해안을 따라 항해하면서 아편 밀수나 해로 측정과 같은, 당시에는 불법적인 상업적

군사적 행위를 하는 선박이었다. 그렇지만 선교활동의 기회를 제공하기 때문에 탑승하였다. 1832년 7월 로드 암허스트호는 산둥(山東)반도에서 방향을 틀어 황해도 해안으로 진출했고 7월 25일부터 8월 12일까지 충남 태안 고대도(古代島)에 정박한 후, 조선 국왕에게 통상을 요청하는 편지를 보냈다. 답신을 기다리는 동안 귀츨라프는 관리와 섬 주민에게 성서와 전도 책자를 나누어 주었다. 보름 남짓한 이러한 전도활동으로 귀츨라프는 '한국에 온 최초의 선교사'라는 영예를 안게 되었을 뿐만 아니라 현재 고대도에는 그의 선교를 기념하는 기념교회와 전시관이 설치되어 있다. 물론 당시 조선 정부는 외국과의 통상을 허용하지 않았기 때문에 이 배는 조선을 떠났고 귀츨라프도 마카오로 돌아갔다. 아편전쟁이 일어나자 그는 영국 점령지의 행정관과 정보장교로 일했고 난징조약 체결시 통역관으로 등장한 것이다.

귀츨라프가 조선 해안을 떠나고 4년의 시간이 흐른 뒤 또 한 명의 서양 선교사가 조선에 입국한다. 이번에는 개신교 선교사가 아니라 가톨릭 선교사였다. 파리외방전교회 소속 모방(P.P. Maubant) 신부다. 그는 해로가 아니라 얼어붙은 압록강을 건너 밀입국하였는데 현지인 사제 양성을 최우선의 과제로 삼고 3명의 소년을 선발하여 마카오로 유학을 보냈다. 그중 한 사람이 김대건이다. 당시 15세였던 김대건은 모방 신부로부터 세례를 받고 중국 대륙을 횡단한 후 1837년 여름 마카오에 도착했다. 그때부터 5년간 파리외방전교회 선교사들로부터 사제수업을 받았으며 중국어도 유창하게 구사할 수 있게 되었는데 이 기간은 대략 아편전쟁의 시기와 겹친다.

아편전쟁이 끝날 무렵 프랑스 극동함대 에리곤호의 세실(Cécille) 함장이 파리외방전교회를 찾아와 조선어 통역자를 부탁했다. 당시 제국주의 국가였던 프랑스는 아편전쟁으로 영국이 막대한 이득을 챙기는 것을 보고 동아시아에서 자국의 이권과 영향력을 확보하기 위해 함대를 극동으로 파견하였고 세실 함장은 조선과의 교역을 염두에 두고 있었다. 따라서 조선인 통역자가 필요했던 것이다. 한편 파리외방전교회는 모방 신부를 비롯한 프랑스 선교사와 조선교회의 주요 지도자들이 처형된 기해박해(1839) 이후 단절된 조선교회의 상황을 파악하고 선교사를 비밀리에 입국시킬 수 있는 절호의 기회로 보고 김대건과 함께 메스트르 신부를 함대에 탑승시켰다. 그런데 세실 함대는 조선으로 가기 전에 마닐라, 타이완, 상하이를 거쳐 난징으로 향했는데 난징조약에 참관하기 위해서다.(2년 뒤 프랑스는 청나라와 황푸(黃埔)조약을 체결하게 되는데 난징조약 참관은 이를 위한 사전 준비 작업이었다) 이렇게 김대건은 세실 함장의 통역관으로 난징조약에 참관하게 된 것이다. 난징조약 체결 후 세실 함장은 조약에 조인한 중국인 고관들을 만났는데 이때도 김대건은 통역으로 참여했다.

그러면 조약체결 이후 두 사람의 행방은 어떻게 되었는가? 난징조약으로 홍콩이 영국에 귀속되자 귀슬라프는 영국 정부에 고용되어 홍콩에서 일하는 동시에 성서 번역과 반포 작업 등의 선교활동을 하다가 48세의 나이로 생을 마쳤다. 헌신적인 선교사에서부터 제국주의의 앞잡이에 이르기까지 그에 대한 평가는 양극이다. 김대건은 세실 함대가 당초 계획을 변경하여 조선으로 향하지 않았기 때문에 육로를 통한 입국을 여러 차례 시도하였고 마침내 3년 만에 조선 입국에 성공하였다. 그러나 입국한지 1년도 안되어 서해안에서 선교사 입국로를 개척하다가 체포되어 군문효수형을 받고 25세의 짧은 생애를 마쳤다. '성 김대건 안드레아'라는 표현에서 알 수 있듯이 김대건은 현재 '성인(聖人)'의 반열에 올라 있고 탄생 200돌을 맞아 '2021년 유네스코 세계기념 인물'로 선정되기도 했다.

이처럼 귀츨라프와 김대건은 매우 다른 삶의 길을 걸었지만 난징조약의 현장에 함께 있었다는 점에 착안해 이야기를 풀어보았다. 두 사람이 난징조약과 관련을 맺게 된 것은 통역관이라는 신분 때문이었다. 조약은 서로 다른 언어를 쓰는 국가들이 협상하는 장이기 때문에 통역이 필수다. 통역전문가가 흔하지 않던 시절, 외국어 구사를 생명으로 하는 선교사나 유학생보다 더 좋은 대안이 어디 있었겠는가. 로드 암허스트호(아편밀수선)와 에리곤호(극동함대)에 선교사와 유학생이 탑승했던 것도 비슷한 맥락이다. 이처럼 제국주의(식민주의) 시대의 선교(종교)는 원하든 원하지 않든 통역(번역)을 매개로 조약(정치)과 관계를 맺을 수밖에 없다. 지금의 시대라고 크게 다르겠는가.

● 이진구

올림픽 송가 〈이매진〉의 종교성과 무신론 논란

"상상해 봐요 천국(heaven)이 없다고,

우리 아래에 지옥(hell)도 없고,

우리 위에 오직 하늘(sky)만 있다고…

그건 그렇게 어려운 일이 아닐 거예요.

상상해 봐요 모두가 오늘을 위해 살아가는 세상을.

국가도 없고(there's no countries),

종교도 없는(no religion too),

그래서 무언가를 위해 죽고 죽일 필요가 없는 세상을…

아마 나를 공상가라고 부를지 모르지만,

그런 생각을 가진 사람이 나 혼자만은 아닐 거예요.

언젠가 당신도 우리와 함께 하길 바라요.

그러면 세상은 하나(one)가 될 거예요."

1971년 존 레논(John Lennon, 1940~1980)은 소유도 탐욕도 없는, 오직 형제애(brotherhood of man)만을 가진 사람들이 평화롭게 공존하는 세상을 상상하는 〈이매진(imagine)〉을 발표했다. 그리고 몇십 년이 지난 '2018 평창 동계올림픽(2.9~2.25)' 개막식에서 가수 하현우(국카스텐), 전인권, 이은미, 안지영(볼 빨간 사춘기)이 함께 이 노래를 열창했다. 이곡은 평창 동계올림픽 개막식 주제인 '행동하는 평화(peace in motion)'의 메시지가 담겨 있다는 이유로 선정되었다.

〈이매진〉과 올림픽과의 인연은 매우 깊다. 2012년 8월 12일 런던 올림픽 폐막식에서는 리버풀 필하모닉 소년소녀 합창단이 〈이매진〉을 불렀고, 이어 존 레논이 대형 전광판에 등장했다. 존 레논의 모습에 관중들은 환호했고, 스타디움 가운데 많은 작은 조각들이 맞추어져 존 레논의 얼굴을 만드는 광경이 연출되었다.(The children's choir perform John Lennon's Imagine, https://www.youtube.com/watch?v=IgPRI6-8Efw, 검색 2018.3.27) 2014년 2월 러시아 소치동계올림픽(2.7~2.23)의 갈라 콘서트에서는 김연아가 에이브릴 라빈(Avril Lavigne)이 부르는 〈이매진〉에 맞춰 무대를 꾸미기도 했다.

이뿐만이 아니다. 2013년 10월 인천 영종하늘도시에서 개최된 'UN 세계 평화축제'에서도 가수 윤하가 이 노래를 불렀다. 2015년 6월 12일 아제르바이잔의 바쿠에서 열린 제1회 유러피언 게임(European Games) 개막식에서는 미국의 팝가수 레이디 가가(Lady Gaga)가 피아노를 치며 〈이매진〉을 불렀다.

오늘날 이 노래는 소위 '평화의 송가(peace anthem)'로서 비영리시민

단체(NGO) 등의 모임에서 자주 애창되기도 한다. 유엔 아동기금 유니세프(UNICEF)는 2014년부터 2016년까지 어린이 인권 신장을 위한 '이매진 프로젝트(Imagine Project)'를 기획하여 매년 반기문 전 유엔 사무총장과 같은 유명인사들이 참여하여 이 노래를 부르는 동영상을 제작했다. 2014년에는 김연아가 '피아노와 함께 하는 이매진 프로젝트'에 참여했고, 2016년 SM엔터테인먼트는 유니세프한국위원회와 함께 '유니세프 2016 이매진 프로젝트'에 소속 아티스트들을 참여시켜 동영상을 유튜브에 공개했다.(2016.6.28. 영상 공개)

이처럼 존 레논의 〈이매진〉은 올림픽 송가라 부를 수 있을 만큼 올림픽 등 세계적 규모의 개·폐막식 행사와 인연이 깊고, 유니세프의 프로젝트에서도 볼 수 있듯이 비영리단체 등에 의해 '평화의 송가'로 불리고 있다. 이렇게 이 노래가 널리 불리는 이유는 그 가사의 의미의 진정성과 보편성이 많은 사람에게 인정되기 때문인 듯하다.

그런데 〈이매진〉의 가사에서 특별히 관심을 끄는 대목이 있다. 바로 세계가 '하나'가 되기 위해서는 '국가'도 '종교'도 없어야 한다는 노랫말이다. 우리에게 '국가'와 '종교'는 보통 절대적 충성과 봉헌의 대상으로 인식되어 왔고 또 그렇게 기능해온 측면이 있다. 그런 두 존재가 사람들의 화합과 평화를 방해할 뿐이라는 비판적 인식이 이 노랫말에 들어있는 것이다. 이처럼 '도발적'인 메시지를 담은 이 노래가 많은 국제적 행사에서 중요한 위치를 차지하고 있는 것은 어떻게 보면 역설적이 아닐 수 없다.

이런 의문이 나에게만 드는 것은 아닌 듯하다. 〈이매진〉의 동영상을 유튜브에서 찾아보면 그에 대한 댓글과 답글이 매우 흥미롭게 펼쳐져 있다. 존 레논 생전의 모습이 대형스크린에 등장했던 2012년 런던 올림픽 폐막식의 동영상에도 수많은 댓글이 달려 있다.(2012년 8월 12일 게시, 2018년 3월 27일 현재 댓글 2,033개, https://www.youtube.com/watch?v=IgPRI6-8Efw) 그중에서 유머러스한 글 하나가 나를 웃게 만들었다. "유튜브 동영상을 보고 있을 때 누군가 옆에서 양파를 썬다면 나는 너무 싫을 것이다.(I hate it when you're watching YouTube videos and someone starts cutting onions near you.)"(아이디 Departed Productions) 이 댓글을 단 사람은 아마도 존 레논의 얼굴이 전광판에 등장하자 마음이 울컥하고 눈시울이 뜨거워졌음을 이렇게 돌려 말했으리라. 이외에도 많은 댓글은 존 레논이 말하는 상상의 세계가 실현되면 좋겠다는 소망을 말하고 있다.

그런데 이 가운데 필자의 눈에 유독 띄었던 것은 '종교' 그리고 '무신론' 개념과 관련한 논란이었다. 안토니오 리베라(Antonio Rivera)라는 아이디의 사람은 "종교도 없고!(And no religion too!)"라는 댓글을 달았는데, 그 댓글에 대한 대댓글이 무려 259개나 달렸다. 그중에 XFTX XX란 아이디는 "무신론도 없고(and no atheism too)"라고 대댓글을 달았다. 그러자 Hugh Jass는 "종교가 없다면 무신론도 존재할 수 없으며, 그 둘은 불가분리하다(Without religion atheism can't exist, they are not separate and one can not be gotten rid of without the other)"고 대댓글을 썼다.

종교와 무신론의 관계를 둘러싼 공방이 〈이매진〉 동영상에 대한 댓글과 대댓글로 벌어지고 있었던 것이다. Supersonic17은 "종교가 없다는 것은 신이 없다는 것이며, 무신론은 신이 없다는 것을 믿는 것이다. 따라서 만일 종교가 없다면 모두 무신론자인 것이다(No religion means no god. Atheism means believing there is no god. If there was no religions, everyone would be an atheist)"고 말한다. 그러자 Endri Neziri은 "신을 믿지만 종교적이지 않은 사람들도 세상에는 많다. 나는 신을 믿지만, 이슬람과 기독교 같은 대부분의 종교를 싫어한다"라고 말한다. 그러자 Chiungalla79는 "신을 믿지만 종교적이지 않다"라는 말은 '결혼한 총각'이라는 말과 같다(넌센스라는 의미인듯)"고 비판하면서, "만일 신을 믿는다면 종교적인 것이다. 기독교인, 무슬림이 아닐 수는 있지만, 신을 믿는다면 그것은 종교적인 것이다. 심지어 신을 믿지 않지만 여전히 종교적일 수 있는 여러 방법도 있다."라며 앞의 대댓글을 비판하고 있다.

에이브릴 라빈이 부른 〈이매진〉 동영상에는 존 레논 자체의 종교관을 논하는 글들이 달려있다.(https://www.youtube.com/watch?v=f354bzh 31Co, 검색 2018.3.27.) 아이디 BoatingMyFloat은 "레논은 위키 페이지에 있듯이 무신론자이다. 레논은 종교적 가르침과 조직화된 종교들을 거부했다. 그의 노래 〈이매진〉은 '무신론자의 송가(atheist anthem)'이다"라고 하면서, 위키피디아의 '비틀즈의 종교관' 항목의 인터넷 주소를 (https://en.wikipedia.org/wiki/Religious_views_of_the_Beatles) 달아놓았다. 이에 대해 Matt Mart는 "이 노래의 첫줄 가사만 보아도 존 레논이 무신론자인 것은 명확하므로 위키피디아를 찾아볼 필요도 없다"는 대댓글을 달았다. 그러자 Yummy Burger는 "레논은 나쁜 사람이 아니다. 우리 고향에서는 무신론자는 일종의 범죄자 취급을 받고 처벌받지만 레논을

범죄자로 볼 수 없다. 그는 그의 방식으로 세계평화를 꿈꾼 휴머니스트이며, 그를 존경한다"고 대댓글을 달았다.

우리나라에서도 인터넷상으로 존 레논의 〈이매진〉에 대한 논란이 오가고 있다. 존 레논이 "아나키스트라거나 사회주의자이다", 혹은 "그가 우울증이 있었으며 〈이매진〉에 사탄의 영향력이 보인다"거나, "일루미나티의 노래다" 등의 글이 인터넷카페나 블로그를 통해 떠돌고 있다.(예를 들어 '올림픽 폐막식음악 Imagine-Lennon 영한 자막 7080팝송 강좌' https://www.youtube.com/watch?v=2ZIC2_5PDiU, 검색 2018. 3. 27)

이처럼 많은 사람이 그 가사에 의혹의 눈길을 보내고 있는 〈이매진〉. 그러나 그 많은 의혹에도 불구하고 올림픽위원회나 유니세프 등의 공신력 있는 기관에서 사랑받고 있는 노래 〈이매진〉. 사실 아나키스트적으로 읽힐 수도 있는 〈이매진〉에 대해 많은 사람이 공감하고 열광하는 이유는 무엇일까? 국경과 종교의 차이를 넘어서 일상의 평범한 인류애(humanity)로 연대하자는 존 레논의 제안은 과연 종교를 부인하는 무신론인가, 아니면 종교를 넘어서는 또 다른 종교성을 의미하는가? 학문적 경계를 넘어서 인터넷에서 대중들에 의해 오고 가는 〈이매진〉에 대한 '종교(성)' 담론들은 우리에게 현대 사회의 종교의 의미와 흐름의 변화를 보여주는 구체적 지표로서 간과할 수 없는 자료가 아닐까?

●송현주

"우리는 종교를 가지고 있어요"

1920년대 미국 기독교사와 관련하여 널리 알려진 사건의 하나는 프린스턴 신학교를 중심으로 전개된 근본주의와 자유주의의 논쟁으로서 이 신학 논쟁은 테네시주에서 일어난 '원숭이 재판(Monkey Trial)'으로 인해 더욱 널리 알려졌다. 이 논쟁은 당시 유럽에서 건너온 성서비평과 진화론 수용 여부를 둘러싸고 미국 개신교 신학이 분열하는 분수령이 되었기 때문에 미국 개신교사에서는 중요한 의미가 있다.

그런데 이와 거의 비슷한 시기에 미국 남서부에 위치한 뉴멕시코주에서는 아메리카 선주민(Native American)과 관련된 논쟁이 일어났다. 19세기말 미국 서부 지역에서 광범위하게 퍼졌던 '유령의 춤(Ghost Dance)'이라는 신종교 운동과는 다른 것으로서 이 논쟁은 푸에블로인들의 춤 의식과 관련되어 있다. 그런데 당시 푸에블로인들이 행하는 전통적인 춤 의식은 외부에 공개되지 않고 비밀리에 행해졌기 때문에 그들을 개종의 대상으로만 여기고 있던 개신교 선교사들을 포함한 대부분의 백인은 이 의식에 대해 부정적 태도를 취했다. 백인들은 온갖 상상에 근거하여 선정적인 소문을 퍼뜨렸는데 그중에는 성적 난장

(sex orgies), 젊은 여성들을 대상으로 한 나이든 남자들의 성적 착취, 사람을 제물로 삼는 인신공희 등의 비난이 포함되어 있었다. 이러한 소문은 전혀 근거가 없는 것으로서 이 의례에서는 성적 절제가 불문율이었으며 비밀 의식은 의례의 준수에 필요한 엄격한 자격 요건과 관련된 규정이었을 뿐이다. 그런데도 불구하고 개신교 선교사들을 필두로 하는 강력한 여론에 의해 미국 정부는 마침내 이 의식을 금지하는 법령을 제정하였다.

그러면 이러한 상황에서 푸에블로인들은 어떻게 대응했는가? 이때 이들은 무장투쟁이 아니라 담론전략을 구사했다. 이 글의 타이틀인 "우리는 종교를 가지고 있어요"(이 문구는 Tisa Wenger, *We Have a Religion: The 1920s Pueblo Indian Dance Controversy and American Religious Freedom*, University of North Carolina Press, 2009에서 따온 것이다)가 바로 이러한 맥락에서 등장한 구호이다. 이 구호는 미국 수정헌법 제1조의 종교자유 조항에 근거한 것으로서 이 조항에 의하면 미국 의회는 '종교의 자유로운 실천'을 금지하는 법안을 제정할 수 없다. 따라서 만일 푸에블로인들의 춤 의례가 종교적 행위로 인정된다면 정부가 이 의식을 금지할 수 없음을 알고 푸에블로인들은 자신들의 춤이 종교적 행위라고 주장한 것이다. 당시 개신교 선교사들을 비롯한 많은 백인은 푸에블로인들의 '원시적(primitive)' 춤 의식은 종교의 범주에 포함될 수 없다고 주장한 반면, 푸에블로인들의 주장을 강력하게 지지한 백인 지식인들이 있었다. 문화적 모더니스트(cultural modernists)로 불리는 예술가, 작가, 인류학자들이 바로 그들인데, 이들은 당시 미국 문화가 타락했다고 보고 푸에블로인들의 '원시적' 몸짓 속에서 오히려 근대 문명에 의해 오염되지 않은 '진정한' 종교성을 발견하려고 했다. 물론 이들은 서양이 상실한 순수함을 '신비화된 동양'에서 찾고자 했던 오리엔탈리즘의 계보에 속한 자들이다. 어떻든 이들의 지원에 힘입어 푸에블로인들은 자신들의 전통적 춤 의식을 '종교'로 인정받을 수 있었고, 이에 따라 자신들의 전통을 지속할 수 있는 '종교자유'를 확보하게 되었다.

그런데 바로 그 순간 하나의 역설이 등장하였다. 이들이 수용한 종교 개념은 서구 유럽의 종교개혁과 계몽주의라고 하는 특정한 역사적 과정을 거쳐 형성된 것으로서 개인의 양심과 신념을 근간으로 하고 있다. 이러한 종교 개념은 종교를 선택의 문제로 간주하면서 종교의 자유를 요청한다. 따라서 이러한 종교 개념을 수용한 집단은 대내외적으로 종교자유를 인정하지 않을 수 없게 된다. 여기서 역설이 발생하는 것이다. 이것이 무슨 말인가?

앞서 언급했듯이 푸에블로인의 지배층은 자신들의 전통을 보존하기 위해 근대적 종교 개념을 무기로 활용하면서 종교자유의 권리를 획득했고 그러한 권리 행사를 통해 춤 의례의 전통을 지킬 수 있었다. 그런데 이러한 와중에 내부 이탈자가 생겨난 것이다. 서구 문명에 노출된 푸에블로인 중에 전통적인 춤 의식이 '문명'에 부합되지 않는다고 하면서 의례에 참여하고 싶지 않은 사람들이 생겨난 것이다. 주로 젊은 층에 해당하는 이들은 그동안 지도자들의 권위에 눌려 어쩔 수 없이 춤 의례에 참여했지만 이제 이러한 구속에서 벗어날 수 있는 효과적인 무기를 찾은 것이다. 전통적 춤은 종교적 행위이고 종교는 자유

선택의 문제이므로 개인의 자유의사에 따라 의례에 참여하지 않을 수 있음을 깨닫고 자신들의 권리를 주장하기 시작한 것이다.

이렇게 하여 푸에블로인 내부에 이른바 전통주의자들(traditionalists)과 진보주의자들(progressives)의 대립이 생겨났다. 전통주의자들의 입장에서 보면 춤 의례는 집단의 모든 구성원이 참여해야 하는 신성한 의무인데 젊은이들의 이탈로 인해 공동체의 기반이 흔들리게 된 것이다. 그런데 이는 그들이 외압을 극복하기 위해 선택한 행위의 결과로서 어떻게 보면 '업보'이고 어떻게 보면 '역사의 의도하지 않은 결과'이다. 어떻든 이 문제는 푸에블로인들이 스스로 해결해야 할 과제일 것이다.

우리는 여기서 '종교'라고 하는 개념이 단순한 추상적 개념이 아니라 구체적 현실에서 막강한 힘을 발휘하는 정치적 개념임을 확인할 수 있다. 그런데 이는 푸에블로인의 경우에게만 해당되는 것인가? 중국의 유교(비)종교론, 일본의 신사(비)종교론, 그리고 한국의 단군상 논쟁에 이르기까지 '종교' 개념의 정치적 효과와 관련하여 등장하는 사례는 일일이 열거하기 힘들다. 이는 서구 근대성의 영향을 받은 거의 모든 지역에서 나타나는 현상이다. 이러한 사례들은 개신교를 암묵적 모델로 한 서구 근대 세속주의의 자장 속에서 형성된 종교 개념이 식민주의의 확장과 더불어 나타난 현상으로서, 종교는 어떤 본질을 지닌 고정불변의 개념이 아니라 다양한 주체의 욕망에 따라 끊임없이 그 내용이 (재)형성되는 매우 불안정하고 논쟁적이고 정치적인 개념임을 다시 한번 우리에게 확인시켜 주고 있다.

●이진구

성공을 권하는 사회

어느새 우리 사회에서 일상어로 정착한 외래어중 하나가 '힐링 (healing)'이라는 용어이다. 치유 혹은 치료라는 의미의 힐링은 육체적으로 상처가 나거나 병이 들었다가 회복되는 것, 또 마음의 상처를 입거나 억압을 받아 괴로워하다가 평온을 얻게 되는 것이다. 이 말은 의료행위를 통한 육신의 치료와 종교 활동을 통한 영적 치유로 몸과 마음이 회복한다는 의미를 내포한다. 힐링여행, 힐링캠프, 힐링영화, 힐링요가 등의 용례에서 보듯이 치유와 치료라는 기본적인 개념을 넘어 다양한 여가활동에 힐링이라는 수식어를 사용하고 심지어 남발하는 경우도 있는데, 이와 같이 힐링이라는 말이 부적 상품의 구매력을 높이는 코드로 자리잡게 된 이유는 무엇일까?

주지하다시피 우리는 무한경쟁의 사회에 살고 있다. 태어나면서부터 우리의 일상은 경쟁의 연속이라고 해도 과언은 아닐 것이다. 특히 한국 사회의 많은 청년이 오직 실력만을 위해 자신의 경쟁력을 키우려고 고군분투하는데, 이를 우려하는 이들은 경쟁을 위한 무장을 해제하고 욕망과 집착을 내려놓으라는 조언을 하기도 한다. 하지만 인간의 욕망을 합리화하여 그것을 부추기는 사회구조적 측면의 작용을 간과하게 되면 파생되는 문제들은 걷잡을 수 없게 될 것이다.

최근 우리 사회에서 비단 경제계뿐 아니라 대부분의 분야에서 기업경영의 원리가 작용하고 있다. 심지어 개인의 삶을 소위 인생경영이라는 이름하에 기업의 일류 경영의 논리에 따라 최고를 지향하는 것이 성공적인 삶으로 인식하도록 유도하는 경향이 있다. 구체적인 예로, 가진 것 없는 한 사람이 온갖 고난과 갈등을 극복하고 최고의 기업을 이룬 이야기를 '○○ 기업의 신화' 혹은 '○○의 성공신화'라는 식으로 대중매체에서 종종 표현한다. 신화라는 말은 개념어로서 다의적일 수밖에 없는데, 여기서 그 의미는 절대적이고 획기적인 업적을 비유적으로 이르는 뜻으로 사용되고 있다. 문제는 이러한 성장 중심의 비유적 표현이 통용되면서 한 기업의 성공이 누구나 도달할 수 있는 희망을 부여하는 모범사례로 작용한다는 점이다. 이러한 표현의 유행은 암암리에 누구나 신화의 주인공이 될 수 있다는 희망 메시지를 전파하고, 신화를 만드는 것이 곧 '성공한 삶'으로 여기게 한다. 우려되는 것은 그러한 신화의 주인공이 되지 못하는 것은 곧 '실패한 삶'으로 여기면서 더욱 분발을 촉구하는 악순환의 굴레에 빠지게 한다는 사실이다.

특히 신자유주의 확산은 시장의 대폭적인 개방과 기업의 자유경쟁을 강조하여 경제적 지구화를 초래하였다. 1990년대 이래 우리사회는 이러한 세계적 변화에 영향을 받지 않을 수 없었다. 신자유주의의 능동적 주체로서 개인의 삶에서 나타난 특징은 서구에서 시작된 성공학의 확산과 자기계발붐이다. 초기의 성공학인 자조론(自助論)은 긍정적 사고방식과 부단한 자기 단련 등의 관점에서 경제적 성취를 한 인물들을 조명하여 '나도 할 수 있다'는 동기부여를 했다. 흥미로운 것은 1910년대 일본을 거쳐 한국에 프랭클린 자서전이 소개되었는데, 그의 미국의 독립과 건국에서의 역할이라는 역사적, 정치적 의미는 탈락되고 성공입지전적 인물로서 부각되었다는 점이다. 또한 이 시기의《청춘》이라는 잡지에는 입신출세주의에 대한 담론이 지배적이었는데, 일상속에서 성공을 거둔 인물을 다룬 자수성가 이야기는 마치 현대판 영웅신화의 판박이다.

이러한 성공 이야기의 확산은 개인의 삶에서조차 끊임없이 기록 갱신을 부추기는 자본주의 사회의 성장 강박증의 단면이다. '신화창조'라는 표현 역시 꿈과 희망을 심어주는 기호이지만 한편으로는 끊임없이 경쟁에 시달리며 스펙쌓기와 자기 착취적 이데올로기에 얽매인 우리 시대의 자화상의 비유적 표현일 수 있다. 오늘날 자기계발 전문가들은 끝없이 부적격한 상(像)을 만들어낸다고 해도 과언은 아닐 것이다. 일종의 세속화된 종교의 교주와 같은 자기계발서의 저자들은 독자들을 불완전한 존재로 여기거나 혹은 어떤 근본적 요소가 결여된 존재로 전제하고 자신을 해결사로 자처하는 경향이 있다.

성공이라는 말은 '목적하는 바를 이룸'이라는 소박한 의미이다. 하지만 성공신화라는 기호는 보통 사람은 쉽사리 해내기 어려운 획기적인 업적을 수립하기까지의 내러티브로서 성공적 삶의 모델이라는 기의를 내포한다. 내러티브는 분명히 인간의 경험을 이야기한 것이지만, 그 경험 자체를 있는 그대로 이야기로 담아내는 것은 불가능하므로 굴절이나 과장이 불가피하다.

그럼에도 불구하고 성공 신화는 신자유주의 체제하에서 개인의 능력, 주체의 능동성을 강조하여 위기를 극복하려는 개인의 욕망과 경제적인 효율성을 숭상하고 동시에 자기의 책임을 내면화하도록 한다. 그것은 경제적 가치를 증진시키기 위해서 시장원리에 따라 극한적으로 개인을 경쟁하게 하고 그 결과를 고스란히 감수하도록 유도하는 억압적 이데올로기로서의 신화로 기능한다. 따라서 이러한 신화가 우리사회에서 성공적 삶의 모델로 작용할뿐 아니라 심지어 신성화되는 측면을 주시하지 않을 수 없다.

개인의 극한 경험으로 만들어진 성과를 소재로 재생산된 성공 내러티브는 여러 경로를 통해 대중들에 의해 소비되고 있다. 과연 이러한 이야기들이 우리 모두가 지향해야 할 전형으로 기능하는 것이 온당할까? 성공 아니면 실패라는 식의 양극단적 평가에 따른 결과는 고스란히 개인이 책임지도록 하는 체제에서 위로나 힐링 프로그램은 호황을 맞이할 수밖에 없을 것이다. 이와 같은 상황을 예의주시하고 무차별적으로 유포되는 성공 담론에 대한 점검이 필요한 때이다.

●하정현

"말을 함으로 말을 버린다"(因言遣言)

　온갖 경쟁을 돌파하고 영예롭게 대학교에 안착한 학생들이 활력 넘친 지식의 소유자임을 의심할 사람은 없을 것이다. 하지만 이들의 지성은 소통 부재란 벽에 막혀있는 경우가 많다. 홀로 공부하며 경쟁의 정점에 오른 서울의 학생들에 관한 이야기이다. 시험답안지에 토씨 하나 틀리지 않게 완벽한 답변을 써내는 이 학생들이 막상 강의실에서 교수의 질문에는 묵묵부답이고, 토론에도 나서지 않는다는 이야기다. 그래서 '커뮤니케이션의 이해'란 강의의 담당교수는 학생들이 고수하는 '침묵은 금'이란 태도를 깨기 위해 학생들에게 과제를 부여했다. 학생들은 청각 장애인, 일진회 청소년, 재활 프로그램에 참여하는 성매매 여성을 면담하여, 그들의 이야기를 듣고 대화를 나누게 했다. 특이한 상황에 처했던 이 면담자와 대담자들은 진지했다. 그런 과정을 거쳐 침묵하던 학생들은 다시 강의실에 돌아오자 자발적으로 한마디씩 발언하기 시작했고, 자신과는 전혀 다른 남과 공유하고 교감한 체험을 말로 소통하기 시작하였다고 한다.

　소통 단절의 시대라는 이 시대의 특징은 가치 이념의 차이이거나 빈

부격차에서 온 것만은 아니다. 입시를 위한 경쟁이 '홀로 공부하기'와 '나만이 알아야 한다'는 '홀로주의' 행태를 낳았기 때문이기도 하다. 경쟁에서 살아남은 학생들의 머릿속에는 온갖 지식이 꽉 차 있지만, 자신을 표현할 방법은 알지 못한다. 자신을 표현할 수 없으니, 소통은 요원하다. 반면 떠버리 노년들은 어떠한가? 그들은 자신이 겪고 체험한 내용이 차고 넘쳐서 그런지, 남이 듣건 말건 끊임없이 떠든다. 인내를 가지고 듣던 사람은 지쳐서 아예 입을 닫게 된다.

  젊은이의 입 닫기와 늙은이의 떠벌이기는 별로 바람직하지 않은 두 가지 행태이다. 이를 극복하기 위해, 제대로 "말로 나타내는 것"이 요청된다. 우선 말을 위한 '장(場)'이 필요하다. 이때, 어떤 여건에서 무슨 말을 어떻게 시작할 것이며 또 들어줄 대상이 누구인가를 생각하게 된다. 앞의 서울대 학생들의 경우, 그들이 소통한 이들은 장애인, 일진회 멤버, 재활 여성처럼 소외된 사람들이었다. 그들과의 소통은 학생으로 하여금 자기 자신의 벽도 뚫게 만든 것이다. 물론 말로 발설한다고 해서, 대화가 성립되는 것은 아니다. 말은 하지만 서로 다른 것을 생각하는 경우도 많다. 이런 소통 부재가 확인되는 상황은 "우리는 지금 같은 것을 두고 말하는 건가?(Are we still talking about samething?)"라는 영어 농담이 잘 보여준다.

  말을 통한 소통은 서로의 차이를 확인하고 심지어 다르다는 것에 동의한다는 민주주의적인 결론에 이르게 된다. 다른 것마저 공유하는 것이 바로 소통인 것이다. 그러나 다름을 공유하는 이런 소통은 이제 이 땅에서 사라진 듯하다. 소통 부재를 온통 몸으로 체현한 이를 우리가 대통령으로 선출한 탓이다(이 글이 써어진 시점 기준). 일찍이 동아시아 전통에서는 말의 중요성을 누누이 강조하였고, 말로 인해 닥칠 어려움을 힘주어 경고해 왔다. '개구즉착(開口卽錯)'이라는 말은 선가(禪家)에서 진리 표현의 불가능성을 표현한 화두와 같은 표현일 것이다. 하지만 이는 실제로 우리 생활 주변에서 나의 발언 한마디가 얼마나 사실이거나 실제 상황과 동떨어져 있는가를 경고하는 말이기도 하다.

나는 불전(佛典)『대승기신론(大乘起信論)』에 나오는 '인언견언(因言遣言)'을 좌우명으로 삼고 있다. 말로 인해 말을 버린다는 의미이다. 말을 할 때는 그 말이 지시하는 대상이나 이유, 또는 주장이 있기 마련이다. 그런데 "인언견언"은 말하는 것 자체를 버리라는 것이다. 그렇다고 침묵하라는 말은 아니다. 일단 말을 발설하면 말과 말이 지시하는 내용이 존재하게 된다. "인언견언"이라는 것은 그런 것을 없애기 위해 발언을 하라는 것이다. 이는 말로 인해 오해가 빚어질 때의 심각성을 말해주고 있다. 이런 사태를 의식하며 발언할 때의 말의 현장과 말의 상황을 어떻게 상상할 수 있을까? 결국 오롯이 남는 것은 나의 한계와 나의 처지에서의 이해뿐이다. 흔히 나만의 생각과 나만의 이해를 잘못된 생각(妄念)이라고 한다. 그렇다고 망념이 틀린 생각이라고 볼 수는 없다. 단지 한계상황에 처한 우리 각자의 다른 생각인 것이다. 곧 다른 생각과 다른 발언인 셈이다. 민주주의는 그렇게 다른 것들을 모이게 하는 것이 아닌가? 소외된 이들과 대화하면서 소통 불능을 극복한 대학생, 그리고 쉴 새 없이 자기주장을 내세우는 떠버리 노인이 "인언견언"의 구절 앞에서 나름대로 저마다의 의미를 찾기를 바란다.　●이민용

종교, 양심의 이름으로 괴롭히는,
구원의 이름으로 단죄하는

즐겨 보았던 웹툰 중에 인간 속에 섞여 사는 용의 이야기를 다룬 것이 있다. 이들의 본체는 거대한 모습으로 하늘을 날며 불과 물, 지진과 해일 등을 다스리는 초월적인 능력이 있지만, 평소에는 인간의 모습으로 변신하여 인간과 마찬가지의 희로애락을 겪으며 살아간다. 특이한 것은 이들에게 양심통이라는 것이 있다는 점이다. 이름에서 알 수 있듯이 이들은 양심의 가책을 느낄 때 신통력이 떨어지고 마음뿐 아니라 전신에 극심한 통증을 느끼며 앓아눕는다. 흥미롭게도 용들의 이 양심이란 사회적으로 합의되거나 객관적으로 정해진 기준이 있는 것이 아니어서, 개체마다 각기 다른 주관적 기준에 따라 작동된다. 가령 이런 식이다. 형제처럼 친하게 지내는 인간 친구에게 오만 민폐를 끼치고도 아무렇지 않던 용족 청년이 인터넷 게임 중 무력화시킨 상대 캐릭터로부터 약자를 괴롭힌다는 비난을 받고 앓아눕는다거나, 보행 중 언쟁이 붙은 난폭 운전자를 물리적으로 위협하여 굴복시키고도 당당했던 기센 용족 누나가 남동생의 친구들이 처한 난처한 상황을 무마시킬 사소한 거짓말을 하지 못하여 분위기를 더욱 험악하게 만든다거나. 실소를 자아내기까지 하는 그런 어처구니없는 상황에서 용들은 자신이 무력화시켰던 캐릭터를 다른 게임 속에서 만나 철저히 보복당한 뒤에야 비로소 자리에서 털고 일어나고, 진실을 있는 그대로 말하여 동생의 친구들을 더 큰 곤경에 빠뜨리고는 혼자만 편안해 한다.(초 작가, 〈용이 산다〉, 2013.7.2.~2020.2.28.)

웹툰에서는 이러한 양심통에 대하여 용족만이 지닌 독특한 성정인 것처럼 묘사하지만, 사실 이보다 더 인간적으로 양심의 속성이 그려질 수는 없을 것 같다. 그 밖의 용족의 양심통 사례는 다음과 같다. 인간 가정부의 실수를 질책하며 유리잔을 던져 다치게 했던 청소년 용이 당시에는 주위의 충고에도 불구하고 자신의 잘못을 알지 못하다가, 훗날 인간을 이해하고 호의를 갖게 된 후 뒤늦게 미안함과 가책을 느껴 고통 속에 정신을 잃는다. 태어난 지 1년이 채 안 된 아기 용은 다른 사람의 펜이 마음에 들어 생각 없이 가져가지만, 펜의 주인이 사라진 물건을 찾는 것을 보고 가책을 느끼며 고열과 울음 속에 잠 못 이룬다. 물론 그들의 증세는 가정부의 '괜찮다'는 말을 들었을 때, 그리고 자발적으로 펜을 주인에게 되돌려 주었을 때, 치유된다.

양심(良心). 사물의 가치를 변별하고 자기의 행위에 대하여 옳고 그름과 선과 악의 판단을 내리는 도덕적 의식(네이버 표준국어대사전). 인간에게 그것은 생래적인 것일까 아니면 학습되는 것일까. 맹자는 생래적인 것이라고 단언한다. 측은지심(惻隱之心), 수오지심(羞惡之心), 사양지심(辭讓之心), 시비지심(是非之心)의 네 가지 마음을 하늘로부터 부여받은 인성(人性)의 네 가지 단서[사단(四端)]라고 명명했을 때, 이 마음이 없는 자는 맹자에게 더 이상 인간이 아니었다. 옳고 그름을 분별할 줄 알고[시비지심] 자신의 그릇된 행동으로부터 부끄러워할 줄 아는[수오지심] 마음이 양심이라는 개념에 맞춤한 듯 보이나, 이와 함께 거론되는 타자에 대한 공감[측은지심]과 더불어 사는 삶의 행동 준칙[사양지심] 또한 앞서 거론한 두 마음에 선후가 되어야 마땅한 마음이다. 타인의 행위와 감정을 관찰할 때 활성화된 거울신경세포(mirror neuron)가 뇌의 섬엽(insula)을 매개 삼아 인접한 감정중추인 변연계(limbic system)를 자극함으로써 타인의 상태를 자신의 것과 마찬가지로 느끼게 한다는 복잡한 신경학적 이론을 빌려오지 않아도, 인류가 진화의 어느 시점에서부터 사회생활 속 생존의 확률을 높이기 위하여 동료를 포함한 타자에 대해 공감능력을 발달시키게 되었으리라는 것은 쉽게 짐작할 수 있다. 문제는 모든 인간에게 이 마음이 동일하지 않을 뿐더러, 심지어 어떤 이에게는 이러한 능력이 현격히 부족하거나 결여되어 있기까지 하다는 사실이다. 그래서일까. 인류의 위대한 스승들은 끊임없이 가르쳐왔다. 네가 받고자 하는 대로 타인에게 행하고(누가복음 6:31), 나를 위하는 만큼 남을 위하라고(쿠란). 자기 자신을 남의 입장에 놓아보고(법구경 10:129), 내가 고통스러운 것을 타인에게 강요하지 말라고(마하바라타 113:8). 절대로, 절대로, 내가 원하지 않는 바를 남에게 행하지 말라[己所不欲 勿施於人]고(논어 위령공편 23). 이른바 황금률(黃金律)이다.

황금률과 공감, 그리고 그 자각으로부터 비롯되는 양심과 가책. 이들을 종교라 부를 수 있을까. 물론이다. 기독교적 전통에 의지하여 '종교의 본질'을 '직관과 감성'이라고 이야기했던 슐라이어마허조차도 흔한 오해와 달리 도덕을 종교가 아니라고 한 것이 아니다. 그가 비판했던 도덕이란 "인간의 본성으로부터 '신의 의지'와 '선의 이념'을 발견하여, '의무의 체계를 발전시키고 무제약적인 힘으로 행위를 명하며' 혹은 '금하기도'"(김승철, 「슐라이어마허의 종교관-종교의 본질에 관하여-」, 『종교와문화』 8, 2002, 9쪽) 하는 것, 그저 그것이었다. 의무를 힘으로 명하는 '외부로부터의' 의지이자 이념일 뿐이었다. 내재화되지 못한 외물은 직관과 감성에 포함되지 못한다. 이는 바꾸어 말해 의지와 이념이 내재화되기만 한다면, 그리하여 그 의무를 명하는 주체가 내 밖의 신, 나를 꾸짖는 신, 나와 분리된 신이 아니라 내 안의 신, 내 안을 비추는 신, 나와 하나 된 신이라면, 도덕은 직관과 감성의 흐름에 편승하며 끝내 종교 그 자체라고 말할 수조차 있게 되는 것이다. 공감과 양심이 바로 그곳에 있다. 명하여 두렵게 하는 곳이 아니라 울리고 찔러대어 아프게 하는 곳. 양심은 두려운 게 아니라 아픈 것이다. 양심통은 용족의 속성이 아니라 바로 인간의 속성이었다. 그래서 인위적인 가사(假死) 체험의 후유증으로 과거 자신들이 타인에게 저질렀던 가해를 자각하고 두려워하다 끝내 아파하며 용서와 구원을 찾아 나섰던 치기어린 의대생들의 이야기(영화 〈Flatliners〉, 한국어 제목 〈유혹의 선〉, 조엘 슈마허 감독, 1990)를 나는 종교영화로 분류한다.

신애(전도연 분)의 아이를 살해했던 학원장 도섭(조영진 분)을 그 누구도 구원받았다고 하지 않을 것이다. 세상 평온한 모습으로 자신의 가해의 대상 앞에서 구원받았음을 말하는 그에게서는 그 어떤 아픔도,

아픔의 흔적조차도 느껴지지 않기 때문이다. 구원은 오히려 주변에 있다. 신애의 고통에 공감하며 그의 곁에 함께 하고자 했던 종찬(송강호 분)과 이웃들이 신애를 구원 '한' 주체이자, 그 공감의 마음과 행위로 인하여 도리어 스스로 구원 '받은' 객체들이다.(영화 〈밀양〉, 이창동 감독, 2007) 그런데 여기에서 다시, 내 마음은 접질린다. 도섭이 진정으로 자신의 잘못을 깨닫고 참회하였다면, 그것을 오롯이 구원이라고만 할 수 있을까. 이제 그는 길게길게 아파해야만 할 터인데. 한때 그런 적이 있다. 누군가와 분쟁이 일어났을 때 꼭 시시비비를 가리고자 했다. 이러이러한 것이 너의 잘못이다, 라고 그에게 인식시키고 싶어 했다. 이후의 사과와 용서는 필요치도 않았다. 그가 스스로의 잘못을 인식하기만 하면, 그의 내면 속에 진실의 빛이 밝혀지는 거니까. 그것만으로도 그는 충분히 미안할 테니까. 아플 테니까. 아, 나는 잔인했다. 법과 제도로써 징벌(懲罰)하는 게 아니라, 양심과 가책으로 단죄(斷罪)하려 하였다. 물론 그래야 한다. 그것이야말로 그로 하여금 인간됨을 되찾게 하는 것이고, 그것이야말로 그를 진정으로 구원케 하는 것이다. 그렇지만 나는 잔인했다. 나의 구원은 반드시 아픔을 수반하는 것이므로.

　종교는 황금률을 이야기한다. 황금률은 인간의 마음속에 깊이깊이 각인되어 양심을 일깨우는 무시무시한 잣대가 된다. 하지만 그것은 밖에 있지 않다. 오직 내 안에 거하여 내 안을 비추고 울리며 나를 안으로부터 찔러댄다. 아프게 한다. 종교는 인간을 회개시킨다. 인간을 참회하게 한다. 그래서 종교는 잔인하다. 영화 〈데드 맨 워킹(Dead Man Walking)〉(팀 로빈스 감독, 1995)의 주인공 매튜(숀 펜 분)는 사형집행을 앞

두고 헬렌 수녀(수잔 서랜든 분)와 함께 한 6일의 시간 끝에 회개하였다. 회개하였으므로, 그는 더욱 괴로웠다. 이전에는 그저 죽음의 형벌이 두렵기만 했으되, 이제는 죽음의 두려움에 더하여 본인이 살해한 아이(들)와 그 아이(들)의 부모(들)에 대한 죄의식과 미안함으로 아프기까지 했으니까. 잔인한 일이다. 종교는 죄인을 회개시키지만, 회개는 당사자를 오히려 내면의 고통으로 인도한다. 구원의 순간에 그는 새롭게 자각된 양심이라는 고통의 굴레에 갇히게 된다. 가장 순결한 영혼이 되어, 가장 고통 받으며, 그렇게 구원받는다. 구원의 속성. 내면의 통증, 바로 양심통과 함께 해야 한다는 것. 그래서 종교의 속성. 신(궁극적 실재)과 내가 하나이고 타인과 자아가 하나인 바로 태초의 자리에서 직관과 감성으로 세상 모든 존재에 공감하고 그들과의 미분화 상태를 경험하는 것. 아파하고 감내하는 것. 그래서 다시, 종교. 양심의 이름으로 괴롭히는, 구원의 이름으로 단죄하는, 너, 참, 징그럽다.

●민순의

인간, 괴물, 몬스터

〈링〉이라는 공포영화가 한참 유행하던 시절이었다. 그때도 지금도 단짝인 친구와 함께 비디오플레이어가 놓인 안방에서 이 영화를 본 기억이 난다. 친구는 공포영화의 모든 장면을 절대 지나치지 않고 무척 자세히 관찰하는 편이다. 겁이 많아 무서운 장면에선 눈을 감아 버리는 나를 위해 친구는 귀신이 우물에서 올라와 점점 클로즈업되는 장면을 친절하게 설명해주었다. "지금 귀신이 걸어 나오고 있어, 점점 다가오는데… 오, 눈이 썩은 생선 눈이야! 음… 아직 눈 뜨지 마. 기다려봐… 이제 귀신 장면 지나갔다~ 눈 떠도 돼." 무서운 장면임을 알리는 음향효과 및 친구의 자세한 묘사를 들으며 나는 오싹함과 즐거움을 동시에 느꼈다. 공포영화 호러 장르가 대중들에게 꾸준한 인기를 누리며 흥행하는 것도 이처럼 불안한 공포 그리고 즐거움이라는 상반된 감정을 동시에 느끼는 짜릿하고 묘한 순간들 때문일 것이다. 아이들은 잡기놀이 때 상대방에게 잡히는 것을 무서워하며 소리를 지르지만 동시에 잡힐 뻔하다 아슬아슬하게 미끄러져 도망가는 순간, 까르르 숨 가쁜 웃음을 터뜨리며 즐거워한다. 초등학교 이상 즈음으로 올라가면서 무서운 귀신이야기 듣기를 즐기는 것도 그렇다. 인간은 한편으로는 두려움과 공포를 가능한 한 피하려 하는 듯하나 다른 한편으로는 공포의 감정을 통해 새로운 상상의 나래를 펼치며 즐거워한다. 쾌락과 공포는 인간 본성에서 동전의 양면과 같다.

공포영화에서 인간에게 위협적 존재로 자주 등장하는 것은 귀신, 데몬, 사탄, 몬스터/괴물 등이다. 기독교 문화에서 데몬(Demon)은 '악한 영'으로서 인간에게 해를 끼치는 영적 존재, 타락한 천사인 사탄(Satan) 등이 그에 속한다. 데몬은 철저한 악의 화신이며, 아름다움과 선함의 총체인 천사와는 상반된 존재이다. 데몬이 영적 존재라면, 이 땅에서 인간과 함께하는 물적 존재로서 인간에게 역겨움, 공포, 때로는 신성한 두려움과 매혹을 야기시키는 존재는 바로 몬스터(monster)이다. 어린이들이 즐겨보는 동화나 영상물에서도 몬스터가 많이 등장한다. 쿠키라면 정신을 못 차리고 게걸스럽게 먹어치우는 Sesame Street의 새파란 쿠키 몬스터부터 도깨비, 뱀파이어, 트롤, 설인(雪人), 외계인, 좀 더 멀리 생각해보면 아이들이 열광하는 공룡에 이르기까지 모두 이 부류에 속한다. 이들 몬스터는 어린이들의 눈높이에 맞게 기괴한 형상보다는 좀 더 귀엽게 유머러스하고 다정한 친구로 그려진다. 물론 사악한 몬스터도 등장한다.

어쨌든 몬스터는 괴상하고 기이한 대상, 즉 괴물이다. 몬스터는 마귀나 사탄, 유령처럼 영적인 존재가 아니다. 그것은 물질적이며, 길들여지지 않은 야수처럼 언제 돌변할지 모르는 특성을 띤다. 그러나 몬스터의 성격은 그렇게 변화무쌍한듯하면서도 인간과 상당히 유사한 점이 있으며, 인간과 교감하기도 한다. 몬스터는 축귀(exorcism)를 통해 인간으로부터 제거될 사악함이 아니라, 우리가 상상하여 만들어내고 우리와 긴밀하게 공존하는 비인간(inhuman)인 것이다.

현대에 우리가 자주 접하는 몬스터류 영화는 주로 기술문명과 초자연적 현상에 대한 상상력으로부터 등장한다. 현대적 몬스터 이야기의 첫 신호탄은 잘 알려져 있다시피 1818년 메리 셸리의『프랑켄슈타인』(Frankenstein, or the Modern Prometheus)이었다. 라투르(Bruno Latour)는 정치생태학에 대한 비판적 성찰을 담은 글, "당신의 몬스터를 사랑하라!(Love your Monsters!)" 초반부에서 이 소설을 언급한다. 그는 프랑켄슈타인이라는 이름이 원래 몬스터를 창조한 박사의 이름이건만 일반적으로 우리는 그 창조물을 프랑켄슈타인으로 부르고 있음을 상기시킨다. 프랑켄슈타인 박사의 원죄란 끔찍한 결과를 초래할만한 흉측한 괴물을 창조했다는 데 있지 않다. 새로운 생명체를 창조하는 과정과 그 완성에 대한 기쁨, 쾌락의 순간은 잠시였을 뿐, 그는 자신의 창조물을 제대로 돌보지 않는다. 오히려 그에 대해 엄청난 두려움과 공포를 느끼고 그를 철저히 외면한다. 이름조차 받을 수 없던 '그것'은 창조자로부터 버림받은 후 창조자가 자신을 정의한 방식 그대로인 "타락한 천사"로 변신한다. 그리고 프랑켄슈타인 박사의 사랑하는 가족과 아내, 그리고 자신의 창조자인 박사까지 살해하고 만다. 괴물/비인간이 잔인한 악마로 변신한 까닭은 사실 그 본성 때문이 아니라 자신의 창조자와 세상에 의해 악마화되고 부정되었기 때문이었다. 박사는 호기심과 기쁨, 쾌락으로 그것을 창조했건만, 창조물로부터 드러나는 자신이 예상치 못한 공포와 대면하려 하지 않았다. 우리의 기억 속에서 이 제 박사의 이름은 몬스터의 것으로 기억된다. 박사는 사라지고 몬스터 만 남은 것이다.

　몬스터는 부정과 공포의 대상이지만 그것은 동시에 신적인 것의 경계에 서 있고 인간 같으면서도 인간이 아니다. 멕시코 이민자 출신 감독인 기예르모 델 토로의 〈물의 모양〉(The Shape of Water)(2018)에서는 인간과 몬스터의 관계가 매우 직설적으로 그려진다. 이 영화는 아름다운 영상, 음악과 더불어 지극히 몽환적인 동화인 동시에 지극히 차갑고 차별적인 현실을 보여준다. 1960년대 미국, 벙어리(mute)로 불리며 홀대받는 고아이자 장애인인 일라이자는 항공우주 연구 센터에서 일하는 청소부이다. 그는 남미의 강 속에서 살며 원주민들에게 신으로 추앙받다 실험용으로 끌려온 양서류 몬스터에게 친밀감을 느끼고 결국 깊고도 열정적인 사랑에 빠진다. 이 사랑을 철저히 짓밟는 존재는 양서류 몬스터를 포획해온 보안 책임자 스트릭샌드이다. 한국전 참전용사 출신으로서 건장한 체격의 백인 중산층인 그는 윗사람에게는 비굴하고 아랫사람에게는 한없이 잔인하다. 장애인인 일라이자와 그녀의 흑인 친구인 젤다를 경멸하며 그는 다음과 같이 말한다. "인간은 신의 이미지로 창조되었지. 하지만 신은 너희들보다는 나와 더 가깝게 생겼을 거야." 그러나 출세를 위한 열쇠인 양서류 몬스터를 되찾기 위해 수단과 방법을 가리지 않는 스트릭샌드는 신과 가까운 형상이 아닌 악한 몬스터로 드러난다. 그는 자신이 "더러운 것"으로 부르며 혐오하던 괴물에게 공격당해, 상대를 짓밟으며 권위를 내세우는데 사용하던 그 잔인한 목소리를 잃는다. 몬스터에게 성대(聲帶)를 공격 받기 바로 전 그는 비로소 현실을 직시하며 다음과 같이 말한다. "당신 이⋯신(神)이었군!"

지젝(Slavoj Žižek)은 자연으로부터 인간 정신이 언어를 매개로 하여 출현하는 것에 관한 헤겔의 사상에 라캉의 사유를 접합시키며, 인간 정체성의 가장 기본적 수준이란 바로 좀비 상태라고 해석한다. 좀비 를 통해 우리는 인간성의 기계적이고 비인간적인 핵심을 성찰할 수 있 다. 인간은 선량한 시민으로서의 훈련을 통해 그 제로레벨인 몬스터와 같은 야생성은 길들여졌다. 그러나 이 몬스터는 억제되고 영원히 억 눌려져야 될 것이라기보다는 우리가 스스로를 돌아보도록 이끄는 인 간의 심연이자 돌봄을 받아야 할 존재이다. 이 몬스터는 나 자신이 될 수 있음은 물론이고, 상대방에 대한 투사를 통해 수용하거나 인정하고 싶지 않은 나의 모습을 반영한 이들로도 등장하기 때문이다. 난민, 외 국인 노동자, 성소수자, 장애인, 나와 정치적으로 입장이 상반된 사람 등. 더 나아가 인간이 낳은 인공지능 및 그 미래에 대한 두려움까지⋯. 더욱 놀라운 것은 이들을 혐오하고 배제하는 그 순간 비록 의식하지 못할지라도 우리는 우리의 자리와 정체성, 그리고 권력을 더욱 확고히 하면서 은밀한 쾌락을 느낀다는 것이다.

내 앞에 공포와 불안을 야기하는 낯설고 이상한 몬스터가 나타났는 가. 우리의 상상력은 어디까지인가. 그저 불안에 떨며 몬스터를 저주 하고 그로부터 도망칠 궁리만 하는가, 아니면 자신을 성찰하게 해줄 기회이자 나를 또 다른 가능성과 새로움의 길로 이끌어 줄 구원으로 승화시키는가. 그저 어렴풋하고 막연한 공포, 두려움을 상상하는 것이라면 오히려 그것을 용기 있게 마주할 때 새로움과 창조의 가능성으로의 길이 열리는 것은 아닐까. 혼란한 이 시대에 필요한 것은 내가 혐오하는 대상을 저주하면서 나를 내세우는 데에 온 힘을 기울이는 것이 아니라, 오히려 자신을 돌아보며 각자의 부족함을 인내하고 인정하며 어떻게 더불어 나아갈지를 고민해야 하는 것 아닐까. 라투르의 말처럼 '사랑하기'까지는 아직 능력이 부족하니 우선 그 첫걸음으로라도 나 자신에게 이렇게 속삭여 본다. 너의 몬스터를 마주하라.

●김태연

신이 선물한 최고의 악기는 악기

'신이 선물한 최고의 악기는 인간 목소리'라는 얘기는 많이들 들어 보았을 것 같다. 여기에 대한 반론을 제기하고 싶진 않다. 분명 인간의 목소리는 너무나 위대하다. 하지만 이 진술에 대해 이렇게 질문을 해보고 싶다. "목소리가 신이 선물한 최고의 악기... According to whom?" 다시 말해, '신이 선물한 최고의 악기는 인간 목소리'라는 최상급 표현이 포함된 이 진술은, 신에게서 나왔다기보다는, 악기 연주에 비해 목소리를 이용한 노래에 더 익숙한 사람의 비율이 훨씬 더 높은 사회로부터 나왔다고 보는 것이 더 타당할 것이다. 물론 음악과 관련된 많은 생각이 그렇듯, 이러한 진술도 옳고 그름의 잣대로 평가하라고 나온 것은 아닌 것 같다. 그보다는 오히려 대중적으로 많이 공유되고 있는 인식과 함께, 다른 각도에서 바라본 소수의 시각도 고려해 볼 만한 가치가 있다는 차원에서 나의 생각을 나누어보고자 한다.

마샬 맥루한이라는 더 이상 설명이 필요 없을 정도로 유명한 캐나다의 미디어학자는 미디어/매체를 '인간의 확장'으로 보았다.* 이러한 관점에서 보면, 전화기는 소리를 내고 들으며 대화를 하고자 하는 인간의 확장, TV는 보고 듣고 경험하고자 하는 인간의 복합적 속성의 확장이다. 이러한 '인간의 확장'으로서의 매체는 단순히 인간에 의해 이용되기만 하는 것이 아니라, 반대로 인간을—개개인은 물론이거니와 사회를—형성하고 움직이며 변화시키기도 한다. 그 정도로 특정 매체에 담긴 '내용'만 중요한 것이 아니라 '매체 그 자체'가 매우 중요한 사유의 대상이 되어야 한다는 주장이 바로 맥루한의 '미디어는 메시지다'라는 표현에 압축되어 있다고 할 수 있다.**

이러한 관점으로 바라보았을 때, '악기'는 인간의 어떤 부분/속성의 확장으로 볼 수 있을까? 노래를 부르고 휘파람을 부르며 손뼉을 치고 몸을 이용해 리듬을 느끼며 춤을 추는 음악적 인간의 확장으로도 생각해볼 수 있을 것이다. 그렇다면, 악기는 '아무리 좋은 소리를 내려고 해도 결코 인간의 목소리를 따라가지 못하는' 것으로만 여길 것이 아니라, 반대로 더욱 날개를 활짝 펼치고 멀리, 높이 날고자 하는 인간의

* 여기에서 기억해야 할 중요한 점은, 맥루한을 포함하여, 미디어학계에서는 우리가 흔히 '매체(medium)'하면 떠올리는 TV, 라디오, 컴퓨터, 인터넷, 전화 등 전기를 이용해야 하는 것들만이 아닌, 말 그대로 '매개(mediate)'하는 각종 도구 및 장치들(글자, 그림, 종이, 인쇄술 등)을 모두 미디어('medium'의 복수형인 'media')에 포함시킨다는 것이다.
** 필자는 개인적으로 '미디어는 메시지다'라는 번역보다는 '미디어가 메시지다'로 번역하는 것이 핵심을 더 잘 드러낸다고 생각한다. 물론 이러한 사고의 구체적 적용에 있어서는 맥루한의 각 매체에 대한 해석에 모두 동의하는 사람은 많지 않을 것이고, 또 동의할 필요도 없다. 하지만 매체에 담긴 내용이 아닌 매체 자체에 집중하는 언론학적 전통을 마련해주었다는 점에서는 마샬 맥루한이 속한 이른바 '토론토 학파'의 공을 인정하지 않을 수 없다.

음악적 욕망과 환상을 실현케 해주는 매체가 될 수 있지 않을까? 그리고 오히려 그러한 악기의 소리와 울림이 인간으로 하여금 목소리로 멜로디를 흥얼거리고, 박자에 몸을 맞춰 흔들게 하고 있지 않은가? 지극히 주관적인 생각이지만, 악기 연주가 배제된 채 목소리만으로 하는 훌륭한 노래를 듣고 있을 때보다, 이런저런 악기들이 실력 있는 연주자들에 의해 연주되는 것을 듣고 있을 때 나는 음악적 욕망을(목소리를 이용해 노래하고픈 욕망까지 포함하여) 더 크게 느끼는 것 같다.

'신이 인간에게 선물한 최고의 악기'라는 표현에서 이번에는 '신'에 대해서 잠시 생각해보고자 한다. 당연히 기독교, 유대교, 이슬람과 같은 유신론적 종교에 더 친화적인 단어이다. 그래서 그러한 종교, 그중에서도 내가 공부했고 지금도 연구하고 있는 기독교(주로 개신교)에 기반하여 한번 사유를 해보고자 한다.

Imago Dei라는 표현을 많이 들어봤을 것이다. '신의 형상(the image of God)'이라는 의미로서, 단순히 인간이 신에 의해 만들어졌다는 뜻만이 아니라, 여러 의미에서 신적 가치를 지닌 피조물이라는 점을 강조한다. 그런데 이것을 좀 달리 표현하여, 맥루한식 사고를 아슬아슬하게 적용하여 인간을 '신의 확장'으로 생각해 보면 어떨까?* 그렇게 본다면, 인간은 신의 '매체'가 될 수도 있다.** 그리고 그렇게 신적 가치를

---

* 참고로, 맥루한은 독실한 가톨릭 신자였다.
** 사도 바울(또는 바오로)도 자신의 편지의 수신자들을 예수의 '편지'라고 칭한 바가 있다(고후 3:3).

지닌 인간 역시 신처럼은 아니더라도 자신을 '확장'할 수 있는 존재로서의 가치가 적어도 기독교 같은 유신론적 종교에서는 인간론의 중요한 측면이라고 할 수 있지 않을까? 그렇다면 인간이 자신의 확장인 악기로 인해 다양한 유익을 누리는 것은 종교적으로도 매우 유의미한 것이라고 할 수 있다. 기독교의 경전인 성서의 이야기 중에 악기에 대한 수많은 긍정적 묘사가 있음은 물론이거니와, 사람의 노래 소리에 대한 언급 없이 오직 악기와 함께 은총을 누리는 장면도 적지 않으며 (예를 들어, 레 25:8-10, 삼상 16:14-23, 왕하 3:15),* 특히 시편의 마지막 챕터인 150편에는 종교예식의 수단으로서 인간의 노래 소리에 대한 언급은 없고 오직 각종 악기를 나열함으로써 장엄하게 시편 전체를 마치고 있다. 내가 잘 몰라서 그렇지, 다른 종교전통 및 영성 활동에도 악기가 핵심인 경우가 적지 않은 것으로 알고 있다.**

연주곡은 가사가 없기 때문에 '이 곡이 말하고자 하는 게 뭐냐' 같은 질문에 구체적인 답을 하려고 하지 않는다. 그런 '언어적인' 대답은 곡의 제목 정도로만 짧게 할 수 있을 것이다. 대신 사람의 목소리의 한계와 가사로 인한 제약이 없어지기 때문에, 음악을 통해 할 수 있는 것들을 더 자유롭고 풍성하게 할 수 있다는 사실은 재즈, 클래식, 락 등 순수 연주곡이 독립적으로 자리를 잡은 음악장르의 팬이라면 쉽게 공감할 수 있을 것이다. 그리고 그러한 악기 연주 음악만의 강점과 유익은

---

* 물론 요한계시록/묵시록에서처럼 재앙의 시작을 알리는 두려운 악기 소리도 있다.
** 최근 들어 각광받고 있는 '싱잉볼 힐링'도 좋은 예가 될 수 있다.

신이 인간에게 선물한 최고의 악기는 인간 목소리이다.
그러나 동시에 신이 인간에게 선물한 최고의 악기는 악기이다.

종교음악의 영역에도 그대로 적용된다.

신이 인간에게 선물한 최고의 악기는 인간 목소리이다. 그러나 동시
에 신이 인간에게 선물한 최고의 악기는 악기이다.

●홍승민

전제적 종교와 인본적 종교

국립국어원의 표준국어대사전에 의하면, 권력이란 "남을 복종시키거나 지배할 수 있는 공인된 권리와 힘. 알아듣도록 타일러서 힘쓰게 함"이라고 되어 있다. 그런데 종교권력이라는 개념을 생각하면, '복종'·'지배'에 초점을 둔 사전적 정의가 너무 단순한 것 같기도 하다. 오히려 한병철(한병철 저, 김남시 역, 『권력이란 무엇인가』, 문학과 지성사, 2012. 17쪽)의 설명대로, 권력이란 움직이던 물체를 다른 방향으로 가게 하는 기계적 충격처럼 기능하는 것이 아니라, 권력자가 하려는 것을 권력에 복종하는 자 스스로가 이미 자신이 하려고 했던 것처럼 내면화하는 작용이라는 정의가 더 적절하게 느껴진다.

권력의 이러한 정의에서 보면, 기성종교는 물론 신흥종교도 복잡한 수준의 권력체계를 갖고 있다. 종교조직의 권력체계는 에리히 프롬의 분류처럼 인본적(humanistic) 종교로 작동되기도 하고, 전제적(authoritarian) 종교로 작동되기도 한다. 인본적 종교란 처벌과 복종보다는 인간의 자주성·책임성·자기실현 등을 강조하는 경우이고, 전제적 종교란 인간이 비하되고 완전한 굴종과 무능력함이 강조되는 경우이다.(오경환, 『종교사회학』, 서광사, 2003, 302쪽) 여하튼 종교권력이라는 단어가 과도하고 부정적인 용례로 연결되는 경우가 흔한 것을 보면, 오늘날 종교가 인본적이라기보다 전제적인 속성을 더 많이 갖는 것은 아닌가. 자연발생적이었던 종교권력이 점차 억압적이고 지배적인 의미로 기울어지고 강화되는 요인들을 여기서는 세 가지 범주로 추론해 본다.

첫째, 종교교의에 대한 지식을 특정한 사람만이 알고 있는 것처럼 차별화시키는 종교집단의 선지자적(先知者的) 태도가 그것이다. 아주 오랜 옛날로 돌아가 예를 들자면, 인도의 베다 시대 바라문들은 자신의 제자만을 '무릎 가까이' 오게 하여 비밀교의[우파니샤드]를 전수했다고 한다. 바로 최근의 웃지 못할 사례도 있다. 나의 지인 한 사람이 불교신자로 개종을 하였다. 그런데 우연히 그녀가 찾아가게 된 사찰의 주지는 그곳이 기도에 영험한 절이므로, 행여라도 다른 절에 가거나 다른 스님의 말을 들으면 안 된다고 단단히 이르더라고 했다. 순진하고도 초심불자인 그녀는 정말 걱정이 많이 되는 듯, 불교가 원래 그런 것이냐고 내게 조심스럽게 물어왔다.

어디 그런 문제뿐인가. 교육기관들이 지금처럼 개설되기 전까지는 많은 사람이 경전을 읽기가 어려웠고 어쩌다 스님의 설법을 듣는 것이 평범한 불자에게는 지식 습득의 거의 유일한 창구가 되었다. 그러나 오늘날은 사정이 달라져 여기저기서 불교공부를 많이 할 수 있게 되었다. 하지만 아무리 공부를 많이 한 재가불자라도 여전히 스님 중심으로 일방적인 법문을 듣는 경우가 흔하다. 목사나 신부의 설교도 크게 다르지 않을 것으로 짐작된다. 성직자와 평신도 혹은 출가불자와 재가불자 사이의 차별적 관계는 어디서 왔는가. 종교 관련 지식의 학습과정에서 교육자와 피교육자라는 권위적 상하관계가 형성된 탓이고, 아울러 그런 지식이 권력화된 탓이라고 생각한다. 지식정보를 권력의 도구로 삼는 일은 현대의 전문가 집단에서도 발견되지만, 종교계는 실제로 그리 전문가가 아닌 출가불자·성직자조차도 전문가인 양 재가불자·평신도를 차별하는 경향이 있다는 것이 문제점이다.

둘째, 종교의 권력화 요인의 또 한 가지는 성 역할(gender)에 관련된다. 불교든 기독교든, 성 역할에 관한 교의 해석에 이론(異論)의 여지가 있음에도 불구하고 종교가 가부장적인 권위를 지금껏 전승시켜 온 것은 어찌된 일인가. 오히려 일반사회는 어느 정도 바뀌었지만, 유독 종교계의 남녀 역할은 그 어느 집단에 비해서도 보수적이다. 여성신자의 수가 아무리 많아도 종교조직의 상급자가 되기 어려운 점은 크게 변함이 없다. 남녀를 막론하고 일반 종교인이 여성인 출가자·목회자를 대우하는 태도 역시, 남성인 출가자·목회자를 대우할 때와 비교해보면 너무도 평등하지가 않다. 예컨대 과거 불교계의 조사 결과에 의하면, 비구니 스님들이 재가불자들로부터 받는 보시금[수입]은 비구 스님들이 받는 보시금에 비하여 평균적으로 훨씬 적었다.

묘한 문제가 더 있다. 일반인들이 자신의 가정이나 직장생활에서는 남성편중의 위계 의식을 어느 정도 벗어난 것처럼 보이는 시대가 되었지만, 자신이 속한 종교기관에서 여전한 가부장적 문화에 대해서는 별다른 이의(異意)나 저항이 없는 이중적 태도를 보이고 있다. 해당 신자들에게는 단지 관습적인 종교문화가 외부사회의 규범들보다 더 공고하게 권력을 행사하고 있는 것으로 보인다. 예전에 필자가 어느 사찰 법회에 참석한 후 공양간(사찰내 식당)에 들러 식사를 하려는데, 여성 불자들이 간이 식판에 배식을 받는 한편 스님과 남성 불자들에게는 밥상이 차려진 것을 보았다. 그 절에 오는 남성 불자들이 많지 않아서 평소에도 그렇게 특별히 밥상을 차려서 대접해왔다는 설명이었다. 필자로서 흥미로운 점은, 그곳의 여성 불자 중 누구도 그 차별적인 상황에 대해서 이의를 제기하는 이가 없었고 오히려 당연한 듯 여기는 태도였다.

종교계는 변함없이 앞장선 소수의 남자와 뒤따르는 대다수의 여자로 판이 짜여 있다. 일단의 출가수행자·성직자가 남자라는 점과 선도자(先導者)라는 점이 이중으로 엮인 권력체계 속에서, 여성 종교인들은 그들을 '아버지처럼 남편처럼 아들처럼' 후원하고 지지하고 돌보며 스스로 복종하는 신앙생활을 이어가는 것 같다. 남녀를 막론하고 보수적인 신앙심이 종교계의 젠더 권력을 이의 없이 보장하고 유지하는 것이다.

끝으로, 종교권력을 강화하는 또 다른 요인은 종교계의 사회서비스에 있다. 동서고금을 막론하고 민간의 복지자원은 종교계로부터 나왔다. 종교교의에 따라서 어려운 이웃에게 재물을 보시하고 노력봉사를 하던 전통이 오늘날과 같은 다양한 사회복지사업으로 발달해온 것이다. 오랫동안 자선의 역사를 거치면서 종교는 서비스 수혜자 개개인에게는 물론 사회적으로도 점점 더 큰 권위와 권력의 상징이 될 수 있었다. 그러나 전문화된 사회복지영역에서는 복지가 시민적 권리라는 인식이 커짐에 따라, 종교계 서비스는 더 이상 포교[선교]를 우선시 할 수 없다. 모든 대상자에게 가치중립적인 서비스를 해야 한다. 정부로부터 위탁받은 복지현장에서는 더더욱 종교적 편향·강요가 금지되고 있다. 하지만 종교계 복지시설 중에서 특정 종교의 상징이 없는 곳은 얼마나 될 것이며, 실무자들이 종교적 권유의 유혹을 얼마나 잘 이겨낼 것인지 알 수 없다.

물론 필자는 사회복지기관에서 종교적 상징이나 표현들이 무조건 문제가 된다고 단정하려는 것이 아니다. 모든 사람이 공통적으로 가진 영적 토대와 개별적 종교 경험을 누구보다도 소중하게 이해하고 싶은 입장이다. 그럼에도 불구하고 필자는, 지금까지 사회복지시설과 공익 활동이 늘어남에 따라 종교계의 사회적 위상이 높아진 만큼, 그 분야에서 자칫 종교권력의 무리한 개입과 무모한 시혜자(施惠者) 역할이 나타날 수 있다는 점을 지적한다. 실제로 종종 정부가 종교계의 사회복지 참여를 무분별하게 신임하고 지원하기도 했고, 종교계 사회복지 일각에서는 편향적으로 압력단체 역할을 전개하기도 했기 때문이다.

이상과 같이 종교 지식의 위계적인 교육구조, 신자들의 여전히 가부장적인 상호작용, 그리고 약자와 위기에 제공되는 사회 서비스 등 세 가지 변수가 서로를 매개하여, 종교의 권위와 종교계의 권력을 강화하는 요소가 된다고 본다. 종교권력이 올바른 방향으로 작용하기 위해서는 종교인 각자의 성찰과 함께 좀 더 인본적인 종교사회운동이 필요할 것이다.

● 이혜숙

제2부

시평

치병의 기적과 치병 의료 봉사

지난(2008) 4월 17일 여의도 국민일보 빌딩 우봉홀에서는 감격스러운 예배가 열렸다. 여의도 순복음교회가 1983년부터 시작한 심장병 어린이 무료시술 운동을 펼친 지 25년 만에 그 수혜자가 4천 명(정확히 4,180명)을 돌파한 것을 기리며 감사하는 예배였다. 목회자와 신도들의 헌금은 물론 폐지, 우유팩, 헌옷 등을 모아 그간 81억 3천만여 원에 달하는 수술비를 지원했고, 1987년부터는 해외 어린이 318명도 도왔으며, 2007년에는 평양에 조용기심장전문병원을 착공했다니 지속성이나 규모에서 대단한 일을 한 것이다.

당해 교회의 홍보자료를 살펴보지 않더라도 얼마나 많은 어린이와 그 가족들이 행복했을까 생각해보면 눈시울이 뜨거워진다. 그 교회와 이 일을 위해 봉사한 많은 분에게 진심으로 감사를 드린다. 말이 그렇지 결코 쉬운 일이 아니기 때문이다.

누군들 선한 생각을 갖지 않을까마는 그래도 종교인들이 이렇게 '선행'에 앞장서 주는 모습은 참 보기 좋다. 그러잖아도 기성 대형 종단들의 비리가 언론매체를 통해 거침없이 고발되는 상황에서 이러한 소식은 고맙기조차 하다. 이 일을 거울삼아 모든 종교가 구체적이고 직접적인 이웃봉사를 실천했으면 좋겠다. 또 그것이 종교의 마땅한 모습이 지 않은가?

이런 아름답고 감격스러운 일에 결례가 될지 모르겠지만 이 일을 두고 우리 함께 생각해볼 일이 있다. 이 일을 주관하고 실천한 교회는 다른 교회가 아니라 순복음교회다. 그리고 우리는 모두 이 교회가 '치병의 기적'을 강조하는 교회로 알고 있다. 실제로 이 교회의 이른바 '급성장 대형화'의 바탕에는 치병을 포함한 '잘 삶'에 대한 약속이 자리 잡고 있다. 이른바 삼박자 축복(영과 물질과 육신)이 그것이다. 건강은 신의 축복이고, 그렇기 때문에 건강하지 못한 상황의 회복은 신의 기적에 의하여 실현된다는 주장이 그 근간을 이루고 있는 것이다. 실제로 여의도 순복음교회는 '병을 고치는 교회'로 알려졌다.

종교에서 일컫는 이른바 치유의 기적은 비단 기독교에 한한 것은 아니다. 건강을 축복으로 여기는 것도 마찬가지다. 흔히 우리는 종교란 '영의 문제' 또는 '정신의 문제'라고 생각한다. 하지만 모든 종교는 인간의 몸이 겪는 고통에서 말미암은 것이라고 해도 지나치지 않을 만큼 '몸의 현실'에서 비롯한 것이다. 그러므로 종교가 추구하는 해답도 몸의 현실로 회귀하지 않으면 허황한 관념적인 메아리밖에 되돌아오지 않는다. 문제는 몸에 대한 관심을 어떻게 몸에 가 닿게 하는가 하는 것이다. 신에의 희구라고 하건 신의 은총이라고 하건 내가 간여할 수 없는 초월과 신비를 우러르며 간접적인 기원을 통해 몸의 현실에 다가갈 수도 있고, 인간의 지혜와 헌신과 사랑으로 몸의 고통스러운 현실에

이를 수도 있다. 그리고 이 후자는 의료행위를 통해 구체화한다. 그렇다면 의료행위는 몸에 대한 관심이 가장 우선적으로, 그리고 직접적으로 드러나는 행위이다. 인간의 고통에 대한 다할 수 없는 사랑과 자비의 행위인 것이다. 기독교적으로 말한다면 신의 기적을 이루는 수단이 바로 의료행위이다.

모든 종교는, 그리고 순복음교회는 특별히, 이 둘을 양립 불가능한 것으로 여기면서 신의 치유(신유)만을 두드러지게 강조해 왔었다. 이로 인한 신의 은총에 대한 감격은 때로 치유가 되지 않은 채 세상을 떠난다거나 회복이 불가능한 채 삶을 지속하는 사람들에게는 자기가 신의 저주를 받았다는 죄책감과 절망감에 빠져 그야말로 영혼이 병들어버리는 결과를 초래하곤 한 사례가 적지 않다. 그렇다면 의료행위를 배제한 채 치유를 기원하는 일은 분명하게 잘못된 일이다. 몸의 현실성을 그 현실성을 간과한 다른 통로를 통해 다가가려함으로써 더 직접적으로 말한다면 몸의 아픔 자체를 간과하는 데 이르기 때문이다.

다행히 이번 심장병시술운동을 보면 순복음교회는 치유의 기적과 치병을 위한 의료봉사의 조화를 잘 이루고 있는 것 같다. 바로 이 계기에서 더 적극적으로 말하고 싶은 것이 있다. 의료를 간과한 기원만의 몸에 대한 관심이 '설교'에서 매우 조심스럽게 다루어졌으면 좋겠다는 것이다. 당연히 모든 종교에서도 마찬가지다. 더 나아가 인간의 지적 성취가 결코 이른바 신앙이라는 것을 위해 방해가 되는 것이 아니라 오히려 도움이 되는 것이라는 성숙한 종교적인 태도가 널리 확장되기를 바란다. ●정진홍(2008.5.6)

행복, 종교, 내셔널리즘

지난 대통령 선거기간과 박근혜 정부 초기까지 남발되던 '행복'이라는 말이 요즘 거의 들리지 않게 된 것은 아직 끝나지 않은 세월호 '사건'의 파장 때문이기도 하겠지만, 어찌 보면 '다행'스러운 일일지도 모른다. 행복이라는 말이 정치적 구호가 될 때 그것은 환상으로서의 이데올로기로 변질되기 십상이기 때문이다. 그렇다면 행복 담론이 종교와 결합될 때 무슨 일이 일어날까? 이 물음과 관련하여 현대 일본사회에서 특히 주목받고 있는 신종교 교단 '행복의 과학(幸福の科學)'은 흥미로운 사례를 보여준다. 공칭 신자 수가 천만 명을 넘는다고 주장하는 행복의 과학은 도쿄대 법대 출신인 오카와 류호(大川隆法, 1956-현재)에 의해 1986년에 창립된 현대일본의 매우 젊은 신생 교단이다. '엘 칸타레'라는 지고의 영적 존재를 본존으로 하고 있고 오카와 총재는 그 엘 칸타레가 지상에 모습을 나타낸 자로 말해진다. 빈병쟁(貧病爭)으로부터의 구제를 설한 종래의 일본 신종교와는 달리, 불교의 팔정도를 현대적으로 재해석하면서 자기정신의 향상 및 일종의 성공법칙이나 처세술에 가까운 행복의 교의를 강조함으로써 이에 공감한 비즈니스

맨이나 관료들이 대거 입회하고 있다. 2010년에는 '행복의 과학 학원 중학·고교'를 개교했으며 나아가 행복 연구를 목표로 하는 '행복의 과학대학' 개교를 추진 중이다.

오카와의 주장에 의하면, 어느 날 갑자기 그에게 일본불교의 한 종파인 일련종 창시자 니치렌의 제자인 닛코의 영이 강신했고, 이어 니치렌을 비롯하여 GLA 교조 다카하시 신지, 선지자 엘리야와 예레미야, 예수, 성모 마리아, 무함마드, 석가모니, 관세음보살, 황조신 아마테라스, 대본교(大本敎) 교조 데구치 나오와 데구치 오니사부로, 천리교 교조 나카야마 미키, 톨스토이, 우치무라 간조, 일본 진언종 창시자 구카이, 아인슈타인, 레오나르도 다빈치, 생장의 가(生長の家) 교조 다니구치 마사하루 등 일본의 신도 신들과 종단 창시자들을 비롯하여 과거 동서양의 종교 엘리트와 위인들의 '고급지도령'이 차례차례 강신하여 그로 하여금 계시 내용을 자동필기하게 하거나 독백형식으로 그와 대화를 나누었다고 한다. 이후 그는 『영언집』이라 하여 자신에게 접신한 이 지도령들의 계시를 책으로 펴내오고 있다. 이런 대량의 영언집을 포함하여 2014년 말 현재까지 오카와의 이름으로 출판된 저서가 놀랍게도 1,500여 권을 넘는다.

오카와의 저서에서 특히 주목할 것은 팽대한 내셔널리즘 담론인데, 그것은 옴사건(1995)과 3·11대진재(2011)를 기점으로 중요한 변화를 보여준다. 옴사건 이전의 내셔널리즘 담론에서는 '선택된 땅 일본과 일본인', '현대의 예루살렘이자 세계의 성지로서의 일본', '신의 섭리가 시작된 발상지'로서의 '신국 일본', '시대의 중심이자 지구의 중심으로서의 일본' 혹은 '은총 받은 시간과 공간 속의 일본 문명' 등과 같은 일본중심주의적 선민사상이 주창되었다. 거기에는 '세계종교의 중심으로서의 일본종교'라는 중심상징을 토대로 정치, 경제, 종교, 과학 등 모든 방면에서 '세계 최고의 일본'이라는 자부심을 가지고 세계를 이끌어나갈 '키잡이' 또는 '세계의 뛰어난 리더'로서의 역할을 통해 마침내 '새로운 영적 문명'을 창출할 '세계의 맹주'가 되어야 한다는 종교적 내셔널리즘의 상상력이 넘쳐난다.

행복의 과학은 이런 내셔널리즘적 비전을 실현하기 위해 2009년 '행복 유신'을 표어로 내건 행복실현당이라는 종교정당을 창당했고, 같은 해 중의원 총선거에 오카와를 비롯하여 무려 337명의 입후보자를 냈으나 전원 낙선했다. 이에 앞서 오카와는 기존 〈평화헌법〉 제9조의 전면 폐기와 대통령제 신설을 내세운 〈신·일본국헌법 시안〉을 공표함으로써 신인(神人)이 다스리는 신정국가의 지향성을 분명히 했다. 그후 3·11대진재를 전후한 시기 이래 현재까지 오카와는 초기 영언집과는 달리 흥미롭게도 현재 살아 있는 인물들의 수호령이나 지도령을 초혼하여 인터뷰했다는 새로운 형태의 영언집을 폭발적으로 펴내고 있다. 가령 헤이세이천황과 황태자 및 황태자비, 오에 겐자부로, 아베 총리, 미야자키 하야오 감독, 종교학자 시마조노 스스무와 이노우에 노부타카, 푸틴, 오바마, 이명박, 박근혜, 김정은 등 그 인터뷰 대상의 면면은 유력한 정치지도자에서 작가와 학자에 이르기까지 다양하고 무차별적이다. 그런데 거기에는 가령 3.11대진재가 신을 경시하는 좌익정치에 대한 심판이었다는 신정론 담론, 많은 사람이 죽은 2014년

9월 27일의 온타케산 화산폭발을 일으킨 것이 '독도 수호자'인 이승만의 사령(死靈)이라는 식의 혐한담론, 과거 전쟁에서 일본은 아시아 해방을 내걸고 백인 우위의 사상과 유색인종 박해의 사상에 저항했다는 성전(聖戰)담론 등이 주축을 이루고 있다. 나아가 오카와는 수상도 천황도 야스쿠니를 참배해야만 하며 위안부 강제연행은 없었고 남경대학살도 날조라고 주장하는 등 영언을 빙자한 극우적 발언을 남발하고 있다.

표면상 불교를 표방하면서 평화의 이미지를 유포한다든가, 종말예언을 강조하면서 신정국가를 최종적인 목표로 삼아 정계 진출을 시도한다든가, '인류행복화 운동'을 통한 이상사회 건설을 강력하게 주창하면서 반(反)정부적인 측면을 거침없이 노출한다는 점에서 옴진리교와 매우 닮은꼴인 행복의 과학은 작년 말 중의원 총선거에서 2석을 획득하는 데에 성공했다. 극단적인 울트라 내셔널리즘적 위기의식을 조장하는 행복의 과학과 행복실현당에서의 '행복'이란 말은 종교적 사랑으로 위장한 증오의 가면이라는 혐의를 벗어나기 어려워 보인다. 그렇다면 우리는 "내가 정말 원하는 것은 행복이 아니다"라고 선언해야 할까? 아직은 그저 "새해 '복' 많이 받으세요"라고만 말해야 할 것 같다.

● 박규태(2015.1.13)

탈경계의 현대종교
—불교와 요가의 결합, 도전인가 기회인가?

　제5회 'UN 세계 요가의 날(International Yoga Day)' 공식 한국행사가 2019년 6월 16일 오후 서울 광화문광장에서 진행되었다. 2014년 9월 27일 제69차 UN총회에서 인도의 나렌드라 모디 총리가 제안함에 따라, 그해 12월 193개 회원국 중 175개국의 찬성으로 6월 21일이 '세계 요가의 날'로 제정 · 선포되었다. 2015년 제1회 '세계 요가의 날'을 시작으로 매해 전 세계 수억 명의 요가인이 이날을 기념하여 요가 시연과 수련 등 다양한 프로그램을 진행해왔다.

　광화문광장에서 진행된 제5회 '세계 요가의 날'에는 국내외 54개 단체 2,225명의 요가인이 참가했으며, 일반 관람객도 무려 5,000명이 참관하는 등 페스티벌 형식으로 성황리에 진행되었다. (http://idayofyoga. or.kr/home/index.php) 대한민국 대통령도 대한민국정책브리핑을 통해 이날을 축하하는 메시지를 보낼 정도였다.

　요가가 이처럼 세계인과 한국인의 주목을 끈 이유는 무엇일까? 그것은 2014년 'UN 세계 요가의 날' 제정 요청을 한 모디 인도 총리의 연설문에서 잘 드러난다. "요가는 고대 인도 전통으로부터 유래한, 가치를 측정할 수 없을 정도로 소중한 유산입니다. 요가는 몸과 마음의 합일, 생각과 행동의 합일, 계획과 성취의 합일을 이뤄내며, 인간과 자연의 조화이자 건강과 웰빙(health and well-being)에 대한 전체적인 접근 방식(holistic approach)입니다. 요가는 단순한 운동이 아니라 우리, 세상, 그리고 자연이 하나라는 것을 알아가는 것입니다. 이러한 요가 정신을 통해 우리의 라이프스타일이 바뀌고 의식이 형성됨으로써, 우리가 기후변화(climate change)에 대처하는 데 도움이 될 수 있습니다. '세계 요가의 날'이 제정되도록 다 함께 노력합시다."

이 연설문에서 관심을 끄는 점은 '탈종교성'과 '세계화'이다. 요가가 해탈을 지향한 인도의 종교적 수행 전통에서 유래했지만, 인도의 종교적 세계관을 이루는 업(業, 카르마), 윤회, 브라만 등의 단어는 배제한 채 설명되고 있음을 알 수 있다. 요가가 인도의 전통으로부터 해체되어 탈전통화(detraditionalize), 보편화(universalize)의 맥락에서 사용되고 있는 것이다. 이제 요가는 건강·웰빙·환경 등 현대인의 라이프스타일과 가치에 부응하여 자신을 전지구화(globalization)하고 탈종교화하고 있다고 볼 수 있다.

'세계요가의 날' 행사에서 필자가 주목하고 싶은 것은 세계적으로는 물론, 한국에서도 요가가 점차 불교와의 융합을 모색하고 있다는 점이다. 요가의 세계적 유행과 함께 불교 내부에서도 요가와의 융합을 모색하는 경향이 나타나고 있기 때문이다. 2004년 〈불교와 요가

(Buddhism And Yoga)〉*라는 글에서 안느 쿠쉬맨(Anne Cushman)**은 서로 어색한 관계에 있던 '요가'와 '불교명상'–즉 비파사나(Vipassana), 선(Zen), 티벳불교수행–이 점차 동반자적 관계로 인식되고 있다고 소개하였다. 그녀는 불교와 요가의 융합을 시도한 책 가운데 프랭크 쥬드 보치오(Frank Jude Boccio)의 『마음챙김을 위한 요가(Mindfulness Yoga)』 (학지사, 2009), 요가와 티벳 불교를 20년 넘게 수행한 신디 리(Cyndi Lee)의 『요가의 몸, 붓다의 마음(Yoga Body, Buddha Mind』(2004), 티벳 승려 계를 받은 마이클 로치(Michael Roach)의 『티벳의 요가문헌(The Tibetan Book of Yoga)』(2004)을 완성도 높은 책들로 소개하고 있다.

불교와 요가의 융합은 세계적인 흐름에만 국한되는 것은 아닌 것 같다. 요가 수행에 대한 관심이 증가함에 따라 한국불교도 요가와의 융합 가능성을 모색해왔다. 한국불교학회가 2011년 2월 동계워크숍을 "요가수행과 불교명상"이라는 주제로, 2012년 2월 동계워크숍을 "불교수행과 요가의 만남"이라는 주제로 진행했던 것이 대표적인 예다. 이후에도 언론과 학계에서 불교와 요가의 관계에 대한 다양한 모색이 시도되었다. 제도적 차원에서는 4년제 사이버대학인 원광디지털대학교(2002년 3월 개교)에서 '요가명상학과'를 개설했다. 동국대학교 불교대학원에서는 아예 2014년 3월 "융합요가학과"를 신설하고, 국내에서 요가를 대

---

* https://tricycle.org/magazine/buddhism-and-yoga/
** 쿠쉬맨은 프린스턴 대학 비교종교학 학부 출신으로, 요가와 불교 명상을 결합한 소위 '마음챙김요가(Mindful Yoga)'의 지도자이자 소설가로 활동하고 있다.

중화하는 데 큰 공헌을 한 원정혜 박사를 겸임교수로 초빙했다.

그렇다면 기존 종교의 경계를 허무는 이런 흐름에 아무런 문제가 없는 것일까? 이와 같은 현상이 불교적인 것(정체성)에 부합하는 것인지에 대한 질문이 등장하리라는 것은 예상하기 어렵지 않다. 실제로 노르웨이 오슬로(Oslo) 대학의 노토 텔(Notto R. Thelle)은 〈불교의 인간화: 불교의 서구적 적용의 측면〉(2010)*에서 '과연 그것을 불교라고 볼 수 있는가?'라는 도발적인 질문으로 존 카밧진(Jon Kabat-Zinn)의 '마음챙기기(Mindfulness)' 명상처럼 전통적·종교적 요소를 뺀 불교의 서구화·현대화가 종교 특유의 에너지를 줄 수 있는지에 대해 회의적으로 평가했다.

이와 달리, 스웨덴 달라나(Darlana) 대학의 프리스크(Liselotte Frisk)는 이런 변화가 불가피하고 당연한 일이라고 주장한다. 그녀는 〈마음챙김 수행: 불교로부터 포스트세속사회의 세속적 주류로(2012)〉**에서 '종교'란 고정된 개념이 아님을 강조한다. 모든 종교(적 요소)들이 새로운 환경에 처하게 되면 새로운 세속적 해석에 따라 변해온 것은 당연하며, '불교'와 '요가' 역시 마찬가지라고 해석한다. 나아가 오늘날의 문화를 종교와 세속의 구분이 무의미한 '포스트-세속성(post-secularity)'의 시대라고 부르며, 종교 개념에 구속되지 않고 자유로워질 것을 제안한다.

---

* "The "Humanization" of Buddhism: Aspects of Western Adaptations of Buddhism", *Ching Feng*, n.s.,10.1-2(2010-2011).

** "The practice of mindfulness: From Buddhism to Secular mainstream in a post-secular society", *Scripta Instituti Donneriani Aboensis*, 2012; 24.

한국에서도 '불교'를 고정된 종교적 실체로 본다면 불교와 요가전통 사이의 융합이나 대화에는 장애가 등장할 수밖에 없을 것이다. 그러나 만일 질문을 바꾼다면 대답은 달라질 것이다. 질문을 바꾼다면 문제의 본질도 달라질 수 있기 때문이다. 과거에는 주로 "불교란 무엇인가?"라는 질문으로 불교의 정체성에 대해 물어왔다. 그러나 이제 "불교는 '우리에게' 무엇인가?"라는 질문으로 물음을 바꿀 수 있을 것이다. 이런 열린 시야와 개방적 시도는 어쩌면 과거에 여러 종교가 새로운 문화와 지역에 적응하기 위해 현지 문화를 포용하며 스스로를 재구성해냄으로써 활력을 되찾았던 사례로부터 얻을 수 있는 교훈일지도 모른다.

한국불교의 현대화·대중화를 요구하는 목소리가 20세기 초반부터 100여 년간 계속되어 왔지만 불교가 그에 부응하는 성과를 냈는지는 미지수다. 정체성만 고집할 경우 변화하는 현대성과 분리되어 삶 속에 의미가 충만한 종교가 되기 어려울 것이다. 불교의 핵심이 무엇인지 그 중심만 잃지 않는다면, 요가를 통해 나타나는 대중의 요구--그것은 동시에 현대인들이 상상하는 새로운 이상적 인간형의 모델이기도 할 것이다--와 결합하는 것은 불교의 외연을 넓히고 불교에 새로운 활력을 불어넣는 작은 계기가 될 수 있을지 모른다.

●송현주(2019.7.9)

무엇이 아니라 어떻게, 먹고 먹일 것인가

—21세기 한국불교의 또 하나의 화두

"스님이 고기 먹어도 될까?" 바로 어제 포털사이트를 통해 접한 뉴스 기사의 제목 앞부분입니다. 기사의 내용을 보니 지난달 20~23일 대한 불교조계종 백년대계본부에서 개최한 '백년대계 기획 워크숍'에서 "티베트 스님들은 수행을 잘하는데 고기를 먹는다." "율장에 따르면 일부 육식은 가능하다."는 참석자 일부의 문제제기에 대해 "채식 문화가 세계적으로 융성하고 있는데 불교가 역행해서는 안 된다." "(육식으로) 세계적 불평등이 생기는 것" 등의 반론이 오갔던가 봅니다.(《연합뉴스》, 2017.8.14, "'스님이 고기 먹어도 될까?' 불교계는 논쟁중")

그런가 하면 올 6월 말에는 미국 뉴욕 맨해튼의 미슐랭 3스타 레스토랑에서 백양사 천진암의 주지 정관 스님이 뉴욕 주요 매체 기자들에게 사찰음식에 대해 설명한 일이 있다고 하네요. 이 행사는 문화체육관광부, 한국관광공사, 평창올림픽 조직위원회, 강원도 등 4개 기관에서 추진한 것이랍니다. 최근 뉴욕에서 '웰빙'이나 채식주의 바람을 타고 사찰음식이 가장 주목받고 있다는 점에 착안한 행사라는군요.(《연합뉴스》, 2017.6.23, "사찰음식 설명하는 정관 스님과 에릭 기퍼트 셰프") 조금 더 검색해 보니 정관 스님은 한국전통사찰음식연구회 부회장이자 Netflix 프로그램 '셰프의 테이블' 시즌 3-1화에 출연한 것으로 유명세를 타는 중이신가 봅니다. 한국의 사찰음식에 대한 세계인의 사랑이 목하 불을 뿜기 시작한 것 같습니다. 대한불교조계종에서 운영하는 사찰음식 전문점 '발우공양'은 지난해 11월 미슐랭 가이드의 별 하나를 받기도 했다네요.(《경향신문》, 2017.7.6, "'미슐랭 별' 즐겁지만, 사찰서 '탐식'은 금물")

'발우공양'은 저도 몇 번 이용한 적이 있습니다. 진짜 발우처럼 4개의 사발로 구성된 식기에 밥과 국, 그리고 서너 종류의 반찬과 물을 담아 먹는 뷔페 방식이었죠. 가격도 직장인의 점심 식대 수준으로 저렴했습니다. 벌써 5~6년 전의 일이니 그런 메뉴가 지금도 있는지는 모르겠습니다만, 당시에도 벌써 공간을 달리하여 판매하는 프리미엄 메뉴의 식대는 일반인이 접하기에 높은 수준이라는 이야기가 있었습니다. 오늘 해당 식당의 사이트를 들어가 보니 여름 메뉴 가격이 세금 포함 3만 원에서 9만 5천 원 사이를 오가네요.

이번 세기에 들어 한국의 불교계에서는 (적어도 조계종단에서는) '음식'이라는 화두를 다시금 꺼내든 모양새입니다. 승단 내부에서는 육식금지의 오랜 계율을 어떻게 다룰 것인가를 고민하고, 일반인에게는 한국 전통의 (혹은 전통이라고 믿어지는) 사찰음식을 채식이라는 세계적인 트렌드에 맞추어 소개하는 양상입니다. '백년대계 기획 워크숍'에서 오간 논의의 일부처럼 사실상 초기 인도불교에서 육식이 반드시 금지된 것은 아니었습니다. 다만 승려 자신이 직접 도살을 하거나 도살의 내용을 알고서 육식을 한 경우만 금지될 뿐이었지요.(《맛지마니까야》 중 〈지와까 경(Jīvaka Sutta)〉) 승단의 육식금지가 일반화된 것은 대승불교의 동아시아 전승 이후부터였던 것으로 보입니다. 하지만 그 금계가 얼마나 엄수되었는지는 확인할 길이 없지요.

 교계에서의 논의가 자꾸 '무엇을 먹을/먹지 않을 것인가'의 문제로 흘러가는 것 같아 이쯤에서 음식 자체에 대한 초기 불교의 태도를 확인하고 싶군요. 위에서 언급했듯이 초기 불교에서는 육식에 대한 금지가 구체적이지 않았습니다. 식사에 대한 계율들은 음식 자체에 대한 태도라기보다 승단을 질서 있게 유지하고 재가신도와의 사이에서 발생할 수 있는 제반 문제를 미연에 방지한다는 의미가 강했지요. 사실상 음식과 식사에 대한 엄격한 태도는 음식 자체에 대한 혐오가 아니라, 그 맛과 양에 탐착함으로써 수행에 방해가 되는 것을 우려한 데에서 비롯된 것이었습니다. 부처는 음식에 대해 합리적이고 기능주의적인 태도를 지니고 있었던 것으로 보입니다. 극단적인 절식을 포함한 극심한 고행으로 생존의 위기에까지 봉착했던 부처가 함께 고행하던 동료들로부터 빠져나와 수자타 처녀가 제공하는 식사를 하고 기운을 차린 후 확인한 것은 "나는 덩어리진 음식을 먹고 감각적 욕망을 완전히 떨쳐버리고 해로운 법[不善法]들을 떨쳐버린 뒤 일으킨 생각[尋]과 지속적 고찰[伺]이 있고, 떨쳐버렸음에서 생긴 회열[喜]과 행복[樂]이 있는 초선(初禪)을 구족하여 머물렀다."(《맛지마니까야》 중 〈삿짜까 긴 경(Mahā-saccaka Sutta)〉)는 것이었으니까요. 부처는 극도의 절식으로 인한 허기가 오히려 감각적 욕망을 자극한다는 사실과, 적절한 음식의 섭취야말로 수행을 지속할 수 있는 물질적 토대가 된다는 사실을 알아차렸던 것입니다. 다시 말해 정상적인 음식의 섭취가 음식에 대한 탐착으로 이어지는 것이 아니라, 깨달음을 얻을 수 있는 물리적 에너지의 획득으로 이어진다는 점에 주목하였던 것이지요.

저는 이 부분에 주목하고 싶군요. 깨달음을 얻을 수 있는 에너지의 근원으로서 음식을 바라보는 기능주의적인 태도 말이지요. 그것을 불교는 수행의 지속을 위한 물리적 토대로 받아들였습니다. 탐착으로 이어질 수 있는 향유가 아니라면, 그래서 그 향유를 위한 의도적이고 의식적인 추구와 열망의 태도가 아니라면, 육식을 하든 채식을 하든 무슨 문제이겠습니까. 수행을 위한 물리적 토대로 육식이 정히 필요한 것이라면, 실현하기 어려운 육식금지의 계율을 걸어 놓고 암암리에 그것을 위반하기보다는 (혹시 그런 경우가 있다면!), 아예 현실에 대한 인정과 계율의 과감한 재구성으로 정직함을 회복하는 게 낫지 않을까요. 물론 충분한 논의의 결론이 채식 엄수로 귀결된다 해도 그 또한 의미 있을 것입니다. 채식이 충분히 현실적일 수 있고 필요하다고 결론난다면, 그렇게 결정하고 지키면 되겠지요. 모쪼록 한국의 승단이 수행을 지속함에 있어 건강하고 정직한 태도를 지니길 바랄 뿐입니다.

세계적인 채식 트렌드에 발맞추어 사찰음식을 소개·권유하는 추세에 대해서도 한마디 하고 싶습니다. 승단의 육식금계 논의가 '무엇을 먹을 것인가'에 관한 것이라면, 사찰음식의 소개와 유포는 '무엇을 먹일 것인가'에 관한 것이겠지요. 사실 불교에서 먹임의 주체는 승단이 아니라 재가였습니다. 승단이 원만한 수행을 위하여 먹는 주체라면, 재가는 그 승단을 잘 먹임으로써 승려들의 수행을 지원한 공덕을 돌려받고자 했지요. 재가는 승단에 음식을 공양하는 것 자체로 공덕을 쌓을 뿐 아니라, 그 대가로서 공양을 받은 승려들로부터 설법을 듣기도 했습니다. 그렇게 오랜 세월 먹음과 먹임, 무엇을 먹을 것인가와 무엇을 먹일 것인가의 문제는 불교에서 승단과 재가에게 분유된 수행과 공덕의 짝패였습니다. 수행과 공덕은 승단과 재가 사이에 호혜적으로 교환되는 가치이자, 수행이 공덕이 되고 공덕은 수행이 되는 순환의 기제이기도 했습니다. 먹이는 행위가 먹이는 자에게는 공덕인 동시에 수행이 될 수 있고, 그로써 먹는 행위는 먹는 자의 수행을 위한 토대이자 먹이는 자를 위한 공덕의 축적이기도 했으니까요.

하지만 그렇다고 해서 이제 새로이 승단이 재가에 대한 먹임의 주체가 되는 현상을 왈가왈부할 생각은 없습니다. 불교적 음식문화의 확산이 중생에 대한 제도 또는 포교의 일환이 될 수도 있는 것이니까요. 다만 그것이 민족주의나 자본주의에 편승하는 것은 아니기를 바랍니다. 국가기관에서 한국문화의 세계화를 도모하는 데에 불교계가 앞장 설 필요가 있을까요. 아니, 한국문화는 왜 의도적 의식적으로 세계화가 되어야 할까요. 무엇보다도, 한국문화란 과연 무엇일까요. 한국 불교계가 그 문제를 두고 충분한 고민과 논의를 해 봤으면 좋겠습니다. (과문한 탓인지, 그에 대한 깊은 논의가 있었다는 이야기를 아직 못 들어서요.) 또 미슐랭 가이드의 별점이란 서구 유한계급의 입맛과 취향에 맞춰진 것일 가능성이 크지요. 거기에서 점수 좀 따는 것이 뭐 그리 중요할까요. 분위기의 고급화 전략, 그에 따른 식대의 고부가가치. 설마 이런 것들이 사찰음식 소개와 유포의 최종 목표인 것은 아니겠지요. 진정 중생의 건강과 구제가 목적이라면 음식의 가격이 많이 비쌀 필요도 없을 것입니다. 물론, 교계의 의도와 의지가 어디까지나 선할 것으로 믿습니다.

한가득 심중의 말을 풀어놓고 나니, 어쩐지 이런 이야기들이 종교학자의 발언으로 적절치 않은 것은 아닐까 싶기도 합니다. 종교의 규범으로부터 자유롭게, 종교적 인간에 대해 객관적으로 이해하고 기술하기. 종교학자의 소임을 현재의 저는 그렇게 정리하고 있기에, 혹시나 이 말들이 뜻하지 않게 새로운 규범을 제시하는 것은 아닐까 조심스럽습니다. 그렇다면 이 글은 한 일반인, 또는 어떤 냉담자 불교 신자의 인상비평 내지 넋두리라고 해 두겠습니다.

●민순의(2017.8.15)

공의회의 아들이 도회지 교회를 이끌다

2009년 2월 20일 낮 12시 10분이다. 지금 이 글을 쓰는 순간 김수환 추기경의 유해를 실은 운구차가 회사 앞길을 지나가고 있다. 덮개 없는 경찰차가 선두에서 길을 인도하고, 그 뒤를 이어 검은색 리무진이 천천히 움직이고 있다. 아주 천천히, 1960년대 이후 한국천주교회를 이끌었던 큰 인물이 역사 속으로 사라지는 것을 아쉬워하듯이 말이다. 차가운 바람이 옷깃을 파고드는 길가에는 방금 장례미사에 참석했던 수많은 사람이 고개를 숙이거나 손을 흔들며 떠나는 분을 배웅하고 있다.

지난 닷새 동안 있었던 일은 내 생각의 폭을 넘어서는 것이었다. 출퇴근하면서 마주친 조문 행렬은 성당에서 나와서 가톨릭회관을 끼고 돌아 샬트르 성 바오로 수녀회 앞길로 뻗었으며, 심지어 세종호텔을 지나서 신세계 백화점 방향까지 장사진을 이루었으니 말이다. 게다가 신문과 TV는 온통 추기경의 생애와 장례에 관한 이야기들로 가득 차 있었다.

그런데 한 가지 아쉬운 점이 있었다. 어떤 기사건 가릴 것 없이 추기경의 인간적인 면모에 관한 것 아니면 반독재 민주화 운동에 기여한 이야기들만 넘쳐났다. 이 글에서까지 그런 이야기를 되풀이할 필요는 없겠다. 그래서 오로지 현대 한국천주교사 내지 현대 한국종교사의 흐름이라는 각도에서 그분에 관한 간단한 회고를 담아볼 작정이다.

짧은 지면에 그것마저 길게 펼칠 여유는 없다. 간단히 요점만 짚어보자. 먼저 추기경은 공의회의 아들이다. 여기서 말하는 공의회란 1962년부터 1965년까지 열렸던 제2차 바티칸 공의회를 말한다. 다 아는 이야기이겠지만 우리가 현재 눈으로 보는 한국천주교회의 모습은 전적으로 공의회의 산물이다. 세계 천주교회가 다 그렇겠지만, 특별히 전교지역 교회로서의 한국천주교회는 공의회 정신과 가르침에 따라서 완전히 재편되었다고 말해도 크게 틀렸다는 말을 듣지는 않는다.

아지오르나멘토, 사람마다 달리 번역하기는 하지만, 말 그대로 하자면 '지오르노'(날 혹은 당대)에 맞춘다는 뜻이다. 그러니까 세상 사람들의 구원을 위해서 오늘날의 시대적 추세에 적응하자는 것을 모토로 내세운 것이다. 공의회는 교회 내부적으로는 전례 생활을 혁신하고, 평신도의 참여를 증대시켰다. 그리고 교회 바깥에 대해서는 적극적으로 참여하여 인류의 공동선을 위해서 헌신하고, 다른 종교들과의 대화나 교류에 좀 더 과감하게 뛰어들도록 이끌었다.

공의회가 시작되던 무렵에 추기경은 독일 유학 중이었다. 더 구체적으로 말하자면, 1956년 10월에서 1963년 11월까지 독일의 뮌스터 대학교에서 요셉 회프너 교수에게 '그리스도 사회학'을 배웠다. 원래 공의회가 소집될 당시만 해도 바티칸의 고위 관료들은 그냥 신학적, 교의적 성찰에 국한되기를 바랐다. 하지만 공의회가 그렇게 광범위한 영역에서 혁신적인 제안들을 담게 된 데에는 독일계의 페리투스, 즉 전문 위원들이 큰 역할을 하였다. 라너, 킹, 라칭거 등이 바로 그들이다. 그러므로 추기경 역시 유학 당시 독일 신학계의 개혁적인 분위기에 영향을 듬뿍 받으면서 자신의 교회론, 사회론을 수립하였던 것이다.

그뿐만 아니라 추기경은 유학에서 돌아와 1964년 6월부터 1966년 4월까지 가톨릭 시보사(지금의 가톨릭신문사) 사장을 지냈다. 이 기간 동안 매스컴을 통하여 천주교회의 새로운 방침들을 널리 홍보하고, 한국 교회의 분위기를 쇄신하는 데 전력을 다하게 된다. 그리고 초대 마산 교구장이 된 뒤, 1967년 9월부터 10월까지 열린 세계 주교 대의원회의에 한국 대표로 참석하였다. 이 회의에 참석하면서 추기경은 아마 세계 천주교회가 앞으로 어떤 방향으로 나아갈 것인지에 대해서 많은 것을 알게 되었고, 여기에 보조를 맞추려면 한국천주교회가 어떻게 변모해야 할 것인지에 대해서도 깊은 통찰을 얻었으리라 짐작된다. 그 뒤 한국천주교회가 걸어온 길에 대해서는 재론할 필요가 없겠다.

한 가지 더 첨가하자면 추기경이 1968년 4월 서울대교구장에 임명되고, 또 이듬해에 추기경이 된 이후로 한국천주교회의 교세는 크게 늘었다. 1980년대 이후에는 가히 폭발적인 성장세를 이루었다. 그냥 신자 수가 늘어나고, 재정이 튼튼해졌다는 사실에 머무는 것이 아니다. 교회의 중심이 시골 본당에서 도회지 본당으로 이동하였다는 사실이 더 중요하다. 한 마디로 점점 더 한국천주교회가 농민층에서 도시민으로, 하층민에서 중산층으로 무게 중심을 옮기게 되었다는 말이다. 그래서 글의 제목을 '공의회의 아들이 도회지 교회를 이끌다'라고 달았던 것이다.

한국천주교회가 중산층 종교로 바뀌었다는 것은 무슨 의미일까? 논문이 아니니 길게 분석할 일은 없겠다. 다만 중산층의 취향에 맞는 신앙 행태가 주류를 형성하게 되었음에 주목하자. 사적 계시에 관한 천주교회 내부 논란은 시금석의 역할을 한다. 언젠가 다른 글에서 다룬 적이 있지만, 상주 황테레사, 나주 윤율리아 문제는 기층 신앙 대중 사이에서 자생적으로 분출된 신앙들이었다. 하지만 한국천주교회가 중산층 종교로 바뀌면서 이런 현상들을 꺼리게 되고, 단죄하는 분위기가 증대한다. 아마 공의회의 손자들이 앞으로 당면할 문제는 바로 이런 것들이리라. 사회적 공신력을 바탕으로 급성장을 이룬 한국천주교회의 세련된 '당디즘'과 기층 신앙 대중의 끓어오르는 종교적 욕구가 부딪치면 어떻게 될까?

● 조현범(2009.2.24)

프란치스코 교황을 어떻게 기억할 것인가

지난(2014) 8월 14일부터 4박 5일 동안 이어진 프란치스코 교황의 방한은, 가톨릭교회 내부의 행사라는 차원을 넘어 우리 사회에 전방위적인 열풍을 일으켰다. 그 이유는 무엇이며, 또 교황의 방한이 우리에게 가져다 준 것은 무엇인가?

프란치스코 교황은 방한 직후에 행한 청와대 연설에서 "평화는 단순히 전쟁이 없는 상태가 아니라 정의의 결과"라고 말했다. 이후, 나는 교황의 방한 행보에서 그가 전한 '정의'가 무엇이며 그것이 어떻게 드러나고 있는지를 지켜보게 되었다. 연일 사람들과 아이 컨택(eye contact)을 하며 어린아이를 안아 올리고 억눌리고 소외된 이들에게 다가가는 교황의 모습은 우리에게 깊은 마음의 울림을 주었으며, 세상을 응시하는 그의 면밀한 눈과 예리함 또한 깊은 인상을 주었다. 방한 일정 동안 보여준 교황의 행보는, 내면의 빛이 의식의 범위를 넘어선 영역으로부터 터져 나오는 '그 무엇(The kind of something)'이었다. 나아가 교황의 방한은 그동안 이 사회에서 소외되었던 이들의 표정과 몸짓을 통해 그들의 마음을 읽을 수 있었던 기회이자, 또 교황이라는 한 인간을 매개로 온 국민이 소통과 유대감을 나눈 국가적인 치유 의례이기도 했다. 교황의 방한이 이렇게 우리의 마음을 움직이게 했던 동력은 무엇이었을까? 나는 이를, 교황이 말하는 '정의'에서 찾을 수 있을 것으로 생각한다.

교황의 첫 공식 문헌인 〈복음의 기쁨〉에 의하면, 정의는 '가난한 자의 우선적 선택(the preferential option for the poor)'에 기반한다. 이는 약자가 공동체 안에서 자신의 존재감을 인식하고 공동생활 안에서 기쁨을 느끼는 존재로 살아갈 수 있는 사회를 지향하는 것을 의미한다. 여기서 정의는 개인, 집단, 국가 등 각 개별 주체간의 이익을 조정하는 구심점이 되며, 이를 실현하는 매개체로서 기능하는 것이 교회이다. 교황은 〈복음의 기쁨〉에서 "하느님께서는 가난한 이에게 '당신의 첫 자비'를 드러내십니다. 가난한 사람들은 우리에게 많은 것을 가르칩니다. 그들은 신앙의 감각을 공유할 뿐만 아니라, 그들의 고생 속에서 그리스도의 고통을 압니다. 가난한 사람은, 사랑을 받을 때, 위대한 가치를 지닌 사람으로 존중받는 것입니다. 실질적이며 진실한 친밀감에 기초해야만, 가난한 이들이 걷는 해방의 길에서 우리는 그들과 합당하게 동행할 수 있습니다.(198항)"라고 말한다. 이 문헌을 발표하며 교황은 "비록 오랜 역사적 뿌리를 지니고 있다 하더라도, 복음의 핵심에 직접 연결되어 있지 않은 일부 관습을 교회는 두려워하지 말고 재고해야 한다."고 밝힘으로써 교회의 쇄신을 촉구하였다. 따라서 교회의 복음화는 가시적인 교회의 확장을 말하는 것이 아니라, 빈곤과 부조리를 없애고, 전인적 해방을 통해 인류 공동체의 공동선을 증진하는 것을 의미한다. 교황이 방한 기간 중 "이 시대의 순교는 가난하고 억눌린 사람들의 아픔을 함께 나누는 것"이라고 표명한 것 또한 바로 이런 맥락에서 이해될 수 있을 것이다.

이 점을 생각할 때, 방한 기간 동안의 교황의 말과 행동이 우리에게 의미심장한 메시지를 던지고 있음을 보게 된다. 아이를 안고 여러 사람에게 눈을 맞추며 인사하는 소탈한 '아버지의 모습'을 보이는 가운데 교황이 우리에게 보낸 메시지의 핵심은 과연 무엇인가? 교황은 "나는 당신들을 기꺼이 안아줄 수 있다. 위로든, 격려든, 조언이든, 당신들에게 필요한 메시지를 줄 수 있다. 내가 줄 수 있는 것이라면 무엇이든 다 줄 수 있다. 그렇지만, 산은 당신들이 오르는 것이다."고 말했다. 어쩌면 이 안에 교황이 우리에게 말하고자 하는 핵심이 담겨있는 것이 아닐까? 그의 환한 미소와 가난하고 억눌린 이들에게 서슴없이 다가가는 행보는, 단지 치유를 위한, 전쟁이 없는 평화 상태에 만족할 것이 아니라 나와 같이 이렇게 세상을 변화시켜 가자고 요구하는, 하나의 의례이자 상징이 아니었을까? 교황은 한국을 떠나는 고별사에서 "나에게 보내 준 성원과 열광에 감사드립니다. 이제 충분합니다. 여러분은 나의 말과 행동이 뜻하는 상징을 읽어 봐 주세요. 그리고 그 상징을 여러분이 먼저 실천해 보세요. 내가 한 것들을 따라 하는 데 공을 들여 보세요. 나는 사실 답이 없습니다. 답은 여러분 안에 있습니다."라고 하여, 자신이 영웅이 아닌 하느님 안에서의 한 인간임을 분명히 드러내면서 빈곤과 억압이 없는 정의로운 세상을 만드는 데 동참할 것을 촉구하고 있다.

정치, 경제, 문화, 종교 등을 망라한 현대 사회 안에서 정의는 뜬구름 잡는 이상이나 공리주의적 해석 속에서 실현되는 것이 아니다. 구성원의 의식 변화를 통해 비로소 체제가 바뀌고 사회의 근본적인 쇄신이 이루어진다. 이러한 점에서, '모든 이에게 모든 것을' 주는 정의로운 사회는 '가난한 자의 우선적 선택'을 통해서만 이를 수 있다는 프란치스코 교황의 선언은 의미가 있다. 그리고 바로 이것이 그가 선포한 '정의의 결과로 이루어지는 평화'일 것이다. 스스로 인간 내면의 지난한 고통을 치유하는 데에 머물지 않고 나아가 고통받는 다른 이를 끌어안는 정의, 가난한 이를 우선적으로 선택하는 우리 안의 의식적인 노력, '전쟁이 없는 상태를 평화라고 믿고자 하는' 길들여진 안일함에 대한 반

스스로 인간 내면의 지난한 고통을 치유하는 데에 머물지 않고 나아가 고통받는 다른 이를 끌어안는 정의, 가난한 이를 우선적으로 선택하는 우리 안의 의식적인 노력, '전쟁이 없는 상태를 평화라고 믿고자 하는' 길들여진 안일함에 대한 반성, 이것이야말로 프란치스코 교황이 던진 메시지가 아닐까?

성, 이것이야말로 프란치스코 교황이 던진 메시지가 아닐까? 가톨릭 교회의 교종(敎宗)인 교황을 통해 신자가 아닌 이들도 함께 열망하고 치유받고자 했던 몸짓이 '단지 전쟁이 없는 상태인 평화'를 추구하는 것으로 해석되고 만다면, 온 나라가 열광했던 교황의 방문은 퇴색하는 역사 속의 한 사건으로 기억될 뿐이다.

교황이 떠난 지금, 그가 한국에 와서 전하고자 했던 메시지는 어떻게 기억되고 있는가? 교황이 전하고자 했던 '정의의 결과로 이루어지는 평화'가 우리 안의 소통을 통해 가난이 한 개인의 문제가 아니라 인류가 함께 해결하고 극복해야 할 '악'임을 인식하고 이를 극복하는 것을 뜻함을 기억하고 있는가? 왜 가난한 자를 통해 하느님의 정의가 이루어지는지 그 의미를 되새기고 있는가? 교황이 사제와 수도자들에게 한 "성질이 고약한 노총각, 노처녀가 되지 말라"는 말의 뜻을 헤아리고 있는가? 우리의 의식의 변화와 교회의 각성을 요구하는 그의 연대의식을, 그가 전하고자 한 상징을 기억하고 있는가?

우리를 다녀간 프란치스코 교황의, 화해와 평화를 위한 몸짓과 메시지를 우리는 어떻게 기억하고 있는가?

● 최현주(2014.8.26)

종교개혁 500주년과 프로테스탄트 패러다임의 미래

보드룸에 왔다. 보드룸은 기원전 8세기경에 세워진 터키의 해변도시다. 항구 입구에는 성 베드로성으로 알려진 보드룸성이 있다. 터키 국기가 휘날리는 보드룸성 앞에는 요트들이 정박해 있다. 이 풍광에서 정치와 종교와 자본주의가 집약된 역사의 현장을 본다.

보드룸성은 15세기 초 십자군이었던 성 요한기사단이 20년에 걸쳐 세운 성이다. 이 기사단이 다국적 출신인 까닭에 성안의 탑 이름도 영국탑, 이탈리아탑, 독일탑, 프랑스탑이다. 성 요한기사단은 보드룸성과 로도스섬을 거점으로 16세기 초까지 지중해 각지를 습격하고 다니다, 1522년 술탄 슐레이만 1세에 의해 쫓겨났다. 보드룸성은 십자군 최후의 거점이었다. 십자군 시대가 저물어가던 500년 전, 새로운 형태의 그리스도교가 나타났다. 1517년 마르틴 루터의 종교개혁이다.

2017년은 종교개혁 500주년이 되는 해다. 독일 정부는 수년 전부터 종교개혁 500주년 행사 준비를 시작했다. 한국 개신교회도 종교개혁 500주년을 맞이해 여러 행사를 계획하고 진행하고 있다. 그런데 종교개혁 500주년이 되면, 500주년을 기념하면, 종교개혁의 후예들이 지난

보드룸성은 십자군 최후의 거점이었다.
십자군 시대가 저물어가던 500년 전, 새로운 형태의 그리스도교가 나타났다.
1517년 마르틴 루터의 종교개혁이다.

500년 동안처럼 세계 그리스도교나 세계 역사를 다시 쓸 수 있는 역량과 힘을 유지할 수 있을까 하는 의문이 든다.

어쩌면 2017년 종교개혁 500주년 기념은 그리스도교 역사에서 프로테스탄트 시대의 마감을 확인하는 마지막 불꽃놀이 행사일지도 모른다는 생각이 든다. 종교개혁으로 인해 등장한 프로테스탄트 패러다임의 시대가 저물어가고 있는 것으로 보이기 때문이다.

일반화가 갖는 오류나 위험에도 불구하고 다소 거칠게 그리스도교 패러다임을 이야기할까 한다. 종교개혁은 그리스도교 역사에서 개신교 패러다임을 만들어냈다. 그리스도교를 그 특징과 역사적 전개 과정에 따라 몇 가지 패러다임으로 나누어서 이야기한다. 동방정교회 패러다임, 로마가톨릭교회 패러다임, 프로테스탄트 패러다임 등이 그것이다.

루터의 종교개혁에서 촉발된 프로테스탄트 패러다임은 다른 패러다임과 구별되는 특징이 있다. 로마가톨릭교회가 제국–교회(empire-church)였다면, 프로테스탄트교회는 국가–교회(state-church)다. 종교개혁 이후 등장한 프로테스탄트교회는 근대 민족국가를 기반으로 성립한다. 로마가톨릭교회가 국가와 민족, 언어를 넘어서 존재한다는 의미에서 제국교회였다면, 프로테스탄트교회는 국가와 교회가 일치하는 국가교회였다. 독일이나 북유럽의 루터교회, 영국의 성공회, 체코나 헝가리 등 동부 유럽의 개혁교회, 스위스나 네덜란드 등 중부 유럽의 개혁교회 등이 모두 국가-교회 형태로 존재했다. 이들 국가-교회는 종교개혁 이후 500년 동안 그리스도교 질서의 한 축을 담당했다.

이 기간 동안 동방정교회 역시 제국-교회에서 국가-교회 형태로 성격이 바뀌었다. 이슬람의 확장 이후 더 이상 하나의 정교회를 말하기 어렵다. 그리스정교회, 러시아정교회, 루마니아정교회, 아르메니아정교회 등으로 존재할 뿐이다. 오직 로마가톨릭교회만이 여전히 제국-교회의 형식과 내용을 유지하고 있다.

그런데 지난 500년 동안 국가–교회 패러다임이 주형해온 세계 그리스도교는 역사적으로 근대 식민주의, 경제적으로 국가 자본주의와 동행해 왔다. 국가–교회 패러다임과 근대 식민주의와 국가 자본주의는 선택적 친화력을 가진 서구의, 좀 더 정확히는 유럽의 세 얼굴이다. 제2차 세계대전 이후 근대 식민주의와 국가 자본주의는 형식적으로는 해체되었다. 그 자리를 대체한 것이 오늘날 다국적기업과 글로벌 금융 자본주의이다. 그리고 결정적으로 정교분리가 명문화되었다. 프로테스탄트 패러다임과 동행하던 근대 세계 체제가 바뀌었으니 이 패러다임이 온전할 리 없다.

프로테스탄트 패러다임은 국가–교회를 기반으로 한다. 한 국가 내 모든 그리스도교회의 모임을 교회협의회(National Council of Churches)로, 전 세계 그리스도교회 모임을 세계교회협의회(World Council of Church)로 구성했다. 유럽 교회들은 이 국가-교회 시스템을 자신들의 식민지였던 아시아와 아프리카에 이식했다. 식민지 각국에 교회협의회를 구성하고 이를 유지하기 위해 인적 물적 지원을 아끼지 않았다. 이렇게 유럽 교회의 국가-교회 체계는 식민지 시대를 통해 아시아와 아프리카까지 확장되었다. 서구 교회가 연합운동의 역사적 출발로 삼는 1910년의 에든버러 세계선교대회의 계기도 사실은 식민지에서 선교를 더 효율적으로 확장하기 위한 것이었다.

프로테스탄트 패러다임의 변화 증상은 이렇다. 국가-교회 시스템은 국가와 교회의 유기적 연결이 핵심이다. 교회가 국가의 사제가 되고 국가는 교회를 대신해서 경제적 측면을 담보해주는 것이다. 그런데 국가가 더 이상 종교세를 비롯한 교회 지원을 하지 않으면서, 즉 실제적 의미에서 정치와 종교를 분리하면서, 세속사회에서 인적 자원의 손실에도 근근이 버티어 오던 국가-교회들은 심각한 상황에 직면하게 된다. 독일과 북유럽의 루터교회, 영국의 성공회, 서유럽의 개혁교회, 사회주의 이후 동유럽 개혁교회가 그것을 경험하고 있다.

유럽 교회들의 위기는 자연스럽게, 이들의 경제적 지원 속에 간신히 체제를 유지하던, 국가-교회 체제에 편입해 있던 아시아와 아프리카 교회들의 위기로 연결된다. 식민지 시대 이후 유럽의 국가-교회가 만들었던 체제가 잘 작동하지 않고 유지하기도 어려운 것이다. 세계교회협의회도 마찬가지이다. 유럽교회의 지원 약화, 좀 더 엄밀하게는 유럽 국가들이 그동안 교회를 통해 제3세계에 재정 지원하던 것을 정교 분리의 명목으로 교회와 분리해 따로 지출을 하면서 세계교회협의회 체제 역시 위기에 있다. 재정 위기는 인적 물적 자원의 감소로 이어지고, 조직과 기관의 역할과 영향력이 줄어든다.

물론 이런 위기가 세계 그리스도교의 위기라고 할 수는 없다. 이것은 프로테스탄트 패러다임의 위기일 뿐이다. 여전히 아시아와 아프리카에서는 그리스도교가 지속적으로 성장하고 있다. 현재 아시아와 아프리카, 남미에서 성장하는 교회들은 엄밀한 의미에서 프로테스탄트 패러다임에 속하지 않는다고 할 수 있다.

이것은 로마가톨릭 패러다임이나 프로테스탄트 패러다임과는 다른 새로운 패러다임으로 오순절이나 은사주의적(charismatic) 특징을 지닌다. 이것은 제국-교회도 국가-교회도 아닌 그냥 개별교회(individual church) 패러다임이라고 불러야 할 것 같다. 이들 신생 교회들은 정교 분리로 출발한 북미에서 발원해서, 전 세계로 확장하면서 자신의 패러다임을 만들어 가고 있다. 이 교회들은 유럽과 북미의 프로테스탄트 교회의 이름을 지니고 있을지라도, 그 형식과 운영은 전통적인 위계적 조직이나 교구 시스템을 벗어나 개별 교회 특징을 지니고 있다. 또한 교구 중심의 국가-교회에서는 상상하기 어려운 초대형교회(Megachurch)로 나타나기도 한다. 이런 초대형교회는 교회협의회 (NCC)나 자신이 속한 교단 자체보다 더 큰 영향력을 행사한다. 나아 가 초대형교회는 엄청난 물적 토대를 기반으로, 국내에서는 지교회 설 립을 통해, 해외에서는 선교사 파송, 선교지 교회나 신학교 설립, 일반 교육과 의료시설 등의 사회복지 기관을 통해, 국가-교회와는 다른 개 별교회의 사적 네트워크를 구성하기도 한다. 이들 교회의 조직과 운영 은 다국적 기업을 연상케 한다.

종교개혁 500주년을 맞이하면서, 프로테스탄트 패러다임의 쇠락과 그리스도교 안에서 새로운 패러다임의 등장에서, 그리스도교 역시 생 로병사를 경험하는 역사 속의 실체라는 것을 확인한다. 500년 전 프로 테스탄트의 등장과 도전에서 로마가톨릭교회는 트리엔트공의회를 통 해 교리 정비와 교황 친정체제의 강화, 라틴아메리카라는 새로운 종교 영토의 확장을 통해 위기에 대처했다. 오늘날 프로테스탄트교회에 이 런 과거의 방식이 유효하거나 가능할 것으로 보이지 않는다. 위기에 처한 프로테스탄트 패러다임의 앞날이 어떻게 전개될지 궁금하다. 또 500년이 지난 후에 오늘의 그리스도교를 어떻게 평가할지 궁금하다.

●신재식(2016.2.23)

종교개혁과 점성술
—루터 시대의 말과 이미지

2017년은 프로테스탄트 종교개혁의 중요한 출발점이 된, 마르틴 루터의 일명 '95개조 반박문'이 나온지 500년 되는 해다. 종교개혁 500주년이라는 이름 하에 이미 작년부터 세계 각지에서 여러 학술 행사와 전시회 등이 기획되고 있는 와중에, 지난해 10월부터 올해 1월까지 미국 뉴욕의 모건 도서관과 박물관(The Morgan Library & Museum)에서는 "말과 이미지: 마르틴 루터의 종교개혁(Word and Image: Martin Luther's Reformation)"이라는 전시회가 열렸다. 이 전시회는 루터의 종교개혁이 무엇보다도 인쇄술의 발달이라는 미디어의 변혁에 힘입어 진행되었으며, 이때 단순히 성서와 문자 인쇄물만이 아니라 다양한 이미지 인쇄물이 쏟아져 나오며 당대 종교와 사회에 관한 시각의 첨예한 대립점들을 형성했다는 것을 보여주었다. 그래서 이 전시회에 대한 기사를 쓴 뉴욕타임즈 기자는 "트위터의 시대 한참 전에, 마르틴 루터는 미디어의 선구자였다"라는 제목을 달기도 했다.

그런데 지금으로부터 100년 전, 그러니까 1917년, 루터의 반박문으로부터 400년이 되던 해에 이미 독일의 미술사학자 아비 바르부르크

(Aby Warburg, 1866~1929)는 루터 시대의 말과 이미지에 관해 관심을 갖고 이에 대한 강연을 준비하고 있었다. 이후 그는 이 강연의 원고들을 정리해서 "루터 시대의 말과 이미지에 나타난 이교적 고대의 예언(Heidnisch-antike Weissagung in Wort und Bild zu Luthers Zeiten)"이라는 논문으로 출판했다. 이 논문에서 바르부르크는 루터의 가장 가까운 친구이자 신학자였던 필립 멜랑히톤(Philip Melanchthon)이 당대의 유명한 점성술사 요한 카리온(Johann Carion)에게 쓴 편지를 인용하며, 멜랑히톤이 카리온에게 딸의 별자리 및 게자리 위에 출현한 혜성의 의미를 묻는 등 점성술에 대해 적극적인 관심을 드러냈다는 것을 보여줬다. 종교개혁의 정신을 대변하는 멜랑히톤이 고대의 미신처럼 여겨지는 점성술에 지극한 관심을 가지고 있었다는 것이 낯설게 다가올 수도 있지만, 바르부르크는 멜랑히톤에게 인문주의자, 신학자이면서 동시에 점성술을 적극적으로 정치에 활용하는 저널리스트의 모습이 공존하고 있었다고 지적한다. 멜랑히톤의 이러한 측면을 가장 잘 보여주는 것이 루터의 출생일을 둘러싼 논란이다.

루터는 1483년 11월 10일에 태어났다. 그런데 다음 해, 즉 1484년은 오래전부터 점성술에서 목성과 토성이 전갈자리에서 겹쳐지면서 불길한 대 변화를 가져올 해로서 예언되고 있었다. 이 예언을 이용해서 이탈리아의 점성술사 루카스 가우리쿠스(Lucas Gauricus)는 루터의 생일을 1484년 10월 22일로 조작한 호로스코프를 만들어 퍼뜨리며 루터가 큰 재앙을 가져오는 자라는 비방을 부추겼다. 점성술에 대해 거의 언제나 강한 불신과 반대를 표명한 루터 자신은 이같은 소문이 터무니

없는 조작이라고 말했지만, 루터의 가장 측근이자 동지인 멜랑히톤은 놀랍게도 꽤 오랫동안 루터의 출생일에 대해 애매모호한 태도를 취하며 오히려 1484년을 더 선호하는 모습을 보여주었다. 즉 그는 점성술사 가우리쿠스의 말 자체를 부인하는 것이 아니라 오히려 1484년이라는 해에 대한 다른 해석, 즉 이때 재앙이 아닌 중요한 개혁을 이끌 선지자의 탄생이 이뤄졌다는 소문을 퍼뜨리고 싶어 했던 것이다.

점성술을 종교적 정치적 투쟁에 직접적으로 이용하는 것에 대해서는 루터와 멜랑히톤의 의견차가 있었지만, 점성술의 이미지를 활용해 여론을 형성하고자 한 시도에는 루터 역시 어느 정도 관여했다. 15세기 말부터 사람들에게 큰 영향력을 끼쳤던 리히텐베르거(Johannes Lichtenberger)의 예언서에는, 두 수도사가 서 있고 그중 한 수도사의 어깨 위에 작은 악마가 올라가 있는 목판화가 실려 있었다. 어깨 위에 악마를 얹은 이 수도사는 보통 재앙을 가져오는 '거짓 예언자'로 해석되었고, 루터가 로마 교회에 반기를 든 이후에는 교황의 지지자들이 이 거짓 예언자 수도사를 루터로 해석하는 일이 많았다. 그러자 오히려 루터는 1527년 이 예언서가 독일 비텐베르크에서 다시 출판될 때 여기에 직접 서문을 써서, 이 수도사의 어깨 위에 있는 악마야말로 경건한 수도사를 공격하려는 악마, 즉 교황과 그 지지자들이라고 반박했다.

점성술, 예언과 관련되어 기형적 동물의 출현을 묘사한 이미지 역시 당시에 논쟁적으로 사용되던 이미지였다. 1490년대 로마에서 나온 소위 '교황 당나귀' 이미지와 1522년 작센주에서 태어난 기형적 송아지를 '수도사 송아지'로 묘사한 이미지는 대표적인 예다. 멜랑히톤과 루

Deutung der grewlichen
Figurn Bapſteſels/zu Rom funden.

Durch Herrn Philippum
Melanthon.

점성술, 예언과 관련되어 기형적 동물의 출현을 묘사한 이미지 역시 당시에 논쟁적으로 사용되던 이미지였다. 1490년대 로마에서 나온 소위 '교황 당나귀' 이미지와 1522년 작센주에서 태어난 기형적 송아지를 '수도사 송아지'로 묘사한 이미지는 대표적인 예다. (출처: Anonymous 16th-century, https://commons.wikimedia.org/wiki/File:Bapstesel_-_2.png, CC BY-SA 3.0)

터는 이 두 이미지에 각각 자신들의 해석과 주석을 첨부한 문서를 만들었다. 이 문서에서 멜랑히톤은 '교황 당나귀'의 기형적 형태가 교황권과 로마교회의 타락의 상징이라 주장했고, 루터 역시 '수도사 송아지'의 기형적 형태는 사제들의 타락과 직권남용의 상징이라고 말했다(그런데 이 '교황 당나귀'가 여성의 몸을 취하고 있는 것에는 따로 좀 주목해봐야 할 것이다). 루카스 크라나흐(Lucas Cranach)가 제작한 '교황 당나귀'와 '수도사 송아지'의 목판화 이미지에 루터와 멜랑히톤의 주석이 첨가된 이 문서는 1523년 한 해 동안 열 번이 넘게 출판되었고, 종교개혁 시기 가장 널리 알려진 논쟁적 이미지가 되었다.

바르부르크는 종교개혁 시기에, 기이한 자연현상에 대한 오래된 공포와 예언이, 이제 새로 시작된 인쇄술이라는 미디어의 발달과 더불어 유럽 전역을 날아다니며 서로 다른 종교적 정치적 이미지로 전유되어 해석되는 '슬로건 이미지(Schlagbild)'의 시대가 열렸다고 지적한다. 그리고 바르부르크가 살았던 당시, 즉 제1차 세계대전 시기에도 이미지는 이러한 방식으로 강력한 정치적 선전·선동의 도구로 사용되고 있었다. 바르부르크의 논문 후반부는 뒤러의 목판화를 분석하며, 뒤러와 루터의 태도를 고대적 이교적 점성술의 세계로부터 탈피하고자 하는 인간 이성의 노력으로 바라보지만, 그러나 그는 끝끝내 신화적 세계가 이성과 합리적 사고의 세계에 의해 극복되었다고 생각하지 않았다. 그는 루터의 종교개혁 시대를 고대의 미신적 이미지의 세계가 근대의 이성적 말의 세계에 의해 극복된 시대로만 바라보는 것이 얼마나 단순하고 그릇된 사고인지 보여주면서, 불안한 사회 속에서 고대의 종교적 이미지들, 과거의 유령들이 끊임없이 소환되며 이들이 저마다의 서로 다른 정치적 맥락에서 재인용되고 재생산되는 모습을 감지했다. 그리고 바르부르크가 감지한 이러한 현상은 그로부터 100여 년이 지난 오늘날에도 여전히 반복되고 있다. 단지 이전 시대와는 또 다른 새로운 미디어들이 이를 지배하고 있을 뿐이다.

● **최화선**(2017.2.28)

올림픽과 달력, 그리스도교

김연아였다, 예상대로. 2018년 평창 동계 올림픽에서, 아이스하키 남북 단일팀의 두 선수로부터 성화를 이어받아 성화를 점화하면서 개막식 하이라이트를 장식했다. 피겨 스케이팅의 '여왕'이 '동계 올림픽의 아이콘'이 되었다고 한다. 동계 올림픽은 1924년부터 시작되지만, 피겨 스케이팅은 1908년 런던 올림픽에서 정식 종목이 된다. 피겨 스케이팅 종목 때문에, 1908년 런던 올림픽은 여름과 가을 두 시기에 나뉘어 진행되었다.

1908년 런던 올림픽은 피겨 스케이팅의 정식 종목 채택 말고, 또 다른 에피소드가 있다. 제정러시아 대표단이 12일이나 늦게, 폐막식이 끝난 이후에 런던에 도착했다. 왜 그랬을까요? 달력 때문이다. 당시 서구 대부분의 나라가 그레고리력을 사용했던 반면, 제정러시아는 율리우스력을 사용했다. 러시아는 1918년에 레닌 주도하에 그레고리력을 받아들였다.

다른 문화권도 마찬가지지만, 서구 문화는 정확한 달력을 만들기 위해 지속적으로 공을 들였다. 서구에서 그리스도교가 지배 종교가 된 이후 종교 전례, 특히 부활절을 정확히 지키기 위해 정확한 달력이 필요했다. 기존에 사용하던 율리우스력은 태양의 경로를 반영한 365.25일의 태양년과 달라서 128년마다 하루가 남는다. 이로 인해 교회력에서 부활절을 정하는 춘분과 맞지 않는 문제가 발생했다. 325년 니케아 종교회의 결과 부활절은 춘분일인 3월 21일로 정해졌지만, 거의 1200년 후인 1582년에는 점점 뒤로 밀려 3월 11일이 되었다. 태양년과 율리우스력의 차이로, 부활절이 원래 춘분 후 첫 보름달 이후 첫 주일이었는데, 점점 더 보름달 시기에서 멀어지게 된 것이다.

이 문제를 해결하기 위해 1575년 교황 그레고리우스 13세가 달력을 개혁했다. 그는 누적된 오차를 해결하기 위해 열흘을 삭제하는 회칙을 내렸다. 그레고리력은 로마가톨릭교회의 중요한 축일이 가장 적은 달을 골라 10월 5일부터 14일까지를 삭제했다. 그 결과 10월 4일 목요일은 10월 15일 금요일로 바로 이어졌다. 한해의 길이를 365일 5시간 16초로 정하고, 오늘날 사용하는 윤년 규칙과 1년의 시작이 1월 1일이라는 내용도 함께 결정되었다. 율리우스력은 128년에 하루 오차가 발생하지만, 그레고리력은 4700년에 하루 오차가 발생한다.

1582년 정식으로 시작된 그레고리력은 전파 과정이 순탄치는 않았다. 새로운 달력이 프랑스, 이탈리아, 스페인 같은 가톨릭 국가에서는 쉽게 받아들여졌지만, 개신교 지역에서는 전파 과정에서 폭력을 동반한 충돌도 종종 발생했다. 독일과 덴마크는 1700년, 영국은 1752년, 스웨덴은 1753년에 그레고리력을 받아들였다. 정교회는 새 역법을 받아들이는 것에 강하게 저항했지만, 불가리아가 1916년, 루마니아가 1917

년, 그리스는 1923년에 그레고리력을 받아들였다. 일본은 1873년, 중국은 1912년, 터키는 1927년에 그레고리력을 채택했다. 그레고리력이 해외로 전파되고 확장되는 과정에서 제국주의의 팽창이 촉매 역할을 했다. 오늘날 그레고리력은 전 세계의 거의 모든 시간을 관장하는 공통 달력의 역할을 한다. 이제 그레고리력은 우리의 일상을 규정하는 지침이 되었다.

시간과 달력을 소유하고 관장하는 것은 권력의 구체적인 표출 행위이기도 하다. 달력을 관장하는 사람은 시간을 소유하고 사람들의 일상을 지배한다. 역사 속에서 시간과 달력은 오랫동안 사제의 영역에 속해 있었다. 신을 위한 축제를 이어가는 데 달력이 중요한 역할을 했다. 종교력을 반영한 달력은 신에게 나아가는 길을 보여주는 형상화된 지도이기도 하다. 그레고리력에 대한 개신교회와 정교회의 반대와 저항의 이면에는, 교황이 그레고리력을 빌미로 다시 종교 권력을 통일하고 장악하려 한다는 생각이 깔려 있었다.

비록 그레고리력이 전 세계의 공통 달력의 위상을 지니고 있지만 모든 문화와 국가가 그레고리력만을 사용하는 것은 아니다. 평창 올림픽이 열리고 있는 기간인 2018년 2월 16일은 설날이다. 우리는 그레고리력과 더불어 여전히 전통 태음력에 따른 삶의 주기를 함께 살아간다. 또한 그리스도교는 2월 14일 '재의 수요일'을 지킨다. '재의 수요일'은 예배나 미사에서 신자들의 머리에 재를 얹거나 이마에 재를 바르면서 참회하는 예전이다. 재의 수요일부터 부활절 전 40일 동안 모든 그리스도인이 회개와 희생, 봉사의 삶을 살겠다고 다짐하는 기간인 사순절이 시작된다. 한국의 그리스도인은 이렇게 올림픽 주간에 일상의 달력과 음력, 교회력에 따른 세 가지 다른 시간에 얽힌 삶을 살아 간다.

평창 동계 올림픽에는 서로 다른 달력을 가지고 살아가는 사람들이 함께 모여 있다. 새해를 시작하는 날도 다르고, 기원년도 다른 다양한 달력을 쓰는 사람들이다. 무함마드의 히즈라를 기원으로 622년이 원년인 무슬림, 새해 시작이 닛산월로 기원전 3760년이 기원인 유대인, 석가모니가 입적한 기원전 544년을 기원으로 하는 불자, 심지어 김일성이 태어난 1912년을 기준으로 주체력을 사용하는 북한사람까지, 다양한 사람이 모여 인류평화라는 올림픽 정신을 구현하고자 한다.

한국 개신교인 일부가 올림픽 기간 동안 이슬람을 위한 이동식 기도처 설치를 적극적으로 반대하고 있다. 테오도시우스 황제가 생각난다. 그는 393년에 올림픽을 이교도 행사라고 폐지시켰다. 2018년의 평창 동계 올림픽에서 이교도의 흔적을 찾아내는 그들의 안목과 판단, 행동이 놀랍다. 2000년 전 중동의 한 지방에서 출발한 달력을 유일한 정통으로 확신하고, 다른 달력을 평가하고 재단하고 폐기하는 것처럼 보인다. 그것은 '세계 평화'를 꿈꾸는 올림픽 정신과도 사뭇 다른 행동이다. 그것이 자신을 버리고 세상을 품었던 그리스도의 삶과 가르침에서 멀리 떨어져 있는 것은 아닌지 궁금하다.

●신재식(2018.2.13)

역사 교과서 국정화와 상고사·고대사 서술

 지난해(2015) 11월 3일 박근혜 정부는 시민사회와 학계의 반대 여론에도 불구하고 역사교과서 국정화를 확정·고시했다. 정부는 현행 검인정 역사교과서가 이념 논쟁의 도구가 돼 국론 분열과 사회적 갈등을 야기해 왔다고 비판하면서 더 이상의 사회적 혼란을 막고 국민통합을 이루고자 이른바 '올바른' 역사교과서를 발행하겠다고 하였다. 그로 인하여 졸지에 현행 검인정 역사교과서들은 한국 사회에 분열과 혼란을 가져온 원흉이 되어 버렸다.

 현재 추진되고 있는 방향은 상고사와 고대사 부분을 늘리고 '논란 많은' 근현대사를 대폭 축소할 것으로 보인다. 중국과 일본의 역사 왜곡 문제를 제기하면서 상고사와 고대사의 보강을 통해 시민들이 우려하는 민족의 정기를 세우겠다고 하였다. 이는 역사 교과서 국정화를 통해 친일과 독재가 미화될 우려가 있다고 반대하는 시민사회와 학계에 대해, 오히려 민족주의를 반영하는 상고사 및 고대사 서술을 강화하겠다고 정부가 반격에 나선 것으로 볼 수 있다.

 정부는 이미 2013년부터 고대 동북아 역사 왜곡을 바로잡는다는 명분으로 상고사 · 고대사에 대해 많은 관심을 보여 왔다. 예컨대 박 대통령까지도 2013년 광복절 축사에서 재야사서(在野史書)를 대표하고 있는『환단고기(桓檀古記)』의「단군세기(檀君世紀)」서문 구절('나라는 인간에 있어 몸과 같고 역사는 혼과 같다')을 직접 인용할 정도였다. 그러나 중국의 동북공정 대응은 북한을 견제할 수 있는 중국의 눈치를 보아야 했고, 일본 우익의 역사 왜곡 대처는 한미일 삼각동맹으로 이미 대응 칼끝이 무뎌지고 말았다. 그러다 보니 정부의 상고사 · 고대사에 대한 관심이 인종주의적 민족주의만 강화하는 쪽으로 흘러가는 것은 아닌지 심히 우려된다.

본래 상고사 · 고대사 서술은 국내 자료가 부족하기 때문에 중국 사서에 의존하거나 지금은 우리의 힘이 미치지 않는 지역의 유물에 의존해야 하는 어려움이 있다. 그 때문에 상고사와 고대사의 많은 부분은 고대로부터 전승된 설화와 같은 '민족의 서사(敍事)'로 채워질 수밖에 없다. 물론 민족 설화의 서사라고 해서 민족공동체의 역사적 삶을 반영하지 않는 것은 아니다. 앞서 박 대통령이 언급한『환단고기』도 선교(仙敎)의 역사인식을 바탕으로 형성된 상고시대 '민족의 서사'라고 볼 수 있기 때문에 아마 상고사 · 고대사 서술에도 참고할 만한 좋은 자료가 될 수도 있을 것이다.

그러나 현재『환단고기』는 강단사학계에서 많은 논쟁을 불러일으키고 있으며 아직도 논쟁 중에 있다. 특히, 사서(史書)로서의 진위논쟁, 즉 금서 비전설(秘傳說)과 근대 위작설(僞作說)이 팽팽하게 대립하고 있다. 강단사학계에서는 아직 역사적인 고증이 불충분하다며 근대 위작설에 무게를 두는 반면, 재야사학자와 민족종교인들은 금서 비전설에 의존하여 사서로서 충분한 가치가 있다고 주장한다. 전자는 후자에 대해 인종주의적 민족주의에 함몰하여 합리적인 판단을 하지 못하고 있다고 비난하고, 후자는 전자에 대해 사대주의와 식민주의에 물들어 있는 역사연구의 기득권층이라고 몰아세운다.

양자의 극한적 대립은 『환단고기』에 대한 '사실의 검증'에만 초점을 두고 있기 때문에 야기된 문제가 아닌가 한다. 우리는 서술된 역사가 오히려 더 신화적이며, 신화의 역사가 더 사실적이고 사실 이상의 의미를 가지는 경우가 적지 않다는 것을 알고 있다. 그런데 이 책은 단순한 역사서가 아니라 국권이 상실된 일제강점기에 민족을 보존하겠다는 민족주의적 신념을 담은 종교서적이다. 본질이 종교서적인 이상, 책에 대한 서지학적 논쟁은 몰라도 종교적인 서사(敍事)에 대한 사실 검증은 그렇게 중요한 문제가 아니다. 유대인의 역사를 담은 『구약성경』의 서사에 대해 누구도 사실 검증을 해야겠다고 나서지 않는다. 실제로 이 책은 단군교와 관련된 단학회(檀學會)나 태백교(太白敎)와 같은 종교단체에서 편찬되었을 뿐 아니라 현재도 그 내용을 적극적으로 지지하는 이들은 대부분 민족주의자이거나 민족종교에 관련된 인사들이다. 물론 종교서적이라고 해서 반드시 역사 서술에 활용될 수 없다는 것은 아니다. 다만 그러한 책에는 종교적인 상상력과 그에 대한 신념이 녹아 있기 때문에 민족의 서사 그 자체를 사실적 역사로 바로 연결시키는 데는 어려움이 있다.

이 책의 내용을 장대한 민족의 서사로 이해한다면, 연구자들은 얼마든지 그것을 가지고 상고사 · 고대사 연구에 지적 나침반으로 사용할 수 있을 것이다. 그러한 지적 작업을 통하여 합리적으로 검증된 사실들은 사실의 역사로서 적극 수용해야 하겠지만, 역사적으로 검증이 필요치 않는 종교적인 내용까지 사실의 역사로 수용하려 한다면 세속적 지식을 추구하는 학계와의 충돌은 피할 수 없을 것이다. 혹시나 '한국적 민족주의'를 실현한다며 1970년대에 폭압적인 유신체제를 만든 것과 같이, 상고사 · 고대사의 보완이 시민의 권리를 억압하는 국가주의적 이데올로기의 강화에 동원되지 않을지 걱정이 앞선다.

● 윤승용(2016.1.26)

대한민국 대통령과 켈로그의 종교 사용법

몇 해 전에 이른바 '국정농단'으로 인한 사회적 분노가 들끓었을 때, 그러한 국정농단의 배후에 여러 종교를 혼합한 '사이비 종교'(?)의 창립자인 최태민 목사와 그 일가가 있다는 점에서 허탈감을 느끼는 사람들이 많았다. 대통령과 연관된 종교에 대한 호기심과 함께 여러 이야기가 무성하게 퍼져 나갔다. 정치권력과 종교권력의 공생 관계가 새삼스러운 주제는 아니지만, 이번 경우처럼 생소한 종단이 국가의 최고 권력자와 연관되어 언급되는 경우에는 사회적 관심도가 남다를 수밖에 없다. 그런데 이번처럼 사람들의 입에 오르내리는 이야기의 성격과는 다른 각도에서 대통령과 종교의 관계를 언급할 필요가 있다. 곧 종교를 관념의 덩어리보다는 물리적 실체로서 간주하면서 그것이 어떻게 주체의 목적을 위해서 사용되는지를 생각해보는 것이다. 그리고 이런 생각에는 자연히 종교를 올바르게 사용해야 하는 주체의 책임과 의무도 포함된다.

켈로그의 사례는 종교 사용법의 의미를 생각하게 한다. 윌 케이스 켈로그(Will Keith Kellogg, 1860~1951)는 오늘날 식품매장에서 쉽게 볼 수 있는 시리얼을 창안한 인물이다. 그가 시리얼을 창안한 장소는 그의 형, 존 하비 켈로그(John Harvey Kellogg, 1852~1943)가 관장하던 배틀크리크 요양원(sanitarium)이었고, 이 요양원을 설립한 기관은 제칠일안식일예수재림교회(Seventh-day Adventist Church, 이하 재림교회)였다. 두 형제는 재림교회 신자의 가정에서 태어나 성장했고, 존 하비 켈로그의 경우에는 그 종단의 지원을 받아 미시건 의과대학과 뉴욕시의 벨뷰종합병원(Bellevue Hospital)에서 당대의 최신 의학을 공부하고 의학박사 학위를 받을 수 있었다. 윌 케이스 켈로그는 빗자루를 판매하는 회사에서 근무하다 형의 권유로 요양원으로 직장을 옮겼다.

그들은 자신들의 종교 공동체로부터 정신적인 힘만이 아니라 실제적인 지원을 받았으니 재림교회에 대한 그들의 신뢰는 대단했을 것으로 짐작된다. 그런데 그들의 종단은 당대의 기성 교회에서는 소위 '이단'으로 간주되는 경우가 많았다. 그 이유는 여러 가지겠지만, 주로 재림교회의 특이한 관점과 행위가 지적되곤 한다. 곧 환시와 계시에 근거한 신학적 관념, 토요일 예배, 채식주의, 커피, 차, 담배 등과 같은 자극적인 식품의 기피, 신체적·영적 청결주의, 급진적 종말론 등과 같은 것이다. 베틀크리크 요양원도 재림교회의 핵심 창립자이자 엘렌 화이트(Ellen G. White, 1827~1915)가 받은 계시에 따라서 설립된 것이었다.

'특이한' 혹은 '이상한' 교단에 의해 설립되어 당대의 의학적 치료법과도 사뭇 다른 치료법이 실천되는 이 요양원이 우리나라에 널리 퍼진 치유를 내세우는 기도원과 유사했을 것이라고 생각하면 큰 오산이다. 이 시설에는 토머스 에디슨, 헨리 포드, 존 록펠러, 워런 하딩, 윌리엄

타프트 등과 같은 저명한 과학자, 기업인, 정치가를 비롯해서 조지 버나드 쇼와 같은 작가, 예술가, 영화계 인사들이 즐겨 방문했다. 이 요양원에는 입욕시설, 호텔, 레스토랑, 대학, 종합병원 등이 함께 갖추어져 있었고 질병 치료와 건강을 위한 구체적인 프로그램이 마련되어 있었다. 1876년 요양원에서 근무하던 동생 켈로그는 형과 함께 콘 플레이크(corn flakes)를 우연히 고안하게 된다. 이 간편식의 원래 명칭은 시리얼 그래놀라(cereal Granula)였는데 1881년에 콘 플레이크로 명칭이 바뀌었다. 콘 플레이크는 두 형제에게 부와 명성을 안겨주었지만 동시에 형제간의 관계를 멀어지게 만들기도 했다. 특히 시리얼 제조법의 공개로 인해 유사한 시리얼 회사들이 우후죽순으로 출현한 일은 둘의 관계에 치명적인 영향을 미쳤다. 동생은 시리얼 제조법의 공개를 반대했던 반면에, 형은 자신의 환자에게 시리얼 제조법을 알려주었는데, 그 대표적인 인물은 오늘날 상품진열대에서 켈로그 시리얼과 함께 볼 수 있는 포스트 식품회사를 만든 찰스 윌리엄 포스트(Charles William Post, 1854-1914)였다. 이 일로 인해 동생은 형에게서 독립해서 1906년 오늘날의 켈로그사(Kellogg Company)를 설립하게 된다.

켈로그사는 동생 켈로그에게 많은 부를 안겨주었는데, 1930년에 켈로그는 오늘날의 윌 케이스 켈로그 아동복지재단(W. K. Kellogg Child Welfare Foundation)으로 알려진 기관을 설립하고 1934년에 이 재단에 당시의 금액으로 6천 6백만 달러, 오늘날의 금액으로 대략 12억 달러에 달하는 막대한 기금을 기부했다. 이 재단은 아동을 위한 교육, 의료, 복지, 문화 등과 관련된 연구와 프로그램 운영을 위한 재정 지원을 중심 사업으로 삼고 미국을 비롯해서 아프리카와 중남미 등에서 현재까지 운영되고 있다.

오늘날 문제가 되듯이 정경유착에 의해 '국가를 위한' 재단 설립이 쉬운 우리나라에서 기업의 재단 설립과 복지 활동이 뭐 대수냐고 생각된다면, 노동과 삶의 질을 바라보는 그의 관점을 살펴보라. 그러면 그를 바라보는 시선이 좀 달라질 것이다. 그는 자신이 사장으로 임명한 루이스 존 브라운의 의견을 바탕으로 일찍이 6시간 노동제를 도입해서 실행해 옮겼다. 그때가 바로 미국이 1930년 대공황에 진입하던 시기였다. 켈로그 경영진은 6시간 노동제가 '일자리 나눔'을 통한 실업난 완화와 늘어난 여가 시간을 통한 노동자의 자유롭고 창의적인 문화생활을 가져올 것으로 확신했다. 켈로그사의 경영진은 시간당 임금을 올림으로써 노동 시간의 단축에 따른 임금 감소에 대한 노동자의 우려를 잠재우면서 1931년 4월 14일에는 6시간 노동제의 영구화를 발표했다.

6시간 노동제를 과감하게 도입한 켈로그의 방식은 미국 사회에서 '해방적 자본주의'의 실현으로 평가되는가 하면, 각계에서 일자리 나눔 운동이 전개될 정도로 노동계, 재계, 정계로부터 많은 관심과 호응을 불러일으켰다. 그러나 정작 주당 30시간 노동제의 법제화가 대두되자 재계와 정계는 성장 둔화와 노동 시간 단축에 따른 비용 문제 등의 이유를 내세우면서 경제성장과 정부 개입을 통한 '일자리 창출'이라는 루스벨트의 정책을 지지하고 나섰다. 이후 일과 여가의 균형을 찾으면서 해방적 자본주의를 가동하려는 사회적 열의는 미국 사회에서 소멸되었다. 켈로그사도 경영진이 바뀌면서 점차 8시간 노동제로 전환했지만, 1985년까지 노동자의 일부는 6시간 노동제를 지킬 수가 있었는데, 그것은 6시간 노동제의 영구화에 대한 초기 경영진의 약속에 따른 것이었다.

월 케이스 켈로그가 일과 여가의 균형을 강조했던 배경에는 프로테스탄트적 금욕과 성실과 근면을 강조했던 자기 아버지의 가정교육, 배틀크리크 요양원에서 15시간 이상의 과로로 인한 후유증, 그리고 재림교회의 토요일 안식일 준수가 신자들의 직업 활동에 장애를 준다는 인식이 자리하고 있었다. 그는 6시간 노동제의 도입을 통해 생기는 여가 시간을 가치 있게 보낼 수 있도록 지역 사회와 회사에 레크리에이션 프로그램, 운동시설, 놀이터, 공원, 도서관, 수영장 등을 제공했다. 또한 회사 노동자들에게 땅과 접촉하는 기회를 가질 것을 강조하면서, 회사가 무상으로 제공하는 텃밭을 가꾸도록 권장했다. 그는 자연과의 긴밀하고 활발한 접촉을 통해 치유의 효과를 얻을 수 있다고 확신했기 때문이다. 이렇게 그는 공공영역의 확장을 통해 사회복지와 공공의 건강, 그리고 노동자의, 인간의 지속적인 자유와 행복을 확보하고자 했다. 이처럼 그는 종종 '이단'으로 지적되는 재림교회로부터 얻은 정신적·물질적 자산을 바탕으로 공공영역의 확장과 복지를 위해 노력했고 그러한 사회적 책무를 신의 뜻으로 인식했다.

나는 지난날에 있었던 국정농단의 사태를 바라보면서 종교권력과 국가권력, 시민사회와 종교집단, 그리고 개인과 종교 간의 적절한 관계 설정의 중요성이 필요하고, 주체의 합리적인 종교 사용법이 그러한 관계 설정의 기초가 된다는 점을 강조하고 싶다. 종교는 종종 인간의 이성적 판단을 배제하면서 상징적 장치를 통해 맹목적인 신앙과 헌신을 유도하여 인간을 반쪽짜리로 만들곤 한다. 종교에 대한 맹목성은 종교인을 사회로부터 고립시켜 사회적 현실을 볼 수 없게 만듦으로써 종교와 권력의 결합을 위한 도구로 전락시킨다. 이 점에서 켈로그와 지난 대통령의 종교 사용법에는 큰 차이가 있다. 켈로그는 기성 교회로부터 비난을 받는 종단의 신자였지만, 그 자신은 그 종교에서 중요한 정신적 가치를 발굴하고 사회의 발전을 위해서 적극 활용했다. 반면에 국정농단을 불러일으켰던 대통령은 공과 사의 경계를 무너뜨리면서까지 창교자의 자녀들과 관계를 공고히 함으로써 국가 행정과 기능의 사유화에 이르게 했다. 대통령과 같은 중요한 공적 책임을 지닌 자들은 잘못된 종교의 사용이 종교권력의 양산과 사회의 공적 기능을 약화시키는 요인으로 작용한다는 점을 인식해야 하고, 권력의 주위를 맴도는 종교 경영인과도 철저히 거리를 두어야 한다. 그러한 속물들로부터 얻을 수 있는 것은 아무것도 없다. 지난날에 우리가 겪은 국정농단의 사태는 우리 스스로 자신의 종교 사용법을 타자/사회와의 (관용과 배려와 정의로움과 나눔에 기초한) 관계 속에서 꼼꼼히 점검해야 할 필요가 있음을 알려주는 중요한 계기가 된다.

● 박상언(2016.11.8)

사실과 허구의 경계에서 무너져가는 영화 〈나랏말싸미〉를 애도하며

오늘로(2019.8.6) 영화 〈나랏말싸미〉(감독 조철현, 출연 송강호, 박해일, 故 전미선, 7월 24일 개봉)가 개봉한 지 딱 2주째다. 〈나랏말싸미〉는 개봉 전부터 꽤 주목받았던 영화다. 세종대왕의 한글 창제라는 소재의 최초 영화화, 극영화 최초의 해인사 장경판전 실내 촬영, 잘 알려지지 않았던 숨은 이야기들, 여러 사극영화로 인정받아온 각본가의 감독 데뷔작, 명배우들의 열연 등 제법 내세울 거리가 많은 영화였다. 개봉 얼마 전 고(故) 전미선 배우가 스스로 세상을 뜨고, 영화의 원작 권리자임을 주장하는 한 출판사가 상영금지 가처분 소송을 걸기도 했지만, 어쨌든 영화는 이런 슬픔과 악재를 딛고 기대 속에 예정대로 개봉했다.

그런데 개봉 첫날 관객 수 15만 명으로 당일흥행 1위를 하기는 했지만, 이는 1,211개 스크린 수에 113만 개 좌석 수라는 양호한 여건 속에서 경쟁작 없이 홀로 개봉한 제작비 130억 원짜리 영화치고는 암울한 성적표다. 게다가 개봉 전까지만 해도 암묵적 우려에 불과했던 '역사 왜곡' 문제가 개봉과 동시에 실제 문제로 불거지면서 영화의 흥행에도 빨간불이 켜졌다. 감독이 직접 나서서 역사 왜곡 논란에 대한 해명을 시도했지만, 대중의 마음을 되돌리기엔 이미 역부족이었다. 게다가 새로운 기대작들의 개봉과 흥행성공(〈엑시트〉, 〈사자〉 등), 기존 흥행작들의 꾸준한 선전(〈알라딘〉, 〈라이온 킹〉 등)으로 〈나랏말싸미〉의 흥행은 주저앉았고, 개봉 13일차였던 어제(8.5)는 스크린 수 238개에 관객 수 4,255명으로 누적 관객 수 935,623명을 기록했다. 이제 내일(8.7)이면 한일 경제갈등 속에서 더욱 주목받고 있는 〈봉오동전투〉가 개봉할 터인지라, 〈나랏말싸미〉는 손익분기점 330만 명은 커녕 누적 관객 수 100만 명을 넘기기도 쉽지 않아 보인다.

기대만큼 실망도 큰 대부분의 영화가 그랬듯이, 〈나랏말싸미〉에 대해서도 개봉 직후 지난 2주 동안 전문가와 대중 여러 진영에서 온갖 논평이 쏟아져 나왔다. 가장 흔한 논평은 〈나랏말싸미〉의 역사 왜곡에 대한 비판이다. 영화는 그냥 영화니까 역사적 요소를 너무 문제삼지 말자는 온건한 입장도 자주 보이는 지면과 달리, 유튜브 등의 웹 세상에서는 비판을 넘어 질타와 비난 심지어 조롱까지 난무하고 있는 실정이다. 대체 〈나랏말싸미〉는 어쩌다 이 지경이 된 걸까? 영화 개봉과 함께 드러났듯이, 이 영화는 한글 창제가 세종대왕과 신미대사의 협력의 산물이라는 우리 사회 일부 진영의 견해를 토대로 만들어졌다. (중재자로서 소헌왕후도 중요하지만, 여성의 역할에 대한 역사 재해석이나 허구 창작은 또 다른 논의 영역이므로 접어두겠다.) 그 일부 진영이란 창작계와 불교계를 말하며, 역사학과 국어학 등의 학계와는 무관하다.

학계에서는 한글 창제를 세종의 단독 업적 또는 세종의 주도와 일부 집현전 학자들의 협력에 의한 공동 업적으로 본다. 신미대사가 한

글 창제에 관여했을 수도 있다는 견해가 있지만, 부분적인 협력 가능성 정도의 견해이고, 그나마도 학문적 검증을 거치지 않은 일부 개인의 견해로 간주된다. 한편, 창작계에서는 한글 창제를 소재로 한 소설, 연극, 드라마 등의 다양한 팩션 작품이 꽤 오래전부터 꾸준히 창작되어 왔다. 이런 팩션들도 간혹 역사 왜곡 논란에 휘말렸지만, 대개는 창작물로서 팩션 자체의 가치와 재미로 별문제 없이 향유되었다. 무엇보다도 10년 전까지만 해도 한글 창제와 관련해 세종과 대등한 숨은 협력자 또는 세종을 능가하는 숨은 주도자를 설정하는 팩션은 없었다.

상황이 달라진 것은 10년 전쯤이다. 2010년대 초 몇몇 불교계 학자들이 신미대사 한글 창제 협력설 또는 주도설을 주장하는 논문과 책을 펴냈다. 일반 역사학계와 국어학계는 이런 주장들의 근거 자료 자체가 위서이거나 오역이라는 입장이지만, 어쨌든 불교계에서는 이 주장을 수용하는 경향이 늘기 시작했다. 이런 맥락에서 몇몇 불교 성향 작가들이 신미대사를 주인공으로 하는 팩션 소설들을 펴냈고, 이 소설들이 인기를 끌면서 불교계와 대중 일각에서는 신미대사 한글 창제 주도설을 하나의 그럴듯한 가설 내지 엄연한 하나의 역사적 사실로 받아들이는 분위기가 확산되기 시작했다. 〈나랏말싸미〉의 탄생은 창작계와 불교계의 이런 분위기와 무관하지 않으며, 따라서 이 영화는 팩션이라는 창작적 정체성과 불교라는 종교적 정체성이라는 두 맥락을 태생적 숙명으로 지닌다. 개봉 직후 불거진 혹독한 역사 왜곡 논란도 이 두 맥락에서 봐야 좀 더 제대로 이해된다.

〈나랏말싸미〉의 팩션으로서 창작적 정체성 문제를 보여주는 몇 가지 사안이 있는데, 그중 하나가 개봉 직전 불거진 상영금지가처분 소송이다. 이 소송은 나녹출판사(이하 출판사) 측이 〈나랏말싸미〉(배급사, 제작자, 감독: 이하 영화사) 측을 상대로 제기한 것으로, 영화 내용이 자사의 책 『훈민정음의 길: 혜각존자 신미 평전』(박해진, 2014)을 원작으로 하고 있음에도 영화사 측이 협의 없이 영화를 만들어 저작권을 침해당했다며 제기한 소송이다. 이에 영화사 측은 신미대사 한글 창제 관여설은 이전부터 있었던 주장이기에 해당 책이 영화의 원작은 아니며, 해당 책의 저자로부터는 포괄적인 조언을 구한 뒤 사례를 지급하고 엔딩크레딧에 자문위원으로 이름을 올렸기에 문제없다는 입장이었다. 재판부가 엔딩크레딧 이름 옆에 책 제목과 출판사명을 병기하면 어떻겠느냐는 중재안을 냈지만, 영화사 측의 거부로 최종심의까지 가게 되었다. 영화 개봉예정 하루 전날(7.23) 열린 최종심의는 영화사 측의 승리로 끝났다. 재판부는 신미스님 관여설은 기존부터 있던 주장이기에 저작권법 대상이 아니고, 이 책은 사실 나열 위주의 내용으로서 인물 성격이나 갈등구조에 대한 구체적인 묘사가 없기에 이 책과 문제의 영화 사이에 원작과 2차 창작물 관계가 성립하지 않는다고 판시했다. 그런데 이 소송 관련 기사에서 조철현 감독 자신의 발언이 특히 눈에 띈다. "신미대사 평전(=『훈민정음의 길』)은 역사적 사실과 각종 기록을 참고해 시인인 박 작가가 시적 감수성을 동원한 하나의 인문서적이지, 소설이 아니다." 즉, 사실과 허구의 혼합물인 팩션 『훈민정음의 길』을 주요하게 참조하면서 조 감독은 이 책을 창작물보다는 기록물로, 팩션 작품으로서보다는 역사서로 보고 있었던 것이고, 감독의 이런 입장이

〈나랏말싸미〉가 주저앉은 주요 원인 중 하나이기도 하다.

대부분의 팩션 영화처럼 〈나랏말싸미〉도 처음에 "이 영화는 한글 창제에 관한 여러 가설들 중 하나를 기반으로 만들어졌다."는 클리셰 문구로 양해를 구한 뒤 이야기를 시작한다. 사실과 허구를 넘나드는 팩션 작품에서 이런 클리셰는 불필요한 오해를 방지하는 일종의 보험이다. 그런데 영화 개봉 직전에 "이 문구를 지우고 싶었다."는 감독의 인터뷰 내용이 알려지면서 이 클리셰는 진정성을 잃은 빈말이 되어버렸다. 대중에게 이 인터뷰는 감독이 신미대사 관여설을 가설이 아닌 사실로 받아들이는 징표로 여겨졌다. 게다가 영화 개봉과 함께 서두의 클리셰 문구가 지칭하는 새로운 가설이라는 게 결국 세종과 신미의 협력 내지 신미 주도의 한글 창제라는 특정 진영의 견해를 가리키는 것이었다는 점이 확인되면서 클리셰는 남은 효력마저 잃고 말았다. 클리셰라는 보험의 무력화는 팩션 작품에 치명적이고, 〈나랏말싸미〉를 둘러싼 역사 왜곡 논란은 클리셰가 무력화된 팩션 작품이 어떤 상황을 맞게 되는지를 고스란히 보여준다.

물론 어쨌든 학술성이 결여된 비주류 견해를 받아들이든, 팩션이 펼쳐내는 이야기 속의 허구를 사실로 받아들이든, 그건 각자의 몫이다. 또 여러 논객이 느긋하게 말하듯이, 영화는 그냥 영화로 보자면서 가볍게 치워둘 수도 있다. 그러나 〈나랏말싸미〉의 역사 왜곡을 질타하는 목소리들이 그리 쉽게 가라앉을 것 같지는 않다. 이는 영화가 지닌 고유한 속성 때문에 더욱 그렇다. 모든 시각문화가 환상을 실재로 만드는 힘을 지니지만, 영화는 그 힘이 특히 강력하다. 영화는 처음부터 시공을 초월하고, 현실과 상상의 경계를 넘나들며 실재보다 더 사실 같은 환상으로 우리를 사로잡아 왔다. 바로 이 때문에 같은 팩션이어도 문학과 영화가 서로 달라지게 된다. 팩션 문학의 허구는 독자의 언어와 상상을 통해서만 작동하기에 독자는 항상 허구를 허구로 인식할 수 있다. 반면, 팩션 영화의 허구는 훨씬 강력하다. 영화의 관객은 영화가 제공하는 시각과 청각 자극에 붙들린 채 영화 속 환상의 허구적 실재성에 기꺼이 사로잡힌다. 영화가 재밌는 현실도피 오락이 될 수도, 심오한 미적 체험과 지적 성찰의 계기가 될 수도, 강력한 이념주입 장치가 될 수도 있는 것은 이 때문이다. 그렇기에 팩션 영화에서 허구는 단순한 허구가 아니라, 강력한 실재성에 둘러싸인 허구와 사실 사이의 또는 그 너머의 무엇이다. 사람들이 팩션 영화를 접할 때 그 낯선 역사적 정보나 해석에 과민하게 반응하는 것은 바로 이 때문이다. 많은 이들이 〈나랏말싸미〉의 낯선 역사 해석을 불편해하는 것은 (감독의 의도와 달리, 또 그의 해명 노력에도 불구하고) 세종대왕보다 신미대사가 더 부각되는 것처럼 보이는 상황과 서사의 전개 때문만은 아니다. 그보다는 이 낯선 이야기가 그토록 강력한 시각 문화인 한 편의 영화 작품으로 내 눈앞에서 펼쳐지고 있기 때문이다. 이게 아닌데 하면서도, 늙고 병들고 지친 몸으로 분투하고 백성들을 염려하는 세종의 모습에 감동하고, 세종과 신미의 화해를 위해 애쓰고 궁녀들에게 한글을 가르치며 글자를 몰라 서러웠던 여자들의 새로운 미래를 설파하던 소헌왕후의 죽음을 슬퍼하고, 현실에서 나무 창살 사이로 겨우 힐끗 보아야 했던 해인사 장경판전의 장엄한 내부 모습에 경탄하는 사이, 영화의 서사에 시나브로 동화되어 버리는 자신을 발견하기 때문이다. 그만큼 영화는 힘이 세고, 〈나랏말싸미〉도 웬만큼은 잘 만든 영화이기에, 이 영화가 발휘하는 영화적 힘이 신미대사의 협력 내지 주도라는 서사의 낯섦을 압도하는 것에 불편함을 느끼는 것이다.

〈나랏말싸미〉를 둘러싼 혹독한 역사 왜곡 논란의 두 번째 맥락으로 불교라는 종교를 들었는데, 이에 대해서는 좀 긴 이야기가 필요할 것 같아 여기서는 간단히만 적어보려 한다. 신미대사 협력설 내지 주도설을 진지하게 받아들이는 불교계 진영은 (어느 정도인지는 잘 모르겠다) 〈나랏말싸미〉의 제작과 개봉을 매우 반겼고, 영화의 흥행 실패 조짐이 보이자 불자들을 향한 관람 독려 운동을 벌이기 시작했다. 현재진행형인 이 운동이 얼마나 성공할지 모를 일이고, 소기의 성과를 거둘 수도 있겠지만, 염려컨대 불교계의 관람 독려 운동은 오히려 이 영화에 중대한 흠을 안겨줄 가능성도 있다. 불교계가 〈나랏말싸미〉 관람 독려에 열을 올릴수록 이 영화가 본래 지닌 또는 지닐 수 있던 보편성이 흐려질 수 있기 때문이다. 불자로서 감독의 종교적 욕심이 과했다고 지적하는 이들도 있지만, 나는 그렇게 보지 않는다. 비록 신미대사 협력설 내지 주도설이 주로 불교계의 견해이고, 또 감독이 불교계의 관람 독려 현장에 참여하기도 했지만, 이런 점을 들어 감독의 창작동기를 불자로서 그의 종교적 욕망으로 환원하는 건 지나친 견해다. 이 영화에 거대자본을 쏟은 투자자들과 기꺼이 출연하여 열연한 최상급 배우들은 특정 종교와의 관계를 떠나 이 영화가 세종의 한글 창제를 새롭게 조명했다는 사실 때문에 영화에 참여한 것이다. 이 영화가 뜻밖의 역사 왜곡 논란으로 난관에 부딪히긴 했지만, 그게 불교든 다른 어떤 종교든 이 영화가 어떤 한 특정 종교에 국한되는 영화로 여겨질 필요는 없다. 불자라면 이 영화를 불교와 관련지어 나름대로 흥미롭고 진지하게 관람할 수 있겠지만, 다른 이들에게 이 영화는 한글 창제에 얽힌 실제와 허구의 인물들을 통해 역사적 사건에 대해 또 인간 존재에 대해 묵직한 보편적 메시지를 던지는 평범한 한 편의 영화일 수 있다. 그래서 나는 불교계의 관람 독려 운동이 한편으로는 이해되지만, 다른 한편으로는 염려스럽다. 그 운동이 오히려 이 영화의 정체성을 불교라는 특정 종교의 껍질 속에 박제해버리지는 않을지, 그래서 이 영화가 스스로 자초한 역사 왜곡 논란에 더해 특정 종교 편향이라는 또 다른 논란에까지 휘말리며 정말로 영영 무너져버리게 되지는 않을지 말이다.

●김윤성(2019.8.6)

'자기 배려'로서 〈라이온킹〉, 그 성장 이야기

〈라이온킹〉은 1994년 디즈니사가 내놓은 애니메이션이다. 디즈니 사는 1990년대 들어 과거의 영화(榮華)를 되돌리고자 4편의 애니메이션을 연속으로 시장에 내놓는다. 그 애니메이션이 〈인어공주〉(1989)를 시작으로 〈미녀와 야수〉(1991), 〈알라딘〉(1992) 그리고 〈라이온킹〉이다. 이 네 편의 디즈니 애니메이션의 연속적인 성공은 그 전까지 실패를 거듭하며 위기에 몰려있던 디즈니사에 숨통을 틔워주며 활기를 되찾아주었다. 실제로 디즈니 애니메이션은 1960년대 이후 연속적인 실패로 위기에 처해 있었다. 이런 상황에서 위의 네 편의 애니메이션은 디즈니사의 위기를 해소하고 새로운 부흥으로 이끌었던 작품들이다.

그 가운데 〈라이온킹〉은 당시 애니메이션으로는 전에 없던 큰 성공을 안겨주었다. 〈라이온킹〉은 전 세계적으로 77억 달러의 수익을 창출하였고, 시리즈물로 두 편이 더 제작되기도 했다. 여기에 티몬과 품바의 이야기는 그 인기에 힘입어 독립적인 영화로 제작되기도 했다. 〈라이온킹〉은 뮤지컬로도 제작되어 꽤 오랫동안 브로드웨이에서 공연된다. 이런 〈라이온킹〉의 성공에 힘입어 디즈니사는 새로운 밀레니

엄 시대로 재도약할 수 있는 기반을 다지기도 하였다.

하지만 이런 성공을 뒤로 하고 우리의 기억 속에서 아련하게 잊히던 디즈니 애니메이션들이 최근 실사판으로 새롭게 재등장하고 있다. 2017년 〈미녀와 야수〉를 시작으로 올해 극장가에 돌풍을 일으키고 있는 〈알라딘〉, 그리고 최근 개봉한 〈라이온킹〉까지 과거의 기억을 되살리며 올여름 한국 극장가에 디즈니 열풍을 일으키고 있다. 〈인어공주〉도 실사 제작이 예정되어 있다고 한다.

왜 과거 애니메이션이 실사화되어 연이어 제작되는 것일까? 아마도 그것은 애니메이션 제작 기술의 발전에 힘입은 바가 클 것이다. 원작 〈라이온킹〉의 경우, 기술적으로 2D 애니메이션으로 제작되었지만, 화면에 넘쳐나는 생동감으로 인해 실사에 버금가는 현실감을 주었다는 평가를 받았다. 하지만 이러한 현실감은 2D라는 기술적 한계를 넘어서지는 못했다. 이후 컴퓨터 그래픽(CG) 기술의 거듭된 발전이 영화 산업을 큰 성공으로 이끌었고 이는 기존 애니메이션의 실사화를 부추기는 원인이 되기도 하였다.

그러나 애니메이션의 실사화가 단순히 기술적 발전을 통해서만 이루어졌다고 할 수는 없다. 인간은 자신이 꿈꾸는 상상을 현실화하고자하는 욕망을 지니고 있다. 더욱이 자신의 기억 속에 추억들을 불러내어 이를 실현하고자 하는 욕망을 지닌다. 디즈니 애니메이션의 실사화는 인간의 그런 욕망과 맞닿아 있다고 볼 수 있을 것이다.

어쨌든 관객들은 자신이 보는 이미지가 현실에 더 가까워지기를 원한다. 단순히 애니메이션의 그림이 아니라 자신의 삶에 더 근접한 실재적인 이미지가 되기를 바라는 것이다. 자신이 꿈꾸는 세계가 현실과 동일하게 재현되길 바라는 욕망, 그러한 욕망이 디즈니 애니메이션의 실사화를 추동하는 가장 직접적인 원인일 것이다. 특히 〈미녀와 야수〉, 〈알라딘〉, 〈라이온킹〉은 90년대 애니메이션으로 아직도 관객들의 기억 속에 부유하는 이미지들이다. 그런 이미지들이 관객의 기대와 만나 실사판으로 재탄생하는 것이다.

실사판으로 재탄생한 디즈니 애니메이션들은 원작의 스토리라인을 거의 그대로 차용하였다. 특히 실사판 〈라이온킹〉의 경우 원본의 스토리라인을 그대로 유지한다. 하지만 원작과 스토리라인을 거의 동일하게 유지한다고 해도, 그 뉘앙스는 사뭇 다르다.

1994년 원작 〈라이온킹〉이 큰 성공을 거두었을 무렵, 성공에 못지않게 혹독한 비판도 감수해야 했다. 비판의 내용은 여러 가지였으나 핵심은 이 영화가 미국 백인 중산층의 이데올로기를 대변한다는 것이었다. 영화에서 이 이데올로기는 미국적 가치로 대표되고, 이 미국적 가치는 미국적 민주주의로 대변된다. 그 이데올로기적 뉘앙스를 가장 잘 나타내는 장면이 스카가 무파사에 반란을 일으키기 위해 계략을 꾸미는 장면인 'Be Prepared'이다.

이 장면은 스카가 하이에나들과 연합하여 그의 형 무파사와 조카 심바를 살해하기 위해 계략을 꾸미는 장면이다. 그런 장면을 영화는 뮤지컬로 표현하고 있다. 뮤지컬로서 'Be Prepared'는 원작 〈라이온킹〉의 인상적인 몇 장면 가운데 하나라고 할 수 있다. 특히 냉정한 스카의 카리스마를 단적으로 들어내는 강렬한 장면이기도 하다. 여기서 눈에 띄는 것은 하이에나들이 마치 나치나 옛 소련의 군대가 사열하는듯한 장면을 연출한다는 점이다. 이 장면은 〈라이온킹〉 전체 스토리의 뉘앙스를 결정하는 주요한 근거가 된다. 다시 말해 〈라이온킹〉이 어떤 가치를 대변하고 있고, 이 영화가 왜 미국적 민주주의를 대변하는지를 설명하는 결정적 단서가 되는 것이다. 원작 〈라이온킹〉은 이 장면을 통해 기존의 디즈니 애니메이션이 그래왔던 것처럼 미국 백인 중산층의 가치와 이를 기반으로 한 미국적 민주주의를 찬양하는 '디즈니식 클리셰'가 존재하는 영화로 인식된다.

이에 반해, 실사판 〈라이온킹〉은 같은 스토리라인이지만 조금은 다른 뉘앙스를 품고 있다. 2019년 버전에서 많은 사람은 원작에 비해 동물들의 풍부한 표정 연기가 결여되어 있고, 역동적인 뮤지컬적 요소가 부족하다고 아쉬워하였다. 이러한 아쉬움은 동물의 실제적인 이미지로 영화를 재현하다보니, 애니메이션만이 보여줄 수 있는 과장 기법인 '데포르메(déformer)'를 적용할 수 없었기 때문이다. 어쨌든 이런 한계로 인해 원작이 보여주는 동물들의 익살스럽거나 섬세한 표정들을 구현할 수 없었고, 화려했던 많은 뮤지컬 장면 또한 다소 단조롭게 처리되었다. 이에 따라 스카가 계략을 꾸미는 장면인 'Be Prepared'도 원작에 비하면 화려함이 많이 제거되었다. 하지만 실사판의 'Be Prepared'가 단지 재현 방식의 차이 때문에 단조롭게 된 것은 아니다. 오히려 이 장면은 의도적으로 재구성되었다고 보는 것이 맞을 것이다. 원작이 나치나 소련 병사의 사열 장면을 통해 이데올로기적 뉘앙스를 강하게 풍겼다면, 2019년 버전은 이런 이미지를 제거하고 스카와 하이에나들의 탐욕에 좀 더 집중함으로써 영화의 전체적인 뉘앙스를 이데올로기보다는 개인의 성장 스토리에 집중하게 만들었다.

개인은 누구나 자신만의 프라이드랜드를 가지고 있다. 프라이드랜드는 말 그대로 개인의 자부심의 영역이다. 개인의 명예와 자존감의 영역이 바로 프라이드랜드이다. 이 영화는 역설적으로 동물을 주인공으로 인간의 인간됨을 설명한다. 인간이 성숙하기 위해서는 자아 성장을 위한 적절한 규범과 의무의 준수가 필요하다. 이런 규범과 의무는 탐욕과 쾌락으로부터 벗어나기 위해 인간이 지켜야 할 당위이고, 개인은 그러한 것들의 준수를 통해 영예로운 삶을 살아간다. 욕망과 탐욕으로 표현되는 스카와 하이에나들의 'Be Prepared'는 개인의 프라이드랜드를 황폐하게 할 미성숙한 자아의 상태를 형상화하며, 그런 프라이드랜드를 외면하고 떠나는 심바의 뒷모습은 의무와 규범을 뒤로 한 채 안락한 삶만을 원하는 자아의 모습을 구현한다. 하지만 쾌락과 안락한 삶은 오래 지속될 수 없다. 개인은 현실과 대면하여 자신의 프라이드랜드를 풍요롭게 할 의무가 있기 때문이다. 결국 심바는 쾌락과 안락의 땅, 하쿠나마타타를 뒤로 하고 다시 프라이드랜드로 돌아가야 한다. 탐욕과 욕망으로 황폐해진 '돌봄' 없는 땅으로 변해있는 프라이드랜드에서 심바는 자기 내부의 두려움과 욕망인 스카와 대결하고 풍요로운 프라이드랜드를 되찾아야만 한다.

실사판으로 돌아온 〈라이온킹〉은 개인의 성장에 대한 드라마이다. 개인의 성장은 자기 자신에 대한 내면적 성찰행위다. 내면적 성찰은 지켜야 할 의무와 규범 속에서 특정한 자기인식을 포기하고 새로운 자기인식을 확립해야 하는 실천적인 사유 행위다. 따라서 개인의 성장은 '자기 배려'라는 자아의 테크놀로지가 지속적으로 통용되는 실천행위라고도 할 수 있다. 아마도 심바가 겪는 일련의 모험은 그러한 자기배려를 통해 자신의 성장을 추구하는 실천적 여정의 단면일 것이다.

● 도태수(2019.8.27)

제3부

단상

떠도는 삶들을 생각한다
—나이폴(Naipaul)에 대한 회상

나이폴(Vidiadhar Surajprasad Naipaul: 1932~2018)은 노벨문학상 수상 작가로서 2018년 8월 11일에 작고했다. 그는 우리에게 별로 낯익은 이름도 아니고 뚜렷한 인상도 남기지 않은 것 같다. 그러나 적어도 나에게는 각별한 영향을 끼쳤다. 영국 국적의 작가로 알려져 있지만 그의 뿌리는 인도에 있다. 그는 중남미의 트리니다드 토바고 섬 출신의 인도 이민자의 후손이다. 할아버지가 사탕수수밭 노동자로 트리니다드에 이주해 왔다. 구한말 하와이 사탕수수밭 노동자로 이주한 우리의 선대와 다름이 없다. 아버지는 트리니다드 섬의 신문기자 노릇을 했고 나이폴은 그곳 현지 대학교를 졸업하고 영국에 발을 디디게 된다. 작가로 등단하기 전, 그의 배경과 이력은 이것이 모두다.

이민자의 자식으로 간신히 영국 옥스퍼드 대학의 연구 장학생으로 선발된 그는 무엇 하나 확신을 지니고 미래를 설계할 수 없었다. 이민자의 미래란 늘 불안정하고 자신에 대한 확신이 결여되기 쉽기 때문이다. 그러나 자신의 처지를 생각하는 일, 그것을 일기처럼 기록하는 일은 그가 유일하게 확신을 지니고 진행한 작업이었다. 그것은 자신을 은폐하며 동시에 자신을 표출시킬 수 있는 방법이기도 했다. 특히 자신의 시각에 비친 사물을 표현하는 일은 자기 세계의 구축과 자기 삶의 의미를 객체화하여 주었다. 그의 서술은 뛰어났다. 그래서 소설을 썼고 작가가 되었다.

그의 소설의 소재는 트리니다드 이민자들의 우스꽝스런 행태였다. 그는 주변에 널려 있던 이민자들의 삶의 모습을 하나씩 포착했다. 양복점의 옷 수선공, 가구수리공 겸 대장장이, 의사 지망생이었으나 위생관리인 시험에 세 번이나 낙방하여 거리의 청소부가 된 젊은이 등등. 모두 그가 매일매일 접한 주변 사람들의 삶의 모습이다. 주인공들의 이름마저 〈카사블랑카〉의 주역을 맡은 미국 영화배우 '보가트'나 영국의 유명한 시인 '워즈워드'처럼 자신들이 되고 싶어 한 인물 이름이다. 그의 출세작이라 할 『미구엘 거리』(Miguel Street)는 그렇게 태어났다. 그는 소년기의 추억과 이민 온 땅에서의 소외감, 그리고 구질구질한 과거를 되살리는 기억술 같은 작품을 썼다. 그 속에 나오는 이들은 우스꽝스럽고 한심하기 짝이 없는 이민자의 모습을 보여주며, "유머 감각과 미소 없이는" 달리 어떻게 평가할 수 없는 존재들이다.

나이폴은 이런 제3세계 주변인에 대한 관찰과 기록을 통해 작가로 성공했다. 그의 세밀한 관찰력은 적확했기에, 소설보다는 오히려 논픽션적 문명기행의 글에서 더 뛰어났다. 그래서 그의 문명론적 기행은 높은 평가를 받았다. 특히 그의 문화비평은 소설을 닮아 구체적이고 상황적이고 직설적이었다. 그의 가계의 뿌리인 인도 문화에 대한 서술, 그리고 자신의 출생지인 서인도제도에 대한 기록은 잔인할 정도로 현장을 꼬집었다. 예컨대『인도: 상처받은 문명』(India, A Wounded Civilization),『믿는 자들 가운데서: 이슬람 여행』(Among the Believers, An Islamic Journey),『에바 페론의 귀환: 트리니다드의 살생』(The Return of Eva Peron with the Killings in Trinidad)은 종교에 갇힌 전통 문명에 대한 적나라한 까발림이고, 현장에 대한 혹독한 비판이었다.

자신을 배출한 문명, 자신의 모태를 바라보는 나이폴의 시각에 나는 완전히 매료되었다. 자신이 저 버리고 떠난 고향에 대한 나이폴의 감회는 "오, 나의 고향이거나, 내 민족이여"라는 표제 아래 향토적인 것에 코를 박거나, 떠나버린 내 조국을 "한심한 문명"으로 저주하는 배설의 형태로 나타나지 않았다. 나는 나이폴을 통해 오히려 내 문화와 내 삶의 모습을 마주보게 되었다. 미주 이민 초기의 나는 오직 가족의 생계만을 위해 몰두해야 했다. 그러나 어느 시점부터인가 나는 그동안 접어두었던 내 자신을 자각하고 나의 한심한 모습을 돌이켜 보게 되었다. 나이폴의 관점은 나를 일깨웠다. 미주 이민자인 나는 그에게 동류의식을 느꼈고 그의 작품은 나의 거울과 같았다.

자기가 살고 있는 현장의 모순은 쉽게 눈에 띈다. 그러나 그걸 함부로 내뱉으면 독이 되어 돌아온다. 그것이 미주 동포들이 내뱉는 배설물 같은 한국비판론, "미국/서양은 그렇지 않은데"로 말문을 열고 자신이 떠나버린 한국을 씹어뱉는 화법이다. 나도 그런 현장에 위치하고 있었다. 누군가 한국에 대한 부정적인 평가나 촌평을 발설하게 되면, 어쩔 수 없이 듣고 있다가, 스스로 우스꽝스러운 느낌이 들었다. 한인의 이런 이민 생활 태도는 나이폴이 꼬집었던 자기 주변의 이민자들의 태도와 별로 다르지 않다.

고국의 일류고와 명문대학 출신이어도 이 이민자들의 하이테크는 세탁업일 뿐이다. 한인 무역의 대종은 식료품상과 잡화가게일 터이고, 이 업종의 길드조직 책임자는 한인사회의 유지가 된다. 그들 대부분은 한인회장이고, 평통위원으로 선임되며, 그중에는 한국과의 정치적 연계를 자랑하는 이들도 적지 않다. 또한 기독교는 언필칭 한인 이민자에게 정신적 위안과 삶의 보람을 주는 종교로 알려져 있다. 어느 지역을 가도 교회는 그 지역의 어느 단일한 한인 업종의 수보다 압도적으로 많다. 교회라는 업종이 이민사회에 범람해 있고 목사직은 과잉 상태다. 이렇게 보면 한인 이민 사회에 『미구엘 거리』와 같은 나이폴 소설이나, 종교에 대한 그의 문명비평론을 능가할 소재는 널려 있는 셈이다. 내가 그의 소설과 기행문에 매료될 충분한 이유 가운데 하나이기도 하다.

그러나 내가 그에게 매혹된 또 다른 이유가 있다. 우리가 속한 제3세계의 모순을 지적하거나 특히 서구적 시각에서 낙후된 지역의 모순을 지적하는 일은 쉽다. 예컨대 서구와 비슷한 민주주의를 한다고 하면서 드러내는 모순덩어리의 정치를 희화화하는 일은 어렵지 않다. 이런 측면에 대해 나이폴이 퍼붓는 매서운 지적은 서구적 입장에 서서 제3세계를 까발리는 것으로 오해되기도 했다. 비서구 지식인 가운데 그런 사람이 많기 때문이다. 자신을 세련된 서구문명과 일체화하고 비서구 지역의 어리석음을 비웃고 비판하는 자들, 곧 "서구 따르기"의 자리에서 비서구 지역의 "결핍"을 질타하는 분들이 바로 그런 사람들이다. 한참 비판의 대상으로 떠오른 지만원씨는 미디어에 돌출되었을 뿐, 실제로 이런 분들은 도처에 존재한다.

그러나 내 자신이 바로 그런 비서구 지역 출신이고 그 문명의 소출일 경우, 그런 나의 고국과 문명을 비판하면 "배신자"나 "매국노"로 매도된다. 나이폴 역시 이 트랩에 걸려있다. 그가 영국의 기사 작위를 받고, 서머싯몸상, 우리에게 익히 알려진 맨부커상 등 수많은 상을 타자 그에 대한 비판의 화살이 날라 왔다. 역시 맨부커상을 수상한 살만 러쉬디(Salman Rushdie)의 비판이 가장 혹독했는데 그를 한마디로 "서양의 개"라고 비판했다. 두 사람 모두 인도에 뿌리를 두고 이슬람 문명에 대한 비판을 한 점에서는 같은 처지에 서 있다. 하지만 살만 러쉬디는 파트와(Fatwa) 즉 살해의 표적이 되면서도 이슬람 비판을 거침없이 했다. 자기 문명에 대해 똑같이 비판했지만 그들의 방식이 전혀 다른 것을 어떻게 이해할 것인가?『오리엔탈리즘』의 저자이자 팔레스타인의 변호자로 자처한 에드워드 사이드도 "대단히 의도적으로 스스로를 서구적 증인"이기를 자처한 작가로 나이폴을 몰아세웠다.

그러나 이런 험악한 비판에도 불구하고, 나는 나이폴의 편을 선택하였다. 나는 그의 사물을 보는 시각과 그의 자세에 공감했다. 그가 손쉽게 수용할 수 있었던 이념들은 서구의 오리엔탈리즘이거나, 아니면 제3세계에 대한 변호, 또는 핍박받는 소수인의 입장을 변호하고 나서는 노엄 촘스키적 변호론 같은 것이다. 그러나 나이폴은 이런 이념들을 외면한 듯, 무엇보다 자신의 눈에 띄는 주변을 세밀히 관찰하고 그것들을 담백하게 서술하려 했다. 그리고 사물과 사건에서 일어나는 모순과 충돌을 예각적으로 표현했다. 그는 사물을 "있는 그대로 본다"는 방식을 택했다. 하지만 사이드와 러쉬디는 그런 프레임마저 또 한 번 "너의 이념의 표백"이 아닌가 하고 힐난했다. 또 다른 어느 평자는 나이폴에게 "당신은 허공에서 글을 쓰는 것은 아니지 않는가?"라며 혹독한 비판을 날렸다. 사물의 표출은 보는 사람의 특정한 입장 없이는 표현이 불가능하다는 이유 때문이었다.

나이폴은 타자를 무시하고 타인을 향한 분노를 터뜨린 다음 되돌아오게 마련인 후유증을 앓는 대신, 오히려 자신을 무시하고 자조하는 방식을 택했다. 그렇게 자기를 웃기게 만들고 웃을 도리밖에 없는 자신의 문명을 노출시켰다. 내가 내 문화와 내 자신을 회화화한 것이다. 그렇게 세밀히 관찰하고 뼈아프게 서술하고 허탈하게 회화화할 수 있는 것은 나일 수밖에 없다. 이렇게 되면 "나의 입지"는 박탈되고 내 자신이 그런 대상이 되고 만다. 나를 웃기게 만든 일을 다시 되돌려 생각하게 하는 작업, 모순을 느끼며 웃을 수밖에 없는 상황을 만든 것은 누구를 향한 것인가? 내 자신에 대한 모멸감인가? 소위 오리엔탈리즘에 대한 역행인가?

서구적 비판의 부당성을 지적하며 반격으로 나선다면 사이드 혹은 러쉬디의 주장에 동조할 수밖에 없다. 그러나 나이폴이 적나라하게 노출시킨 제3세계의 낙후성과 모순은 타자에 대한 비판이 아니라 자기를 향하고 있다. 나의 현실의 아픔의 노출이다. 그것이 오늘의 제3세계 지식인의 현주소이기도 하고 우리 자의식의 틀이기도 하다. 그것이 우리의 현장이고 나이폴의 현실이었다고 생각한다. 뒤틀린 심정에서 반격을 가하고 자기변호를 강화한다면 아마 손쉽게 또 다른 사이드와 러쉬디를 만들 수 있을지 모른다.

현장의식의 처절함은 오히려 자기 안에서 극복의 가능성을 마련할 수 있는 동력이 되지 않을까? 자기모멸을 받아들이는 일이 식민지 근대성의 갖가지 이유를 만들었다면 과연 나이폴의 글과 자세는 어느 곳에 위치시킬 수 있을까? 나이폴처럼 "나를 우습게 만드는 일"이 과연 자기모멸일까? 아니면 자기극복을 위해 필요한 몸짓일까? 내가 곰곰이 생각하고 있는 나의 화두이다.

● 이민용

"어찌할 수 없는[不得已]" 인생의 편안함

발을 잊는 것은 신발이 잘 맞기 때문이고 허리를 잊는 것은 허리띠
가 잘 맞기 때문이며 옳고 그름을 잊는 것은 마음이 잘 맞기 때문이
다.(忘足履之適也, 忘要帶之適也, 忘是非心之適也),『장자(莊子)』「달생(達
生)」)

나이가 들수록 점점 편안해지고 싶어진다. 이전에도 그다지 치열하
거나 전투적으로 삶을 살지 못했음에도 불구하고 염치없게 편안하고
싶다. 어떻게 하면 편안해질까? 아무 일도 하지 않으면 편안할까? 그
건 아닌 것 같다. 정신적, 육체적 게으름이 주는 편안함의 시효가 그리
길지 않음은 경험을 통해 익히 알고 있다. 오히려 안일한 일상은 번뇌
와 망상으로 복잡하게 얼크러질 것이 뻔하다. 나는 편안하고 싶지만
어떤 것이 편안한 것인지조차 모르는 원초적 불편함 속에서 살고 있으
며 불편함은 그 밑에 매우 깊고 단단한 뿌리를 가지고 있는 듯하다.

진정한 편안함은 과연 어떤 상태이며 어떻게 해야 누릴 수 있는 것
일까?『장자(莊子)』「달생(達生)」편을 보면 편안한 상태가 어떤 것인지

를 가늠할 수 있는 구절이 등장한다. 신발에 문제가 없어 편안하면 발에 전혀 신경이 쓰이지 않으며 허리띠에 불편함이 없으면 허리를 의식하지 않는다는 것이다. 그리고 외물(外物), 곧 외부 사물 세계가 개인의 의식에 거부감을 주지 않으면 그것에 대한 가치판단이나 비판을 하지 않게 된다는 것이다. 아무것도 의식이 되지 않는 상태, 자기가 없는 것 같은 상태, 곧 주체와 객체, 외부 사물과 자신의 분리나 차이를 전혀 의식하지 않는 상태가 가장 편안한 상태라고 장자는 말한다. 자신이 무언가를 하고 있다고 느끼거나 대상과 관계하고 있다고 느낀다면 그것은 진정한 편안함은 아니라는 것이다.

『장자』는 '무기(無己)', '상아(喪我)', '망기(忘己)' 등의 표현을 통해 진정한 자유와 평안을 위한 전제조건으로서의 자아 소멸을 이야기한다. 그런데 장자가 부정했던 자아는 본질적 의미에서의 자아가 아니라 외부사물로 인해 소외되고 대상화되는 자아이다. 역설적으로 자기를 잊거나 버리는 행위는 자신의 진정한 본성을 되찾는 것이기도 하다. 그리고 자아를 잊거나 잃은 상태는 왜곡된 자아의 현실을 부정하고 대상적 자아의 한계를 초월함으로써 다른 사람이나 사물과 조화로운 관계를 실현할 수 있는 관계 속의 자아를 형성한다. 요컨대 '나 없는 나'의 상태는 고립이나 은둔을 통해서 도달되지 않는다. 오히려 타인이나 사물과의 온전한 소통과 교감을 통해서 달성된다. 따라서 대상과 온전히 교감하는 능력, 대상에 온전히 집중하는 능력을 키움으로써 온전히 대상과 하나가 되는 경험, 곧 망기(忘己)나 상아(喪我)의 경지에서 행복과 평안을 누릴 수 있다고 장자는 말한다.

이렇듯 자기가 의식되지 않는 경지의 편안함을 누리기 위해서 필요한 전제로서 장자가 제시한 것은 '안명무위(安命無爲)'와 '부득이(不得已)함에 자신을 맡기는 것'이다. 때로 장자의 '안명론(安命論)'은 운명론적이고 패배주의적이라는 비판을 받기도 한다. 그러나 그가 말하는 '안명'은 사실 양생(養生) 즉, 자연적으로 주어진 생명의 보존과 삶의 향유를 내포한 개념이다. 세속적 가치나 목표, 이상을 실현하기 위해 자신의 건강을 손상시키고 삶을 고단하게 만들지 말라는 뜻을 암암리에 담고 있다. 사물과 인간의 본질과 가치를 그것이 가지는 목적에서 발견하는 목적론적 시각과는 대비되는 주장이다. 개인이나 사물의 존재 이유나 목적, 혹은 용도를 따지거나 추구하는 행위에 대해 장자는 비판한다. 오히려 "쓸모없는 것의 유용함(無用之用)"의 예를 통해 목적이나 용도가 아니라 자연의 섭리에 충실히 따르는 삶의 가치와 필요를 강조한다.

> 나는 어디에도 쓸모 없으려고 한 지가 오래 되었는데 죽음에 가까워서야 그럴 수 있으니 나는 이제 크게 쓸모[大用] 있게 되었다. 나를 쓸모 있게 했더라면 이 위대함을 얻을 수 있었겠는가?(予求無所可用久矣, 幾死, 乃今得之, 爲予大用. 使予也而有用, 且得有此大也邪,『莊子』「人間世」)

용도나 목적이 아니라 자연의 섭리에 충실한 삶을 주장하는 안명의 논의는 한편 불가피하고 필연적인 현실과 개체의 자유 사이의 모순적 충돌을 안고 있다. 그러나 곰곰이 생각해보면 모든 자유는 사실상 특정한 환경이나 조건, 제약 속에서 실현할 수밖에 없다. 따라서 모든 자유는 제한된 자유라고 말할 수 있다. 장자는 말한다.

어쩔 수 없는 필연성을 깨닫고 그것을 자신의 운명으로 편안하게 받아들이는 것은 덕(德)이 지극한 상태이다.… 본래 어찌할 수 없는(不得已) 바가 있는 것이니 오직 사정에 맞게 행동하고 자신을 잊어야 한다. 삶을 기뻐하고 죽음을 싫어할 여유 따위가 어찌 있겠는가!(知其不可奈何而安之若命,德之至也…固有所不得已. 行事之情而忘其身, 何暇至於悅生而惡死,『莊子』「人間世」)

'어쩔 수 없음(不得已)'이란 어떤 의미에서 만물의 자연적 이치, 그리고 그 이치의 필연성을 지적하는 것이기도 하다. 부득이함에 맡긴다는 것은 그러한 이치의 필연성에 공감하는 일이며 따라서 장자는 어쩔 수 없는 바에 자기를 맡기고 내면[中]을 수양하라고 한다. 이러한 의미에서 보면 안명과 부득이함에 맡기는 태도는 운명론적인 것이 아니다. 그것은 자신의 내면적 본성과 자연의 이치를 파악하고 그것에 순응하라는 의미로 받아들이는 것이 옳은 것 같다. 자연의 섭리를 깨닫게 되면 주어진 삶을 그저 묵묵하게 그리고 받아들일 수 있게 되며 그러한 사람에게 삶은 더 이상 고통스럽거나 지루하지도, 피곤하지도 않다는 것이다. 태어나 늙어가고 죽어가는 모든 과정이 마치 물이 흐르듯 자연스럽고 편안한 일이 된다는 것이다.

요즘 우리 사회의 가장 큰 화두는 불평등이다. 우리 사회의 분노와 자괴감은 사실 원초적, 선천적 불평등에 대한 무의식적 자각에서 기원한 것은 아닐까? 제도의 개혁이나 정권의 교체만으로 그것이 쉽사리, 혹은 완전하게 해소되지 않을 것이라는 우리의 근거 있는 육감 때문은 아닐까? 그리고 그 바탕에, 어찌할 수 없는 인생에 대한 자기 체념적 자각이 도사리고 있는 것은 아닐까?

자연의 부득이함의 이치에 따라 타자와의 경계 없이 완전히 동화되는 '나 없는 나'의 경지가 되는 것, 이것이 장자가 말하는 편안의 기술이다. 읽어보니 설득력이 있다. 그럴듯하다. 그런데 여전히 무언가 석연치 않음과 불편함이 남는다. 부득이(不得已)와 득이(得而)를 명료하게 구분할 수 있을까? 안명과 자유의 경계를 온전히 인식할 수 있을까?

사실 나는 내 인생의 부득이함을 온전히 받아들여 안명할 여유나 용기도 없다. 그렇다고 득이와 자유를 적극적으로 실천할 능력도 없다. 오늘도 편안하고 싶지만 여전히 불편하다. 이러한 불편함 역시 내게는 부득이한 것일지도 모르겠다. 하지만 나는 다시 용기를 내 본다. 부득이한 내 인생살이에도 '발을 잊고 허리를 잊는' 편안함을 맛보는 순간이 가끔은 있었던 것 같으니 말이다.

● 최수빈

동물에 대한 단상

나는 육식을 좋아하는 편은 아니다. 채식주의자는 아니지만 육식을 부러 찾지도 않는다. 명절이나 잔치 같은 특별한 때나 아니면 사람들과 어울려 회식을 할 때 고기를 먹게 된다. 물론 요사이는 고기가 흔해지고 형편상 외식이 잦아지면서 이전보다는 육식을 자주 한다.

그런데 요사이 고기를 먹지 말아야겠다는 생각을 하는 일이 많아졌다. 그것은 갑자기 동물을 사랑하게 되어서 그런 것은 아니다. 집에서 개나 고양이를 키우면서 특별한 체험을 해서 그런 것도 아니다. 그것은 지난(2016) 겨울에 시작해서 지금껏 사그라지지 않고 있는 조류독감으로 인한 닭과 오리에 대한 이른바 '살처분' 때문이다.

조류독감의 전파를 막겠다는 미명 하에 정부는 건강한 닭과 오리에 대해서까지 무차별적으로 이른바 예방적 살처분을 벌였다. 그 과정에서 산 채로 떼죽음을 당한 닭과 오리가 무려 3,500만 마리에 이른다. 가금류 살처분에 반대하는 단체에 의하면, 지난 13년 동안 7,300여만 마리의 가금류가 살처분되었다. 2010년 겨울에 구제역이 발생했을 때도 다음 해 3월까지 소와 돼지 350여만 마리가 살처분 되거나 생매장되었다.

그저 인간이 먹기 위해 기르는 것이 가축이라 할지라도 그동안 그렇게 많은 수의 동물을 살육했다는 사실을 아무렇지 않게 넘기기는 쉽지 않다. 2년 전 가을에 안동의 마을답사를 나갔을 때 텅 비어있는 큰 우사를 발견한 적이 있다. 큰 우사를 비어둔 이유가 궁금했는데, 구제역 때 다 자란 멀쩡한 소를 생으로 죽인 후로는 다시 소를 키울 수 없었다는 대답을 들었다. 조류독감과 구제역으로 살처분 당하거나 생매장된 동물에 대해 안타까워 하는 것을 동물에 대한 단순한 측은지심으로 치

이른바 공장제 동물 사육방식은 철저한 인간 중심적 생명관을 기반으로 하고 있다.
그러한 사고방식은 인간 외에 다른 생명을 동등한 존재로 인정하지 않는다.
세상은 오로지 인간들만의 세상이다.

부할 수도 있다. 그러나 그들도 하나의 생명체이고 그 많은 생명을 그렇게 짧은 시간에 사라지도록 한 사실을 가볍게 넘기기는 어렵다. 구제역 이후 소를 다시 키우지 못하는 주민도 그런 생각이었을 것이다.

몇 년 전 일이다. 까치 한 마리가 자동차 도로 한가운데 내려앉아 깍깍 대면서 자동차들이 아주 가깝게 다가갈 때까지도 날아가려 하지 않았다. 웬일인가 살펴보니, 길 한가운데 다른 까치 한 마리가 쓰러져 있었다. 까치의 다급한 날갯짓과 급하게 내지르는 소리로 짐작컨데, 그 까치는 쓰러진 까치를 놔둔 채 혼자 날아갈 수 없어서 안타까워하고 있었던 것으로 보인다. 그때 까치들도 그들 나름대로 고통과 기쁨을 나누는 소통이 가능하며 동료의 아픔에 공감하는 능력이 있고, 새삼 동물들도 사람과 다를 바가 없다는 생각을 한 적이 있었다.

그런데 단지 인간의 먹잇감이 아니라, 인간과 다르면서도 인간과 동등하게 상호교류하는 독립된 존재로서 동물을 파악하는 인식은 한국 문화에서 그렇게 낯선 것만은 아니다. 그러한 인식을 잘 보여주는 것이 설화이다. 설화 속에서 동물은 신이나 인간과 결합하여 새로운 나라를 건국한 영웅을 탄생시키기도 하고, 다른 세계의 메시지를 전달하는 메신저로 나타나기도 하며, 어려움에 처한 인간을 인도하는 인도자로서 활약하기도 한다. 또한 인간과 삶을 공유하고 인간의 도움에 보답할 줄도 아는 존재이기도 하다.

농경이 확대되고 많은 동물이 길들여지면서 야생 상태의 동물들이 가졌던 종교적 능력과 신비함이 탈색되었다고 하지만, 가축화된 동물에 대한 인식은 그렇게 비인간적(?), 비생명적이지 만은 않았다. 예컨대 집에서 소를 키우던 외양간에는 우마신이 좌정해 있고 소가 새끼를 낳거나 아플 경우 물을 떠놓고 우마신에게 빌기도 하였다. 동물에 따른 차이를 부정할 순 없지만, 집에서 기르는 동물은 식구처럼 여기는 것이 보통이었다. 동물을 키우는 환경 역시 동물과의 교감이 가능한 환경이었다.

그러나 현재의 동물 사육방식은 잔혹하기 그지없다. 돼지를 예로 들면, 어미가 핥거나 어미와 접촉할 수 없는 분만 틀에서 태어나, 태어나자마자 서로 싸우거나 물어서 상처를 내지 않도록 이빨과 꼬리를 잘리고 항생제를 맞고, 3주가 지나면 어미와 헤어지며, 두 달 만에 형제들과 헤어진다. 그리고 6개월 후에는 생을 마감한다. 암돼지들은 3년 정도를 사는데, 일년에 2~3번 인공수정을 통해 새끼를 낳아야만 한다. 이렇게 비참한 환경에서 자란 동물의 고기는 음식으로서도 부적격할 것이다.

이러한 이른바 공장제 동물 사육방식은 철저한 인간 중심적 생명관을 기반으로 하고 있다. 그러한 사고방식은 인간 외에 다른 생명을 동등한 존재로 인정하지 않는다. 세상은 오로지 인간들만의 세상이다. 그러나 인간만이 주체로 행세하는 세상은 왠지 삭막할 것 같다. 신의 말도 들을 수 있고, 귀신도 등장하며, 동물은 물론 나무나 돌 같은 자연물, 나아가 주변 물건과의 교류가 이뤄지는 세계가 보다 더 다채롭고 흥미로울 것 같다.

● 이용범

유교의 몰락에 관한 단상

누군가 필자에게 오늘날의 종교지형 속에서 유교의 위치를 말해보라고 하면, 필자는 한마디로 모두가 유교인이지만 누구도 유교인이 아닌 상황이라고 대답하곤 한다. 지금도 많은 사람이 사서삼경(四書三經)과 같은 유교경전을 학습하며, 또 윤리적 측면이나 문화적 측면에서도 유교가 우리 사회에서 여전히 적지 않은 영향을 끼치고 있는 것이 사실이다. 그러나 오늘날 유교는 도덕적 잣대의 하나로 취급되거나, 전통문화의 일부로서 또는 일종의 교양으로서 받아들여지고 있을 뿐, 종교 내지 신념체계로서 역할을 하고 있다고 보기는 어려울 것이다.

주지하다시피 19세기 말까지만 해도 유교는 세계관과 제도, 지식체계의 표준으로 군림하던 통치이념이었다. 천인합일(天人合一)의 세계관을 바탕으로, 이기심성론적(理氣心性論的) 해석을 통해 우주-자연-인간을 유기적으로 파악하는 통합적인 인식체계였으며, 개인의 수양[內聖]과 사회적 실천[外王]을 일치시키고 의례[祭祀]를 통해 집단 정체성을 확보하였던 종합적이고 자체 완결적인 체계였다. 이러한 유교가 오늘날에 이르러서는 전통문화, 윤리, 교양 등 영역별로 분리·해체됨으로써,

사람들의 사고와 행동을 규정하는 신념체계로서의 기능을 상실하게 되었다. 이렇게 된 원인은 무엇일까? 몇 가지 설명이 가능할 것이다.

먼저, 개항 이후 '근대성'의 이식 과정에서, 서구에서 유입된 '근대적' 지식이 새로운 기준이 됨으로써 유교가 지식체계로서의 주도권을 상실하게 된 점을 들 수가 있다. 20세기 초반 이후 지식인들 사이에서는 유교의 지식체계로서의 권위를 부정하고 새로운 지식체계 곧 서구의 학문으로 이를 대체하려는 움직임이 대세를 이루었다. 그리고 서구 학문을 가르치는 근대식 학교를 활발히 설립하는 등 국가의 정책 또한 이러한 방향으로 추진되었다. 이처럼 한국 사회의 중심적 지식체계가 유교에서 근대학문으로 전환되는 과정에서 근거가 된 핵심적 논리는 실용성의 유무였다. 따라서 학문의 목표 또한 도덕적 수양에서 실용으로, 천리(天理)의 체인(體認)에서 자연에 대한 이용으로 바뀌게 되었고 학문과 지식의 문제에 있어서 유교는 더 이상 한국 사회의 주류가 아니게 되었다. 이에 따라 유교는 공식적으로 학문과 교육의 영역에서 점차 배제되어 나갔고 그 결과 사회적 영향력을 결정적으로 상실하게 되었다.

또 근대 과학 지식의 보급과 문명의 이기(利器)의 도입으로 인해 유교적 관념을 바탕으로 성립되었던 전통적인 공간관·시간관·천관(天觀)·자연관·인간관 등이 무너지고 유교의 세계관이 뿌리째 흔들리게 된 점 또한 중요한 원인의 하나로 지목할 수 있다. 근대 천문학의 우주관의 유포는 하늘은 둥글고 땅은 네모나다(天圓地方)는 전통적 관념이 전혀 근거가 없다는 사실을 일깨웠을 뿐 아니라, 인간을 둘러싸고 있는 공간이 인간과는 무관한 객관적 공간으로서 우주 공간, 천체, 지구로 이루어져 있다고 설명함으로써, 하늘과 땅, 그리고 그 사이에 존재하는 인간을 상정하고 이 세 존재가 서로 관련을 맺고 있는 것으로 생각하였던 유교의 천지인(天地人) 관념에 균열을 일으켰다. 이러한 공간관의 전변은 유교의 '천(天)' 개념을 무너뜨리는 것으로 바로 유교의 신앙과 세계관의 근원을 흔드는 것이었다. 양력의 시행과 관상감(觀象監)의 폐지로 인한 전통 역법의 붕괴 또한 유교적 세계관을 위협하는 것이었다. 조선시대에 관상감에서 제작·배포하는 역서는 날짜에 따른 길흉과 금기를 함께 수록한 것으로서 유교의 의례생활과 밀접히 관련되어 있었다. 그러므로 양력의 시행과 관상감의 폐지로 인한 전통 역법의 붕괴는 자연의 시간이 의례의 시간으로 전환되는 연속성의 구조가 파괴됨을 의미하였다. 이는 곧 시간관에 있어 우주·자연의 질서와 인간의 질서를 연결시켜 이해하는 유교적 관념이 무너졌고, 달력 또한 의례 및 전통적 삶의 방식과 무관하게 새로이 강제된 근대적 삶을 규정하는 것으로 변화했음을 뜻하는 것이었다.

이와 함께 '근대성'의 이식 과정에서 형성된 '과학-종교-미신' 담론의 확산이 유교의 정체성을 손상시키는 방향으로 전개되었음을 지적할 수 있다. 개항 이후 과학-종교-미신 담론이 작동하면서 과거의 여러 신앙 형태 중 어떤 것은 과학, 어떤 것은 종교, 어떤 것은 미신의 영역으로 선택되어 재배치되었는데, 그 과정에서 "불교·기독교=종교, 무속·민간신앙·신종교=미신, 유교=비종교"라는 도식이 만들어지게 되었다. 여기서 유교는 과학·종교·미신 중 어디에도 속하지 않는 것으로 분류되었으며, 이에 따라 유교의 요소 가운데 일부는 철학으로, 일부는 미신으로 규정되었다. 그 결과 유교의 신념체계 속에서 신앙적 부분과 직결되어 있으며 집단을 결속시키는 역할을 해 오던 의례 부분 곧 제사가 미신으로 폄훼되면서 그 의미가 변질되는 상황이 만들어졌다. 이후 유교의례는 그 형식적인 절차가 남아 있는 경우에도 더 이상 종교적 의미는 가지지 못하게 되었고, 윤리[孝]의 실천 또는 전통문화의 재현으로 인식되는 데 그치게 되었다.

지금까지 거론한 요인이 유교의 '권위' 추락과 관련된 내용이라면, 개항 이후 유교의 정치적·사회경제적 기반이 와해된 것은 유교가 가지고 있던 실제적 '권력'의 상실과 관련된 부분이라고 할 수 있다. 과거(科擧) 제도가 폐지되고 뒤이어 왕조가 멸망함으로써, 조선시대 내내 작동하였던, 사환(仕宦)을 매개로 한 유림(儒林) 집단의 재생산 구조는 붕괴되어 갔다. 물론, 자기 소유의 농토라고 하는 경제적 기반을 갖추고 전국적으로 광범하게 분포하고 있었던 유림 집단은 일제강점기에도 의연히 건재하였으나, 이들의 사회적 지위는 이전과 같을 수 없었다. 유교국가 조선의 멸망에 따른 정치적 기반의 상실로 인해 각 지역의 유림 집단은 한갓 지주(地主) 내지 유한계층에 불과할 뿐 더 이상 이전과 같은 사회의 지배층은 아니게 되었다. 나아가 해방 이후 전쟁과 산업화 과정을 거치면서 진행된 지역사회의 결집력 약화와 산업구조의 개편은 농업을 기반으로 하는 유림 집단의 세력을 결정적으로 약화시켰으며, 그 결과 유교는 존립 기반 자체가 와해되는 상황에 처하게 되었다.

이렇게 설명하면서도 필자는 늘 이것만으로는 부족하다는 생각을 하곤 한다. "어떻게 조선조 500년간 군림하면서 사회 전반에 막강한 영향력을 행사하였던 유교가, 100년도 안 되는 짧은 시간 동안에 이렇게 완전히 몰락할 수 있었는가?" 하는 의문에 대한 대답이 되기에는 미진하다고 느끼는 것이다. 아무리 우리의 근현대사가 유례없는 격변의 연속이었다고 하더라도, 전통사회에서 차지한 유교의 지위와 영향력을 생각해 볼 때 이와 같은 유교의 급격한 몰락은 쉽게 이해되지는 않는다. 유럽의 기독교, 서아시아나 북아프리카의 이슬람교의 경우와 이렇게도 다른 것은 어째서인가? 이전과 같은 국교(國敎)로서의 지위는 누리지는 못한다고 하더라도 여러 종교 가운데 하나의 종교로서 남아 있는 것조차 불가능했던 것은 어떤 연유에서일까? '근대'의 논리에 의해 미신으로 치부되어 무슨 사건만 일어나면 원흉으로 지목되면서 탄압받기 일쑤인 신종교나 무속도, 세력은 약할지언정 의연히 하나의 종교로서 존재하고 있는데, 유교만 유독 종교 내지 신념체계로서의 기능을 상실하고 전통문화, 윤리, 교양 등 영역별로 해체되어 버린 것은 어째서일까?

이런 현상은 유교 자체의 특성에서 비롯된 것인가? 아니면 역사적 과정의 특수성에서 기인한 것인가? 답이 쉽게 얻어지지는 않을 것이다. 그래도 근대 이전 전통사회의 모습을 제대로 알기 위해서, 그리고 무엇보다 오늘날의 우리 사회를 이해하기 위해서, 이 문제에 대한 고민은 반드시 필요하다는 것이 필자의 생각이다.

•김호덕

민간유교라는 개념에 대한 단상

민간유교라는 말을 쓰면서 민간유학이라고 쓰는 게 나을지 잠시 망설였다. 이 분야에 관심을 가지고 연구하고 실천하는 대다수의 중국인 학자들이 '민간유학'이라는 용어를 선호하기 때문이다. 영어로 표현할 때도 folk Confucianism과 popular Confucianism 중에 어떤 것이 적절할까 망설여진다. 앞서 말한 대다수의 중국인 학자들은 영문 초록에 folk Confucianism이라는 용어를 사용하지만, 민간종교라는 카테고리 중의 한 흐름으로 보는 입장에서는 'popular Confucianism'이라는 용어를 사용하는 이들도 있기 때문이다. 중국과 타이완의 학계에서는 그 이외의 지역에서 민간종교(popular religion)라고 일컫는 카테고리에 대하여 대체로 '민간신앙'이라는 용어를 사용하며, 중국어권에서 인식하는 '민간종교'는 '민간비밀교파'에 해당되는 경우가 많다. 아마도 이런 이유로 중국과 타이완 학계에서는 민간의 보통사람들이 믿고 실천하며 향유하는 유교적 현상들을 '민간유교'라고 일컫는 것을 꺼리고, 영문으로도 'popular Confucianism'이라는 용어를 꺼리는 것이 아닐까 짐작할 뿐이다.

천룽졔(陳榮捷, Wing-tsit Chan)는 1952년에 『근대 중국 종교의 동향 (Religious Trends in Modern China)』이라는 저서에서 유교(제1장)와 불교(제 2-3장)의 상황을 다룬 다음, '대중의 종교(the religion of the masses)'라는 제 목의 제4장에서 도교 및 재리교·백련교·귀일도 등의 전통적인 종교 조직과 20세기에 생겨난 새로운 종교 결사 등을 언급하였다. 또한 양 칭쿤(楊慶堃, C.K. Yang)은 『중국 사회 속의 종교(The Religions in Chinese Society)』(1961)에서 제도종교(institutional religion)와 분산형 종교(diffused religion)라는 개념 틀을 도입하였고, 중국의 종교적 양상을 이해하는 데 에는 후자에 속하는 '민간신앙(popular cults)'의 비중과 의미를 이해하는 것이 관건이라고 주장하였다. 20세기 중반에 영어로 출판된 이 두 권 의 중국 종교 관련 저서는 세계의 학계에 막대한 영향력을 끼쳤으며, 중국 종교를 유·불·도 삼교로 설명해왔던 기존의 교과서적 방식에 점차 변화가 생기기 시작하였다. 그들은 '민간종교(popular religion)'가 아닌 '대중의 종교' 및 '민간신앙' 등의 용어를 사용하였지만, 점차 '민 간종교'라는 영역은 유·불·도 삼교에 더하여 중국 종교를 이해하는 데에 필수적인 것으로 자리 잡게 되었고, 나아가 '민간종교'는 삼교와 는 다른 중요하고도 특수한 중국 종교의 한 파트로 부각되었다.

그렇다면 유·불·도 삼교와 '민간'의 결합은 어떠한가? '민간불교' 나 '민간도교'는 한국어에서는 흔히 사용되는데, 중국어의 경우 '민간 불교'는 상대적으로 빈도수가 높지만 '민간도교'라는 용어는 비교적 드 물게 사용되고 있다. 근현대의 상황을 염두에 두고 말하자면, 불교의 경우 민간불교와 그 외의 불교 현상을 구분하여 볼 필요가 있지만, 도교의 경우는 애초에 '민간'이라는 수식어가 불필요하다고 여겨서 그런 것이 아닐까 추측한다.* 이에 비하면 '민간'과 '유교'의 결합은 상당히 어색하게 느껴진다. 유교란 대체로 남성 지식인층이 주도해온 전통으로서, 일반인들이 공자를 모시는 석전의례에 참여할 수 있었던 것도 아니었고 조상제사 역시 여성들은 배제되는 것 외에도 모든 사람이 격식을 갖추어 치를 수 있었던 것이 아니었기 때문인지도 모르겠다.

'popular Confucianism'이라는 용어를 처음 사용한 학자는 아마도 현대신유학(New Confucianism)의 거두였던 모우종산(牟宗三)의 대표적인 제자 중 한 사람인 류슈셴(劉述先, 1934-2016)일 것이다. 그는 영어로 쓴 논문에서 'popular Confucianism'이라는 용어를 썼고, 이를 중국어로 발표하면서 '민간의 유가(民間的儒家)'라고 번역하였다. 그는 유가란 지나치게 복합적인 현상이므로 정신적 유가(spiritual Confucianism) · 정치화된 유가(politicized Confucianism) · 민간의 유가(popular Confucianism)로 나누어볼 것을 제안하였는데, 그 가운데 민간의 유가에 대하여 "민간 차원에서 작용하는 신앙과 관습으로서, 가정과 교육의 가치를 중시하고 근로와 절제의 생활방식을 지키며, 도교나 불교의 영향 및 귀신을 믿는 미신과 뒤섞여 있는 것"이라고 하였다.** 그 역시 '민간유교(民

---

* 한국에서는 '민중불교'라는 용어의 빈도수가 높지만 중국어권에서는 비교적 드물고, '民衆佛教信仰'이라는 용어가 사용되곤 한다. 도교의 경우 '民衆道教'라는 용어가 한국과 일본에서는 자주 사용되는데, 중국어권에서 하나의 개념어로 사용되는 경우는 많지 않은 것으로 보인다.
** 류슈셴은 「儒學的理想與實際: 近時東亞發展之成就與限制之反省」,《儒家思想意涵之現代闡釋論集》, (中央研究院中國文哲研究所, 2000)에서 이 글은 본래 *Understanding Confucian*

間儒敎)'라는 용어는 피했던 셈이다.

필자가 민간유교에 관심을 가지기 시작했던 것은 2015년 민간유학을 연구한다는 중국의 한 연구자로부터 한국에 와서 자신의 연구를 확장시키고자 하는 의향을 들었을 때였다. 일부 중국학 연구자들이 유학의 민간화에 관해 언급하곤 했지만, 그때 비로소 한국의 민간유교에 대하여 생각해 보게 되었다. 그녀의 연구 과제에 흥미를 느껴서 추진하다가 중국 측의 문제로 성사되지는 않았지만, '민간유교'는 언젠가는 다루어보고 싶은 도전적인 과제로 남아 있었다. 필자는 지난해 말에 비로소 이 과제에 손을 대기 시작하였는데, 조금 정리가 되는 것 같지만 한편으로는 더 큰 문제들에 부딪치고 있다. 예를 들면, '민간유교' 담론을 세 가지—① '현대 중국의 바람직한 유교의 양상'으로서의 민간유교 담론 ② '민간종교적 성격의 유교'라는 함의를 가진 민간유교 담론 ③ 기존의 유교사 전통에서 민간 친화적인 유교, 혹은 엘리트 지식인이나 관료가 아닌 민간의 일반인으로서 유교의 교리를 학습하고 유교적 문화를 누리는 주체가 되었던 이들의 학문적 성취 등을 가리키는 민간유교 담론—로 구분해보니, 이 세 부류가 상호 밀접하게 연결되어 있고 중첩되는 요소들도 있지만, 너무나 복잡하게 얽혀서 잘 보이지 않던 민간유교의 가닥이 잡히는 것 같았다. 그러나 동시에 민간유교는 신종교나 종교결사 등의 문제와도 얽혀 있으며, 중국과 타이완의 학자

Philosophy: Classical and Sung-Ming (Westport, Conn. and London: Greenwood Press and Praeger Publishers, 1998)에 실린 내용이라고 밝히고 있다.

들이 사용하는 용어와 서구나 홍콩 학자들이 사용하는 용어 사이의 불일치로 인한 문제들도 적지 않다.* 용어만의 문제가 아니다. 과연 어떤 신종교를 민간유교종파라고 할 수 있으며, 어떤 사람들이 민간유교인들인가? 필립 클라트(Philip Clart)는 신자들이 유교를 중심적인 신념이라고 고백하면 민간유교라고 말하지만, 한국의 신종교인 갱정유도의 경우, 내부인들은 유교계 신종교로 분류되는 것을 거부하는데 『한국신종교사전』(2018)에서도 갱정유도는 여전히 유교계 신종교로 분류되어 있다. 갈 길이 태산이지만 흥미진진하다!

●이연승

---

* 중국어권에서 민간종교는 주로 민간비밀교파를 의미하는데, 이를 일본의 중국 연구자들은 '종교 결사'라고 표현하는 경향이 있다.

순교(殉教)와 시복(諡福)에 관한 짧은 생각

2014년 8월 16일 서울에서 윤지충 바오로와 동료 순교자 123위 시복식이 열린다고 한다. 장소가 확정되었다는 소식은 아직 듣지 못했다. 하지만 광화문 광장이 될 가능성이 높다는 이야기가 많이 들린다. 아마 그들 순교자를 처형한 가해자라 할 만한 전통 한국문화와 피해자 천주교의 새로운 만남, 상호 인정과 화해의 메시지를 담고 싶은 모양이라고 생각하면 지나친 억측일까? 아무튼 수십 년 만에 로마 교황이 한국을 방문하여 시복식을 집전하게 되었다는 것과 더불어, 천주교라는 특정 종교에 국한된 행사이기는 하지만 약간 국제적인 성격을 띠는 바람에 이래저래 뉴스거리가 되는 모양이다.

조선 후기에 이단사설을 신봉한다는 죄목으로 처형된 천주교 신자들의 삶과 죽음을 대단히 세밀하게 기억하고, 나아가서 그들의 행적을 아름다운 이야기로 기리는 전승이 지금도 한국 천주교의 핵심적인 정체성으로 작동하고 있다. 물론 한국 천주교뿐만 아니라 세계 천주교는 역사적으로 '순교 전통'을 확립하는 일에 큰 관심을 기울였다. 박해와 관련지어 "참다운 애덕의 원형"(성 폴리카르푸스) 또는 "가장 영웅적인 행위"(성 치프리아누스)로 찬양하였고, 심지어 신에 대한 "사랑의 완성" (알렉산드리아의 글레멘스)이라는 말로 그 행위의 숭고한 가치를 표현하고자 하였다. 이런 사정은 한국 천주교라고 다르지 않다. 한 걸음 더 나아가서 한국 천주교의 역사가 비롯하는 그루터기이자 이후 교세 성장의 원동력이었다고 보고 있다.

그러나 천주교 신자가 아닌 평범한 한국인의 시각에서 본다면 순교는 그렇게 당위적인 사건이 아니다. 유교라는 기성 종교에서 천주교라는 새로운 종교로 고개를 돌리는 회두(回頭), 다른 말로 개종(改宗)이라는 의식이 존재하지 않았던 시절에 있었던 기이한 사건이 순교다. 아무리 고귀한 가르침이라고 해도 어떻게 하나밖에 없는 목숨을 내놓을 수 있을까? 당시의 유교나 불교, 민간신앙의 세계관으로는 도저히 해석할 수 없는 행위였을 것이다. 어떻게 보면 가치관의 측면에서 일종의 종교적 혁신이라고도 부를 수 있겠다. 하지만 이런 사고와 실천이 조선 후기 사회에서 갑자기 발생한 것을 어떤 개념으로 포착해야 할지 나는 아직 잘 모르겠다. 대개 학문에서 신앙으로의 전회(轉回)라는 말로 설명하는데, 아직은 그 논리적 연결고리가 정교하게 갖추어져 있지 않은 설명 방식인 것 같다. 한국 종교문화사 속에서 순교 의식의 출현의 의미에 대해서 좀 더 탐구해 볼 필요가 있다고 생각한다.

한편 순교의 영광을 찬양하는 발언들로 점철된 한국 천주교에 들려주고 싶은 낯선 목소리가 있다. 그것은 우리가 잘 아는 정진홍 선생님의 발언이다. 몇 해 전에 우연히 서점에서 책을 읽다가 기억해 둔 것인데, 이번에 다시 찾아서 읽어보았다. 순교 이야기의 뒤안길이라고나

할까? 순교 이야기가 지닌 껄끄러움을 외부자의 시각에서 지적한 것이다. 꼼꼼히 읽으면서 음미해 볼 만하다.

"'배타'와 '독선'은 그 언표가 지닌 문자적인 의미를 그대로 가진 채, 이미 그리스도교가 스스로 그리스도교이기 위해 지니고 있는 정체성의 기반입니다. 문제는 '나'와 '또 다른 나인 타자'와의 만남에서 야기되는 배타나 독선이 종국적으로 타자에 대한 정죄와 저주를 넘어, 마침내 타자의 '소멸'을 의도하는 데 이른다고 하는 사실에 있습니다. 그리스도교사는 그리스도교가 그 소멸 의지를 어떻게 실천했는가 하는 것을 기술한 역사라고 해도 좋습니다. 이 계기에서 우리는 그리스도교가 '순교사'를 가장 감동스러운 전승 내용으로 여기고 있다는 사실에 주목할 필요가 있습니다. 그것이 그리스도교의 생존원리인 배타와 독선이 어떻게 현실화되는지를 가장 극적으로 보여주고 있기 때문입니다. 순교는 타자의 소멸을 위한 장에서 이루어지는 그리스도교인의 지고한 덕목입니다. 순교는 자신에 대한 봉헌과 타자에 대한 증오를 전승하는 기제로 자리를 잡습니다. 그래왔습니다. '나'를 살해한 '다른 자아'에 대한 증오가 증폭되도록 하는 일은 피살자를 기리는 일에서 가장 효과적이기 때문입니다. 그리스도교가 순교를 기리는 '죽음 권면의 문화'를 규범적인 것으로 설정하는 것도 이와 무관하지 않습니다."(정진홍, 『정직한 인식과 열린 상상력』, 청년사, 2010, 30~32쪽.)

위의 문장을 읽은 사람들 가운데 천주교 신자가 있다면 대단히 분노할지도 모르겠다. 순교가 배타와 독선에서 나왔고, 순교를 기리는 행위에는 가해자에 대한 증오를 증폭시키는 메커니즘이 들어 있다고 하였으니 말이다. 심지어 죽음을 권면하는 문화라고까지 하지 않는가! 물론 천주교 계통의 신학자나 교회사학자들이 순교의 고귀한 가치를 설명하기 위하여 오랜 세월 동안 노력해온 것을 모르는 바 아니다. 정진홍 선생님도 그럴 것이다. 다만 평소에 그리스도교 문화와 관련하여 생각하고 있던 것을 정직하게 드러내려는 계기에서 그와 같은 용어와 개념들을 선택하였으리라고 미루어 짐작한다.

내친김에 한 가지만 더 추가하자. 최근 대학원 수업에서 학생들과 영미권에서 발간되는 종교학 학술지들을 읽고 있다. 지난 몇 년 동안 어떤 논문들이 학술지에 실리는지를 알아보고 종교 이론의 현주소를 파악하기 위해서이다. 그러다가 누멘(Numen) 제60집(2013)에 실린 「유일신교(Monotheism) 개념에 관하여」라는 글을 접하였다. 유일신교의 불관용성 내지 폭력성을 거론하면서 십자군 전쟁이나 지하드가 외향적이고 능동적인 불관용(intolerance)이라면, 단 하나의 참된 신을 위하여 죽음을 선택하는 행위인 순교는 내향적이고 수동적인 불관용의 전형적인 모습이라고 하였다. 나는 순교와 불관용을 연결하는 사고에 익숙하지 않았기 때문에 꽤 인상적으로 다가왔으며, 대번에 정진홍 선생님의 글이 머릿속에 떠올랐다.

한국 천주교는 순교 이야기를 자신의 정체성과 직결된 것으로 받아들인다. 그렇게 말해왔고, 또 지금도 그렇게 말하고 있다. 그래서 순교와 불관용을 연결하는 이야기들이 상당히 불편할 수 있다. 하지만 한국 천주교는 제2차 바티칸 공의회 이후로 지역 문화와의 대화를 많이 강조해왔다. 그래서 신학상의 토착화 논의뿐만 아니라 문화적 토착화에도 관심을 기울였다. 국악 미사를 거행한다거나 하는 등의 활동이 그러한 관심을 말해준다. 그렇다면 이제는 순교의 전통을 강조하는 것과 지역 문화와의 대화를 모색하는 것 사이에서 묘한 괴리감을 느껴야 하지 않을까? 어쩌면 내부적으로는 그러한 점들에 대해서 이미 많은 논의가 있었고, 논리적으로는 다 해결했다고 생각할지도 모르겠다.

하지만 아직 공부의 연륜이 짧은 초심자라서 나는 아직 이 문제를 제대로 직시하지 못했던 모양이다. 그렇기에 정진홍 선생님의 글이 여전히 뇌리에서 사라지지 않고 있으며, 이렇게 문득문득 다른 글을 읽다가도 비슷한 부분만 나오면 마치 방아쇠를 건드린 것처럼 생각들이 불쑥불쑥 튀어나온다. 언젠가는 종교학자의 입장에서 천주교 순교 문제와 정면으로 마주할 때가 오리라고 본다.

짧은 지면에 마지막으로 하고 싶은 말 한 가지. 순교를 신학적으로 그리고 철학적으로 조명하고 해석하는 작업도 중요하다. 천주교계에서는 이런 학술 활동들을 많이 하고 있다. 단순히 호교론이라고 치부하고 싶은 생각은 조금도 없다. 다만 이와 더불어서 한국 종교문화사 속에서 순교라는 종교 형식의 출현이 어떤 의미를 지니고 있는지를 묻고, 그 외연과 내포를 점검하는 작업도 필요하지 않을까?

● 조현범

알파고 단상

멋진 일이다. 세상에서 바둑을 가장 잘 둔다는 사람과 다섯 번의 대국을 해서 4대 1로 압승을 거둘 만큼 뛰어난 인공지능이 개발되었다니 이 얼마나 놀랍고 근사한 일인가? 지난 2016년 3월 9일부터 15일까지 진행된 이세돌 9단과 알파고의 바둑대결은 그 대국 자체도 흥미로웠지만, 그로 인해 인공지능에 대한 세간의 관심을 제고하는 계기가 되었다는 점에서도 주목할만하다.

당시 여러 매체가 알파고의 하드웨어 구성과 소프트웨어 알고리듬에 대해 상당히 전문적인 수준의 정보들을 기사화했다. 물론 이는 알파고의 작동방식에 관한 논문이 『네이처』에 게재되고 관련 소식이 알려질 때부터 조금씩 진행되었던 일이다. 그러나 그 관심이 대중매체에까지 폭발적으로 확장된 것은 이세돌과의 첫 대국에서 알파고가 승리했을 때였다.

알파고의 승리는 꽤 흥미로운 방식으로 보도되었다. 매체들은 과학기술의 놀라운 진보에 대한 환영과 축하의 메시지 속에서 알파고의 승리를 기사화하는 방식을 취하지 않았다. 오히려 매체들은 '상대 편' 알파고에 대해 소개하면서, '우리 편' 이세돌 9단이 당한 패배의 충격을 강조하고, 인공지능의 발전이 '우리에게' 가져올 미래의 불안감에 호소하는 형식의 기사를 쏟아냈다.

이런 구도의 기사들은 세간의 관심을 끄는 데 성공했다. 그뿐만 아니라 꽤 전문적인 영역의 지식과 정보를 대중들에게까지 호소력 있게 전달하는 효과가 있었다. 결과적으로 알파고의 작동방식에 어느 정도 관심을 지닌 사람들이라면 어느새 '몬테카를로 트리탐색(MCTS)', '심층신경망(Deep Neural Network)', '딥러닝(Deep Learning)' 등의 전문용어에도 익숙해져 막연하게나마 알파고의 핵심기술에 관해 약간의 개념적 이해를 가질 수 있게 되었다.

매체들은 알파고에 대한 여러 가지 분석과 논평을 내놓았고, TV의 몇몇 채널에서는 여러 분야 전문가들의 토론회도 방영되었다. 거기서 알파고의 바둑은 '사람의 바둑'과 다르다든지, 알파고가 '인간이라면 절대 하지 않을 실수'를 했다든지, 알파고가 인간처럼 '직관과 추론의 능력'을 보여주고 있다든지 하는 많은 이야기가 흘러나왔다.

그런데 이런 이야기들을 접하면서 매우 흥미로운 사실을 발견할 수 있었다. '사람의 바둑', '인간의 실수', '인간의 직관과 추론 능력' 등이 마치 자명한 것처럼, 혹은 우리가 그것들에 대해 아주 잘 알고 있는 것처럼 얘기되고 있었다는 점이다. 과연 우리는 그런 논의가 가능할 만큼 인간에 대해 잘 알고 있을까?

알파고의 바둑 능력은 분명 경이롭다. 그러나 그 알고리듬은 인간 마음의 작동방식에 비해 상대적으로 투명하게 파악된다. 축적된 인공

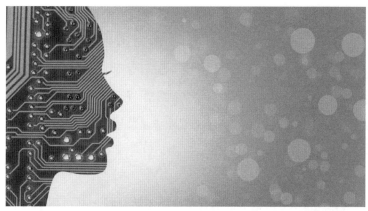

알파고가 불러일으킨 놀라움은 광의의 인간학에 남겨진 수많은 과제를 환기시켜준다. 중요한 것은, 인공지능의 알고리듬이 경이롭기는 해도 신비로운 것은 아니듯이 인간학의 여러 과제도 결코 헤아릴 수 없는 '신비'가 아니라 답변을 탐색할 수 있는 '문제'라고 보는 태도를 견지하는 것이다.

지능 분야의 지식과 알파고 개발자들의 기술을 준거로 할 때, 알파고의 알고리듬은 이미 '상당히' 알려져 있다고 말할 수 있기 때문이다. 이와 대조적으로, 아직까지 우리는 인간이 바둑을 두는 동안 뇌에서 실제로 무슨 일이 벌어지는지에 대해서는 충분히 알지 못한다. (이는 프로기사에게 바둑을 두는 동안 어떤 생각들을 했는지를 꼼꼼히 물어본다고 해서 확보할 수 있는 부류의 지식이 아니다. 두뇌의 작동방식은 자기 자신에게조차 의식되지 않기 때문이다. 현대 과학은 최근에야 인지과학과 뇌신경과학의 발전에 힘입어 이러한 부류의 지식에 조금씩 접근할 수 있게 되었다.) 바둑의 맥락에서만이 아니라, 정상적인 두뇌를 지닌 인간이 일상적으로 저지르는 실수나 직관 및 추론과 관련한 인지체계, 또 그와 함께 작동하는 다양하고 복잡한 정서체계에 대한 지식도 아직 충분하지 않은 것이 사실이다.

즉, 우리는 인간의 마음에 대해 모르는 것이 너무도 많다. 그러나 현대 과학은 그것이 영원한 미스터리로 남지는 않을 것이라 예견한다. 언젠가 과학이 인간의 실수, 직관, 추론, 감정 등의 인지적 기반들을 충분히 체계적으로 분석할 수 있게 된다면, 우리는 예술을 향유하고, 사랑에 빠지고, 다투고, 정치적 신념과 종교적 믿음을 갖기도 하는 복잡한 인간의 삶에 대해서도 더 많은 것을 알게 될 것이다. 하지만 아직 갈 길은 멀다.

사실, 인공지능의 발전은 인간에 대한 지식, 특히 인간 마음/뇌에 대한 지식의 발전과 상보적이다. 마음/뇌에 대한 지식은 인공지능의 알고리듬 개발에 기여하고, 인공지능의 알고리듬은 마음/뇌의 작동방식을 이해하기 위한 단서가 될 수 있기 때문이다. 마찬가지로, 알파고가 불러일으킨 놀라움은 광의의 인간학에 남겨진 수많은 과제를 환기시켜준다. 중요한 것은, 인공지능의 알고리듬이 경이롭기는 해도 신비로운 것은 아니듯이 인간학의 여러 과제도 결코 헤아릴 수 없는 '신비'가 아니라 답변을 탐색할 수 있는 '문제'라고 보는 태도를 견지하는 것이다. 이는 '종교'라고 불리는 복잡한 인간 삶의 양태를 연구하는 종교학자들에게도 분명히 유의미할 것이다. 이러한 태도를 견지함으로써 종교학자들은 "왜 세계 (거의) 모든 곳의 사람들이 종교문화를 갖고 있는가?", "왜 사람들은 종교를 위해 살해하고 자살하는가?"와 같이 대답하기 어려운 질문도 끈질기게 물어 나갈 수 있게 될 것이며, 나아가 궁극적으로는 자신의 실존적 물음까지도 더욱 적합한 질문으로 다듬을 수 있을 것이다.

●**구형찬**

축원에 관한 단상

'부처님 오신 날'로 기념되는 음력 사월초파일이 2019년에는 양력으로 5월 12일이었다. 평소에는 사찰에 가는 일이 없던 불자일지라도, 어쩌면 연중에 딱 한 번일지라도, 대개는 이 무렵 절에 가서 등에 불을 밝히고, 자신을 위하거나 타인을 위한 소원을 빌 것이다. 소위 연등(燃燈)과 축원(祝願)이라는 것은 불교 신행문화에서 중요한 전통이다. 초파일만이 아니라 수시로 사찰을 찾아가는 불자라면, 불상 앞에 놓인 복전함(福田函)을 잘 기억할 것이다. 말 그대로 '복의 밭'이 되리라는 상자에 평소 불자들이 현금을 보시함으로써, 스스로 축원을 삼기도 한다.

2019년 4월에 필자는 중국 항주(杭州)에서 아난다 문화교류센터[Ananda Cultural Exchange Center]와 국제 참여불교 네트웍[http://inebnetwork.org]이 공동주최한 행사에 참석하여 유명하다는 몇몇 사찰을 방문할 기회가 있었다. 그런데 중국의 법당에서 뜻밖의 문물을 발견하였고, 나름대로 흥미로워서 독자 여러분께 간단히 소개한다.

다음의 〈그림 1〉과 같이, 중국의 사찰 참배객들은 복전함에 현금을 넣는 대신에, 유명한 알리바바 그룹이 개발한 전자결제 시스템 즉 알리페이[Ali-pay]로 송금하도록 사찰의 QR코드와 안내문이 붙은 복전함이 있다. 그것을 보는 순간, 필자 머리에 퍼뜩 떠오른 것은 법당의 보시금이 비교적 투명하게 관리될 수 있겠다는 점과 소위 IT 강국이라는 우리나라에서는 왜 흔히 볼 수 없는 문물인가, 하는 점이었다.

중국의 사찰 운영은 여러 측면에서 정부의 통제를 받고 우리와는 다른 여건임을 알고 있다. 그럼에도 불구하고, 불자들이 보시함으로써 공덕을 쌓고 복락(福樂)을 기원하는 신행이야말로 공통된 문화일 것이다. 다만 필자가 상상하건대, 부처님께 참배를 하고나서 지갑의 돈을 꺼내 복전함에 집어넣는 행위와 휴대폰을 열어 QR코드로 결제를 실행하는 행위, 그 둘 사이에서 신행 경험상으로 어떤 차이는 없을까. 개인적으로는 그것이 알고 싶다.

〈그림 2〉는 역시 중국에서 또 다른 지역 사찰에 갔을 때의 사진이다.

장차 인공지능 시스템이 우리의 일상생활을 더욱 광범위하게 통솔하는 수준에 이른다면, 인간 본연의 영적이고 종교적인 차원에는 어떤 영향을 미칠 것인가. 종교계에 점점 더 깊은 성찰이 필요해지고 있다.

일행 중 누군가가 중앙의 붉은 색 복전함에 돈을 넣는 순간, 어딘가에서 큰 소리로 녹음된 중국말이 흘러나왔다. 깜짝 놀란 필자가 중국인 친구에게 뭐라고 말하는 것인지를 물었더니, 그 내용인즉, 방금 보시한 사람을 위해서 평범하게 축원하는 메시지라고 했다. 누군가 복전함에 돈을 넣을 때마다 그것을 지켜본 사찰의 종무원이 녹음기를 틀 것 같지는 않았고, 아마도 복전함에 특별한 센서를 부착했을 것 같았다.

그렇다면 혹시, 화폐가 아닌 물건을 복전함에 넣었을 때는 어떻게 반응할까. 신실(信實)한 불자라면 그런 허위의 보시를 상상하는 것만으로도 불편한 심기가 되겠지만, 지적 호기심이 좀 있는 필자로서는 반응실험을 하고 싶은 충동이 잠깐 일어났다. 하지만 당시 법당에 보는 눈들이 많아서, 차마 가짜 보시를 실험하지 못하고 조용히 물러나왔다. 분명 기계음처럼 느껴지고 어느 면에서는 "만인평등"하게 축원하던 소리가 아직도 묘한 여운을 남기고 있다.

근래 일본의 어느 사찰에서는 대중에게 설법을 하는 법사(法師) 로봇도 있다고 하는데, 복전함에서 몇 마디 축원의 메시지를 반복하는 자동응답기의 활용쯤이야, 특별할 것도 없는 세상이 되어가는 모양이다. 그럼에도 불구하고, 보시와 공덕(功德)과 축원의 가르침을 믿고 수행하는 불자들의 내밀한 신행 경험에서, 이 기계적 장치들로 인한 하등의 변화는 없을 것인가. 장차 인공지능 시스템이 우리의 일상생활을 더욱 광범위하게 통솔하는 수준에 이른다면, 인간 본연의 영적이고 종교적인 차원에는 어떤 영향을 미칠 것인가. 종교계에 점점 더 깊은 성찰이 필요해지고 있다.

●이혜숙

롤랑 바르트의 마지막 강의,
그리고 종교학 강의에 대한 단상

　기호학과 이데올로기 비평으로 현대 신화연구에 깊은 영향을 준 롤랑 바르트(Roland Barthes, 1915~1980)는 프랑스 지식인 최고의 명예인 콜레주 드 프랑스에 취임한 후 얼마 되지 않은 1980년 교통사고로 갑자기 세상을 떠났다. 그와 함께 1977년 1월 콜레주 드 프랑스에서의 취임강연과 약 2년 남짓의 강의는 "어떤 운명을 예감한 제사와도 같은" '마지막 강의'이며 유고가 되었다. 쇠이유출판사는 1978년부터 1980년까지 콜레주 드 프랑스에서 바르트가 했던 〈소설의 준비〉라는 주제의 강의와 〈미로의 은유〉, 〈프루스트와 사진〉에 대한 세미나 노트를 함께 엮어냈고, 바르트 탄생 100주년 기념으로 올해(2015) 『롤랑 바르트, 마지막 강의(*La Preparation du roman I et II* (Cours et seminaires au College de France 1978-1979 et 1979-1980))』(민음사)라는 국내 번역본을 냈다.

　육중하고 매력적인 어조, 권위 있지만 무한한 환대를 베푸는 따뜻함이 있었다는 바르트의 강의는 유창하고 유연했지만, 녹취록과 비교해 보면 탁월한 임기응변처럼 보이는 부분조차 강의노트에서 크게 벗어나지 않았을 만큼 세심한 글쓰기에 바탕을 두고 있었다고 한다. 글쓰기에 대한 강렬한 욕망과 두려움이 점철되어 있음에도 불구하고, 그의 강의와 세미나는 연구와 글쓰기, 강의가 맞물리는 어떤 이상적 조화를 보여준다.

바르트의 강의는 원제처럼 글쓰기, 특히 소설 쓰기의 준비에 대한 것이었다. 기호와 구조, 언어의 출구없는 감옥에서 어떻게 구원의 언어, 탈권력의 언어체로 끊임없이 새로운 출구, 문학의 유토피아를 구체화할 것이냐에 대한 그의 고민이 세심한 강의 설계도 안에 구체화되어 있다: "우리는 신앙의 기사도, 초인도 아닙니다. 그러므로 우리에게는 언어체를 가지고 속임수를 쓰는 일, 언어체를 속이는 일만이 남아 있습니다." 편집자 나탈리 레제는 서문에서 "바르트의 강의 '소설의 준비'는 하나의 대답 그 이상이다. 이것은 완전한 가르침이다. 그도 그럴 것이 이것은 탐구의 대항해를 보여줄 뿐 아니라 청중들 앞에서 탐구의 법칙을 극적으로 보여 주기 때문이다. 탐구대상에 대해서는 아무것도 알 수 없고 오로지 탐구자 자신에 대해서만 알게 된다는 그 법칙을 말이다."라고 쓰고 있다.

특정한 해답을 제시하는 것이 아닌 그러한 바르트의 "완전한 가르침"은 완전한 글도 아니고 완전한 화언행위도 아닌, 잠재적인 대화가 특징짓는 특수한 산물로서의 '강의'의 일회성과 현재성에 집중되어 있다. 강의는 "처음부터 죽어야만 하는 것, 또 죽기를 원하는 것, 존재하지만 어쨌든 곧 죽을 것으로서의 발화"인 것이다. 그는 강의를 책으로 출간하는 것, 그렇게 과거를 관리하는 것을 거부했다. 그 강의노트가 출판된 것은 그런 점에서 아이러니한 일이지만, 강의와 글쓰기의 긴장과 조화, 글쓰기와 말하기, 가르치기의 복합적 실천으로서의 강의의 여러 차원에 대한 사유를 불러일으킨다는 점에서 우리에게는 풍요로운 일이다.

콜레주 드 프랑스에서의 강의는 고등실천연구원에서의 세미나식 강의와는 아주 다른 것이었다. 한 테이블을 둘러싼 소수의 학생을 대상으로 한 '사랑의 대화'로서의 세미나식 강의와 달리 익명의 다수 청중을 향한 강의는 다른 공간에서의 새로운 대화의 방식이었던 것이다. 그의 강의노트는 그러한 강의의 즉흥성과 현재성에 집중할 수 있도록 정교하게 준비되었다. 흥미로운 것은 그 사이에 삽입된 '미로의 은유'에 대한 세미나이다. 특정한 주제를 던지고 여러 분야 연구자들이 자유롭게 토론하는 그와 같은 학제적 세미나는 청중에 대한 강의와 상호 보완적이면서도 어떤 완결된 리듬을 형성하고 있는 것처럼 보인다.

이는 현재 대학교육에서 전공강의와 교양강의의 성격과 위상차 및 관계에 실마리를 제시한다. 소수의 종교학 전공자를 위한 강의와 종교학 교양 혹은 대중강좌는 청중, 강의 공간, 청중과 강사의 관계 등에서 차이를 가질 수밖에 없다. 종교학 학부나 대학원 교과과정만큼 일반교양으로서의 종교학, 종교학 대중강좌의 교육방향과 의미에 대한 진지한 고민이 필요한 것이다. 콜레주 드 프랑스에서의 강의를 시작하던 바르트의 소회와 그가 강의와 세미나를 리드미컬하게 운용하던 방식은 그런 점에서 흥미롭다.

게다가 우리는 이러한 대중강좌가 초기 종교학사에서 했던 역할을 떠올릴 수 있다. 프리드리히 막스 뮐러, 제임스 프레이저, 윌리엄 제임스 등 종교학의 선구자들은 영국 대학이 교양있는 시민을 대상으로 연기포드 강좌(Gifford Lectures)나 히버트 강좌(Hibbert Lectures)에서 종교학에 대한 대중적 관심과 호응을 불러일으켰다. 그러한 대중강좌들은 초기 종교학의 사회적 확산이나 소통창구이기만 했던 것이 아니라, 종교학 이론의 발전에도 활력을 불어넣으며 종교학 고전을 형성하는 견인차가 되기도 했던 것이다.

상아탑 내에 유폐되어 있던 대학 강의들이 전형적인 평생교육강좌를 넘어서 온라인 강의, 팟캐스트와 같은 새로운 매체, 각종 콘서트와 토크쇼, 시민강좌 등 다양한 청중에게 다양한 방식으로 소비되면서 변형, 진화하고 있는 최근의 흐름도 예사롭지 않다. 지식 대중화의 범위나 방식이 변화되고 있는 이러한 새로운 흐름은 종교학을 연구하고 가르치는 이들에겐 하나의 도전이자 창조적 모험이 될지도 모른다. 친밀한 사랑의 대화로서의 심포지온, 대학의 일반교양, 시민 교양 강의의 교차로에서 종교 혹은 종교학 가르치기의 서로 다른 지향점과 접점에 대한 진지한 고민과 성찰이 요청되는 때가 아닌가?

이에 새로운 삶, 새로운 강의를 시작하던 바르트의 우아한 맺음말을 다시 음미하면서 그가 보여준 연구와 세미나, 그리고 강의의 맹렬한 긴장과 조화를 되새겨본다.

한때 우리가 아는 것을 가르치던 시기가 있었습니다. 이어 우리가 알지 못하는 것을 가르치는 시기가 왔습니다. 이것이 바로 연구

(chercher)라고 불리는 것입니다. 그리고 지금은 어쩌면 배운 것을 잊어버리는(désapprendre), 또는 우리가 관통한 지식이나 문화, 믿음의 침전물에 망각이 부여하는 그런 예측불허의 수정작업을 허용하는 또 다른 체험의 시기가 온지도 모릅니다. 그 체험은 잘 알려진, 그러나 유행에 뒤진 한 이름을 가지고 있으며, 바로 그 어원의 교차로에서 저는 감히 스스럼없이 그 말을 다시 쓰고자 합니다. 즉 예지 (sapientia)라는 말을, 어떤 권력도 존재하지 않으며, 약간의 지식과 약간의 지혜, 그리고 가능한 많은 맛을 가진 그 말을. (롤랑 바르트, 1977년 1월 7일, 콜레주 드 프랑스 취임 강연, 『텍스트의 즐거움』 중 〈강의〉, 143쪽)

●안연희

제4부

구상

반야심경과 분류체계

　불교에 문외한인 사람도 귀에 익숙한 『반야심경』의 구절이 있다. 바로 '색즉시공 공즉시색(色卽是空 空卽是色)'이다. 바로 앞 구절이 비슷한 의미의 '색불이공 공불이색(色不異空 空不異色)'인데, 그만큼 이 부분이 『반야심경』의 강조점임을 알 수 있다. 하지만 텍스트를 읽어보면, '색즉시공'의 측면이 두드러지는 반면 '공즉시색' 혹은 '공즉시오온'의 측면은 다만 뒷면에 잠재되어 있다는 느낌이 든다. 이런 느낌이 틀리지 않는다면 의문이 든다. 왜 양쪽의 중요한 의미 가운데 한쪽 측면은 전면에 부각시킨 반면 다른 쪽 한편은 뒤로 물리는 듯한 포즈를 취한 것일까?

　아마도 『반야심경』이 만들어졌을 때의 상황과 연관되지 않을까 한다. 『반야심경』은 기본적으로 '색즉시공 공즉시색'을 주장하지만 텍스트에서 공의 측면에 좀 더 강조점을 둔 듯한 인상을 받는 것은 색의 측면이 지나치게 강조된 시대적 맥락에서 『반야심경』이라는 텍스트가 형성되었기 때문이 아닐는지. 이런 점은 두 가지 측면 가운데 어느 쪽을 보다 강조하느냐를 놓고 불교사상사에서 끊임없이 각축을 벌인 과정을 살펴보면 어느 정도 알 수 있다. 공(空)의 측면이 "너무" 강조되고 있다고 여겨진 경우에는 가차 없이 그 불균형을 견제하기 위해 색(色)의 측면을 부각시키는 논점이 대두되었던 것이다.

『반야심경』의 유명한 구절 '색즉시공 공즉시색'을 분류체계의 관점에서 풀이해 보면, "분류체계는 영원불변한 것일 수 없지만, 분류체계가 없는 삶도 없다."라고 말할 수 있다. 『도덕경』에서 무욕(無欲)과 유욕(有欲), 경계선 너머의 묘함을 보는 것(觀其妙)과 경계선을 보는 것(觀其徼)을 대응시킨 것도 분류체계의 차별상과 그것을 넘어서는 것을 가리키고 있다. 예수가 바리새파에 대해 격렬하게 비판한 것은 율법이라는 분류체계 자체라기보다는 율법의 고정화로 삶이 불필요하게 억압되었기 때문이었다.

분류가 이루어진다는 것은 원래 없던 구분선이 그어져서 분할이 생긴다는 것이고, 이는 항상 특정한 맥락이 있다. 일단 구분선이 만들어지면, 한편으로 그 분할을 소중하게 여기고 지키려는 힘이 나타나며, 다른 한편으로는 그 분할 자체를 뒤엎어서 새로운 구분선을 만들려는 힘도 작동한다. 구심력과 원심력의 양 방향의 힘 모두에 지고의 가치가 부여될 수 있는데, 이런 점은 성스러움에 관한 두 가지 이론이 잘 보여준다. 분류가 없는 삶은 있을 수 없지만, 고정불변의 분류도 있을 수 없다.

19세기 후반 우리가 수용하기 시작한 새로운 학문은 서구의 역사와 문화적 맥락에서 나타난 것이었으므로, 조선시대의 공부법과 매우 다른 것이었고, 생소한 지식 분류법을 지니고 있었다. 하지만 당시의 위기상황을 극복하기 위한 방책으로 새로운 분류법이 채택되었고, 지식의 전면적 개편이 일어나게 되었다. 'science'라는 용어가 '科學'으로 번역된 것을 보더라도 당시 사람들이 얼마나 새로운 지식의 구분선에 대해 민감하게 생각했는가 하는 점을 짐작할 수 있다. 여러 가지 하위 영역으로서의 '科'를 거느리는 '科學'으로서 'science'에 대한 인식을 성립시켰기 때문이다. 이 구분선이 바로 근대적 학문 영역(discipline)의 경계선이 된 것이다.

지금 서구 학계는 1970년 이후 구체화된 학문의 소통 및 융합을 활발하게 전개하고 있다. 학문 영역의 구분선을 그대로 두고 소통만을 강조하는 간(間)학문적(interdisciplinary) 관점의 부족함이 이미 널리 알려져서, 그 구분선도 지울 수 있다는 초학문적(transdisciplinary) 관점이 확산되고 있다. 여기에서 이런 상황에 대응하는 우리의 세 가지 태도를 생각해 볼 수 있다. 첫 번째는 서구 학계의 이런 흐름을 잠시의 유행으로 간주하고, 백 년의 역사가 보증하는 근대적 지식 분류법을 그대로 고수하는 것이다. 우리의 관점을 바꿀 만한 "괄목할 만한 일은 일어나지 않았다."라는 태도이다. 두 번째는 서구 학계의 새로운 변화를 좇아 우리도 그들이 하듯이 바꾸는 것이다. "백 년 전에도 그랬듯이 이번에도 그들을 따른다."는 태도이다. 세 번째는 앞의 두 가지 태도를 비판하면서 우리가 처한 상황에서 지식의 새로운 분류체계가 등장하는 조건을 검토하는 것이다. 이는 "그어진 구분선은 변화된 조건에서 바뀌기 마련이다."라는 태도이다.

세 번째 관점에서 볼 때 첫 번째의 태도는 짐짓 서구의 모방에 저항하는 듯이 보이지만, 자신의 게으름을 무마하려는 수법일 뿐이다. 첫 번째 관점은 분류법이 늘 변하기 마련이라는 점에 대해 충분한 인식을 못하고 있다. 두 번째는 발 빠르게 움직이는 것 같으나, 자신의 맥락을 철저히 도외시한다는 점에서 헛수고로 그칠 수밖에 없게 된다. 서구가 보편성을 장악하고 있으므로 서구 학계의 흐름만 따라가면 된다는 환상 속에 빠져있기 때문이다. "백 년 전에도 그랬듯이" 이번에도 그들을 따른다는 관점은 백 년 전의 조상들이 사상적인 고투를 하면서 새로운 지식 분류법을 수용한 과정을 망각하는 처사에 다름 아니다.

새로운 분류체계의 등장은 특정한 상황 속에서 작동하던 기존 체계와 길항 관계를 벌이면서 이루어진다. 하지만 분류체계의 등장과 퇴장은 내재적이다. 분류체계가 만들어지는 순간, 와해의 조건을 내부에 간직하고 있기 때문이다. 그래서 하나의 분류체계에 집착하는 일은 이미 그 내부에 싹터있는 변화를 볼 수 없기 때문에 발생한다. 첫 번째는 구제 불능의 둔감함에 빠져있고, 두 번째는 남의 삶을 사느라고 자신의 삶은 내팽개쳐 놓고 있다. 분류체계의 등장과 퇴장은 겹쳐져 있다는 것과 서구의 '후마니타스'도 하나의 '안트로포스'에 불과하다는 것을 잊지 않는 것이 필요하다.

● 장석만

'인간적인 것 너머'의 종교학

　지금껏 종교학은 종교 현상을 '인간적인 것'으로 전제하고, 종교 현상을 인간 이해를 위한 핵심적 영역으로 여김으로써 비로소 성립되고 또 발전해온 학문이다. 초자연의 영역을 전제하지 않고서 '인간적인' 영역에 초점을 맞추어 종교에 대해 이야기하는 길이 열리면서 종교학이란 학문이 발전해왔다. 그런데 오늘날 우리는 인간적인 것 너머로 시야를 확장할 것을 요청받고 있다. 현대 사회는 인간중심적 사고의 한계를 실제적인 환경 악화의 문제를 통해 심각하게 경험해왔다. 많은 현대인은 생태적 위기를 경험하면서, 세상을 바라보는 우리의 인간중심적 시각에 문제가 있음을 느끼게 되었다. 그리고 인간적인 것 너머로 확장된 시야에서 인간을, 그리고 인간적인 것을 새롭게 바라보는 시선의 변화가 전 방위에서 요청되고 있는 것이다. 만약 '인간적인 것' 너머로 시야를 넓혀서 인간을 포함한 더 큰 생태계 속에서 종교 현상을 조명한다면, 종교학의 논의는 어떻게 조정될 수 있을까?

　오늘날 인간보다 더 큰 세계에서 종교 현상을 바라보는 여러 접근법 가운데 주목할 만한 것은 이른바 '새로운 애니미즘' 논의다. 애니미즘은 "생명, 숨, 영혼" 등을 의미하는 라틴어 '아니마(anima)'에서 유래한 용어다. 19세기 후반에 탄생한 타일러(Edward B. Tylor, 1832~1917)의 애니미즘 이론은 인간만 영혼을 갖고 있다는 선이해를 바탕으로 하며, 왜 '원시인'들은 인간 이외의 존재에게도 영이 있다고 상상했을까를 추론하는 가운데 탄생한 이론이다. 타일러는 그들이 '합리적인 마음'을 가지고 죽음이나 꿈 등의 현상을 설명하려고 시도하는 가운데 영적인 존재에 대한 믿음, 곧 종교가 생겨났다고 보았다. 아니마를 '영혼'과 연관 짓고, 애니미즘을 무생물 속의 영적 존재를 믿는 원시적인 종교로 규정하는 용법이 아직도 우세하다.

그렇지만 최근에는 영적 존재들에 대한 믿음이라는 타일러식 '낡은' 애니미즘 논의를 넘어서는 '새로운' 애니미즘 논의가 학계에서 다양하게 전개되고 있다. 여러 갈래에서 갖가지 논의가 펼쳐지고 있지만, 종교 현상의 맥락으로서 생태환경과의 상호작용을 결정적 요인으로 제안한 데이비드 에이브럼(David Abram)의 이야기를 간단히 소개하고 싶다. 그의 이력은 독특한데, 그는 클럽에서 마술 공연을 통해 돈을 벌어 학비에 충당했던 숙련된 마술사(magician)였다. 유럽에서 길거리 마술을 하며 여행하다가 마술이 심리치료에 도움이 된다는 것을 경험한 에이브럼은 민간에서 이루어지는 치유법과 주술(magic)의 관계를 연구하기를 원했다. 1980년대 초에 현지조사를 떠난 그는 인도네시아와 네팔에서 원주민 주술사들(magicians) 및 샤먼들과 서로의 'magic'을 교류하면서 가까워졌고, 그들과 함께 지내는 가운데 얻은 통찰을 여러 편의 글로 써냈다.

그는 오늘날 많은 이들이 사용하는 "인간(적인 것)보다 더 큰 세계 (the more-than-human world)"라는 용어를 처음 사용한 것으로도 잘 알려져 있다. 에이브럼의 말을 빌리면, 인간은 인간보다 더 큰 세계와 끊임없이 영향을 주고받는 관계적 동물이다. 이러한 관계에서 중요한 것은 지각(perception)을 통한 소통이다. 인간은 피부로, 콧구멍으로, 귀로, 눈으로 감각적인 환경의 모든 측면을 느끼고 또 표현하면서 주위 세계와 관계를 맺어왔다. 하늘의 빛깔이나 바람소리 등 지구의 감각적인 것들의 모든 측면은 우리를 관계 속으로 이끌 수 있다. 그런 의미에서 지구상의 모든 것은 '말할' 수 있고, 우리는 거기에 응답해왔다.(그러나 현대 사회에서 우리는 거의 배타적으로 다른 인간 및 우리 자신의 인공적인 테크놀로지에만 관여한다. 현대 세계에서 우리의 지각 세계는 매우 축소되었고, 인간보다 더 큰 세계를 온전히 지각하지 못하는 동물이 되어버렸다.)

「주술의 생태학(The Ecology of Magic)」이란 글에서, 데이비드 에이브럼은 인도네시아 원주민 사회의 주술이라는 종교 현상을 인간과 감각적인 자연환경과의 상호작용으로 재조명한다. 그가 볼 때, 원주민 사회의 주술사나 샤먼은 원주민 사회의 에콜로지스트다. 그들이 하는 일은 흔히 생각하듯이 초자연적 존재를 만나는 게 아니며, 오히려 그들은 원주민 사회에서 "인간보다 더 큰 세계"와 인간을 연결하는 매개자이자 관계의 인도자로서 기능한다. 에이브럼은 많은 서구 학자들이 인도네시아 주술사들의 황홀경 상태를 길고 상세히 다루면서도, 주술사들이 다른 종 및 지구와의 관계, 비인간 자연과 다른 인간들 사이의 매개로서 작용하는 측면을 애써 간과해왔다고 비판한다. 종교(religion)

의 어원에서 '다시 연결(re-relate)'의 의미를 찾는다면, 에이브럼에게 주술이란 종교 현상은 초자연적 존재(신)와 인간을 다시 연결하는 것이라기보다는, 인간보다 더 큰 세계(생태계)와 인간을 다시 연결하는 기능을 하는 것이다. 에이브럼의 논의에 대한 학계의 평가는 다양하다. 격렬히 환영하는 사람이 있는가 하면, 비판하는 사람도 많다. 어떻든, 그의 논의는 연구자의 시야가 인간적인 것 너머로, 인간보다 더 큰 세계로 확장될 때, 종교 현상에 대한 접근이 어떻게 달라질 수 있는지 보여주는 한 가지 사례가 될 것이다.

인간보다 더 큰 세계를 고려하기 시작할 때, 이제껏 간과해왔던 비인간 존재들, 자연력, 생태환경이 종교 현상에 관한 우리의 논의 속으로 들어올 때, 우리는 인간(적인 것)과 인간(적인 것)보다 더 큰 세계의 관계를 여러 각도에서 묻게 된다. 가령 인간은 인간보다 더 큰 세계를 감각하는 존재일 뿐 아니라, 인간보다 더 큰 세계에서 감각되는 존재이기도 하다. 비인간 존재에게 가장 '인간적인' 우리의 행위들은 어떻게 비칠까? 실제로 여러 학자는 자신의 고유한 물음을 가지고 학계의 통념에 도전해왔다. 우리는 악어에게 물려 죽을 뻔한 발 플럼우드의 글(The Eye of the Crocodile)을 읽으면서, 악어의 눈에 인간은 어떻게 보일 것인지 생각해볼 수 있다. 『숲은 생각한다』를 쓴 에두아르도 콘처럼, 숲의 눈에 보이는 세계는 어떤 것인지 물을 수 있다.

세계는 인간적인 것 너머로 열려 있으며, 인간은 세계의 극히 일부에 불과하다. 이 지극히 상식적인 이야기를 새삼 진지하게 받아들일 때, 우리의 논의는 어떻게 달라질 수 있을지 궁금하다. ●유기쁨

인도-유럽의 신화 비교와 학문적 상상력

세계적으로 감염병이 대유행하는 상태가 일상이 된지 1년이 지났다. 비대면 문화의 확산으로 때아닌 호황기를 누리는 사업도 있지만 사회적 거리두기로 모임 인원의 제한, 감염에 대한 우려 그리고 활동 제약으로 인한 무기력증으로 많은 사람이 우울감을 느낀다고 한다. 이를 두고 '코로나 블루', 그 정도가 심하면 '코로나 레드'라는 신조어를 사용하기도 한다. 현재는 백신 접종의 속도전으로, 1년 이상 지속되고 있는 바이러스와의 싸움이 새로운 국면으로 접어드는 것 같다. 이와 같은 어려운 시절에 각종 모임이나 행사가 축소되기도 하는데, 그럼에도 불구하고 한국종교문화연구소에서는 최근에 단행본을 출간한 저자를 초청하여 책에 대한 이야기를 듣고 토론하는 비대면 〈저자 초청 강연〉을 새롭게 진행하고 있다. 덕분에 집에서 저자의 생생한 강연을 듣는 호사를 누릴 수 있게 되었다.

그 첫 강연은 김현자의 『조르주 뒤메질, 인도-유럽 신화의 비교 연구: 그리스, 스칸디나비아, 인도, 로마의 신화들』(2018)이었다. 우선 루벤스 작품 〈파리스의 심판〉의 세 여신을 모델로 한 책표지에서 북유럽, 인도 신화등 광범위한 자료를 인용하고 분석한 책임에도 불구하고 그리스 신화가 부각되었다는 인상을 받았는데, 강연에서 저자는 뒤메질(1898~1986)의 이론에 따라 트로이 전쟁의 신화적 원인이 3기능의 부조화에 있다는 것을 주로 다루었다. 그리스 신화를 전면에 배치한 이유에 대해서 저자는 다른 지역 신화에 비해 그리스 신화는 국내 연구자나 일반인들에게 덜 낯설기 때문에 독자들의 당혹감을 덜어주기 때문이라고 하였다. 하지만 신화 연구자뿐 아니라 신화에 관심있는 독자들은 그리스 로마 신화를 암암리에 신화의 본보기나 표준으로 여기는 경향을 진작부터 우려하며 관심의 다변화를 촉구해왔다는 점을 감안할 때, 이와 같은 독자에 대한 배려는 오히려 현실과 배치(背馳)될 소지가 있다.

뒤메질은 1986년 디디에 에리봉(Didier Eribon)과의 인터뷰에서 1938년 이후부터 자신은 그리스 신화 연구를 거의 하지 않았음을 인정하였다. 분명한 것은 프리드리히 막스 뮐러(1823~1900)로 대표되는 초기 비교신화학의 한계를 돌파하는데 초석을 마련한 것으로 평가되는 뒤메질의 3기능 이데올로기(l'ideologie trifonctionnelle)는 인도 고대의 대서사시 《마하바라타》와 로마 신화를 두 개의 축으로 연구하는 과정에서 발견되었다는 점이다.

브루스 링컨은 "뮐러가 종교학의 창시자이지만 비교신화학 연구는 그의 무능력 때문에 실패하고 말았으며 뒤메질 덕분에 종교학은 구제되었다"라고 말했는데, 그만큼 인도-유럽인들의 공통 관념인 3기능 이데올로기의 발견은 인도-유럽 신화 연구와 종교학에 큰 영향을 끼쳤

다. 뒤메질의 이론에 대한 평가는 인도 신화에 대한 검토를 하지 않고
는 이루어 질 수 없다고 해도 과언이 아닐 것이다.

여기서 신화학의 상식으로 통하는 인도-유럽 신화를 되물어 보고자
한다. 인도는 지리적으로 동양에 있지만 인도신화를 동양신화라고 하
지 않는 것을 인도인들은 어떻게 받아들이고 있는가? 인도는 언어, 종
족적으로 인도-유럽 계통에 속하여 인도신화는 그리스 신화, 게르만
신화 등 서구 신화와 동계(同系)라는 것을 인도학자들은 당연하게 받
아들이고 수긍하는가? 이러한 물음들은 매우 기본적인 것이지만 서구
의 인도학자들이 아닌 인도내의 인도학 연구자들의 자료가 제한되어
있는 상황에서 조심스런 물음이 될 수 있을 것이다. 심재관의 〈조르주
뒤메질의 기능적 삼분주의(functional tripartism)와 인도신화 연구〉에서
는 인도-유럽 비교언어학에서 출발한 비교 신화학은 유럽의 관념적 혹
은 인종적 범주 속에 인도를 귀속시키는 결과를 초래했고, 유럽 문명
의 영역을 남아시아까지 확장시킴으로써 인도학자들이나 산스크리트
학자들이 유럽 문명과의 상관속에서 그들의 자료를 고찰해야 하는 과
제를 남긴 셈이라고 보았다.

주지하다시피 근대 학문으로서 신화학은 근대 유럽의 산물이다.
18-19세기 유럽의 낭만주의 사조의 영향아래 비교언어학이 유행하여
인도-유럽 언어의 공통분모를 추구하였고, 뮐러로 대표되는 자연신화
학파는 인도-유럽의 신화를 비교하여 단일한 기원을 모색하는 과정에
서 비교 신화학이 출발하였다. 링컨이 지적한 바와 같이 서구 상상계
의 산물인 근대 신화학은 인도-유럽 종족의 기원을 탐색하고 그것을

재구성하는데 열중해왔으며 이러한 경향이 근대의 민족 담론과 연동하면서 제국주의적 욕망과 긴밀한 관계에 있었다. 따라서 초기의 비교 신화학에서 연구자의 상상력이 당시에 식민 지배를 정당화하는 이데올로기를 공급하는 역할을 한 셈이라는 것은 부정할 수 없다. 이와 관련하여 링컨의 다음과 같은 지적은 학문적 상상력에 따른 이론화(theorizing)가 또 하나의 신화가 될 수 있다는 점에서 신화 연구자들에게 시사하는 바가 크다.

> "인도-유럽의 공통기어(共通基語)를 재구축하고자 시도했던 사람들은 공통기어를 사용했던 사람들을 상상하는 것이고 그러한 사람들의 집단을 상상하는 것이며 나아가 그들이 살았던 공간, 그들이 살았던 시대, 그들의 특징적인 성격 등을 상상하는 일이다. (중략) 그들은 타인의 신화를 해석했다고 하지만 사실 그들 신화의 주위를 맴도는 순환의 소용돌이로 들어가는 것이며 심지어 그 타인이라는 존재마저도 그들 자신의 상상과 담론이 낳은 산물일 수 있다."
> (B. 링컨,『신화 이론화 하기』, 170-171쪽)

새삼 인간 상상력의 힘은 인간의 상상을 초월할 만큼 그 영향력이 넓고 깊다는 것을 실감한다. 서구 제국주의를 모델로 삼았던 일본 제국주의를 통해 형성된 한국 신화학에서도 인도-유럽의 단일한 기원을 꿈꾸는 신화의 그림자를 볼 수 있기 때문이다.

●하정현

캉유웨이[康有爲]의 기이한 부활

백일유신이라고도 하는 무술변법을 이끌었던 대표적 인물 중 한 사람인 캉유웨이가 요사이 중국에서 기이한 형태로 '부활'하고 있다. 이제 캉당[康黨]이라고 하면 더 이상 무술육군자(戊戌六君子) 등을 비롯한 캉유웨이 제자나 동지였던 이들을 떠올리는 것이 아니라, 21세기 대륙신유학자들을 떠올리게 될 정도다. '대륙신유학'이란 중국 본토에서 '강타이[港臺: 홍콩과 타이완]신유학' 혹은 '해외신유학'이라고 부르는 '현대신유학'의 대륙적 버전을 말한다. 당대(當代)신유학이라고도 불리는 현대신유학은 5·4운동 시기에 대두된 반전통의 흐름에 동조하지 않고, 서구 문화를 선별적으로 수용하여 그 가치를 아우르면서 중국 전통문화의 인본주의적 가치를 선양하고 회복시키고자 했던 슝스리[熊十力]·량슈밍[梁漱溟]·장쥔마이[張君勱]·허린[賀麟] 등 중국의 일부 지식인들로부터 유래한다. 중화인민공화국의 성립 이후, 전통 문화와 사상의 가치를 주장하던 일부 학자들은 중국에 남아서 험난한 학문 여정을 이어가기도 하였지만, 마르크스 이념에 반대하던 이들은 중국 본토를 떠나 중국 문화에 대한 사명감을 가지고 착실하게 연구 성과를 축

21세기 중국 대륙에서 캉유웨이는 대륙신유가들에 의하여 중국유학뿐 아니라 중국의 정치와 문화 전체가 회귀해야 할 근원과 같은 의미로 소환되어 숭앙의 대상이 되고 있는 것이다. 사진은 캉유웨이와 그의 작품.

적하였다. 주로 홍콩과 타이완에서 이어진 이 흐름은 1980년대 중국의 개혁개방 이후 점차 중국 본토에도 전해지고 서구의 학계에도 알려지기 시작하면서 이제는 경시할 수 없는 유교사의 현대적 족적을 이루고 있다. 대륙 학계에서도 처음에는 배우는 자세로 이 현대신유학의 성과를 수용하였으나, 1990년대 중반부터 점차 기존의 '강타이신유학'에 대한 비판의 태도를 보이면서 대륙 특유의 현대신유학을 모색하였고, 지금까지 30년 가까운 시간을 거치면서 '대륙신유학'을 형성해왔다. 이 대륙신유학에서 캉유웨이는 단지 '부상'했다고 하기보다는 '부활'했다고 하는 편이 적합하다.

캉유웨이는 실패한 개혁가이자 쑨원[孫文]의 공화혁명에 반대하여 입헌군주제를 지지했던 보수적인 보황파(保皇派)의 리더였으며, 유교를 개혁하여 국교화하려고 했던 공교운동을 이끌었으나 실패에 그쳤다는 평가가 일반적이었다. 함께 무술변법을 도모했던 동지들과 친동생이 처형당했을 때 캉유웨이는 해외로 도주했고, 망명 생활을 할 때 일종의 호신부 역할을 했던 의대조(衣帶詔)는 광서제가 캉유웨이에게 준 것이 아니라는 사실이 드러나면서 그의 명성은 크게 추락하였다. 남녀평등과 자유연애 및 일부일처제를 주장했으나 실상 그 자신은 여섯 부인을 두었고, 특히 60의 나이에 재력으로 18세의 소녀를 마지막 부인으로 맞이했을 때에는 그 누구의 축하도 받지 못했으나 아랑곳하지 않았다고 하니, 문화대혁명 기간에 그의 무덤을 파헤치고 두개골을 장대에 매달아 끌고 다녔던 홍위병들이 한결 더 당당했을지도 모르겠다. 물론 캉유웨이의 인격적 결함이 우국의 심경에서 나온 그의 정치적 행보나 원대한 이상을 바탕으로 한 학문적 시도나 성과를 모두 가리지는 못하기에 중국사 전반에서 중시되긴 했지만, 중국 본토에서든 타이완에서든 캉유웨이는 특별히 주목받거나 높이 평가되지는 않았다. 그런데 21세기 중국 대륙에서 캉유웨이는 대륙신유가들에 의하여 중국유학뿐 아니라 중국의 정치와 문화 전체가 회귀해야 할 근원과 같은 의미로 소환되어 숭앙의 대상이 되고 있는 것이다.

대륙신유가의 선두 주자라 할 수 있는 장칭[蔣慶]은 강타이신유학을 '심성유학'이라고 비판하면서 '정치유학'의 기치를 내세웠고, 정치와 종교를 하나의 원리로 하여 유교식 입헌군주제와 유교의 국교화를 구상했던 캉유웨이의 꿈을 21세기 중국에서 실현시키고자 한다. 또 다른 대륙신유가의 대표 주자인 천밍[陳明]은 2016년 중국과 타이완 학자들의 회담에서 강타이신유학의 정신적 지주인 '모우종싼[牟宗三]을 넘어서 캉유웨이에게로 되돌아가자'는 도발적인 주장을 하였다. 즉, 캉유웨이는 시대의 전환점에 처하여 전통적 제국을 어떻게 현대적으로 변화시키고 제도를 건립하여 승인을 얻고, 효과적으로 내외의 도전에 대처할 것인가 하는 근대 이래의 가장 중요한 문제를 고민했으니, 현재 중국은 국가와 민족을 구축하고자 했던 캉유웨이로 되돌아가야 한다는 것이다. 캉유웨이가 대륙신유가의 영웅이자 지표로서 소환된 것은 2014년 6월 캉유웨이의 고향인 광동 난하이[南海]에서 개최된 "캉유웨이와 제도화유학" 학술토론회에서였다. 대륙신유가 진영에 대하여 흔히 "남방에는 장칭이 있고, 북방에는 천밍이 있다[南蔣北陳]"고들 하지만, 신캉당[新康黨]의 당원들은 그 토론회의 참석자들—천밍·간양[甘陽]·탕원밍[唐文明]·간칭송[干春松]·쩡이[曾亦]·천비셩[陳壁生] 등—을 비롯하여 꾸준히 출현하였고, 세부적인 의견 차이는 있다고 해도 대체로 백 년 전 캉유웨이의 구상을 크게 벗어나지 않는다고 해도 과언이 아니다. 예컨대 현재 중국 인민대학의 중국공익창신연구원 원장인 캉샤오광[康曉光]은 중국을 유교국가로 만들어야 한다고 하며 유교국가의 구축 과정이 곧 '유교화[儒化]'라고 말했으며, 장칭은 이에 동조하면서 유교를 중국의 국교로 만들어야 한다고 말했다. 이러한 흐름은 이제 무제한의 임기 권한을 가진 시진핑[習近平] 주석 이후의 일이니, 그의 취임 연설에서 말했던 '중국몽(中國夢)'은 대륙신유가들에 의하여 점차 근 백년 이전 캉유웨이가 꾸었던 꿈이 되어가는 듯하다. 다만 공산주의 신념에 투철한 시진핑 정권하에서 유교의 입헌이나 국교화에 대한 주장은 강렬한 애국·애민 정신에도 불구하고 그다지 순조롭게 전개되지 못하는 듯하다.

　홍콩에 모여 중국의 학술과 문화를 연구했던 모우종산[牟宗三]·탕쥔이[唐君毅]·쉬푸관[徐復觀]·장쥔마이[張君勱] 등은 1958년에 '중국문화선언'[본 제목은 '중국문화에 관하여 세계의 인사들에게 정중히 고하는 선언']을 발표했다. 국제적으로 현대신유학의 존재를 널리 알린 이 글에서 본래 중국에서는 종교가 정치 및 윤리도덕과 분리되지 않았을 뿐, 종교가 없었던 것이 아니라는 점을 강조하였다. 유교의 종교성 혹은 초월성에 대한 담론은 특히 모우종산의 제자인 뚜웨이밍[杜維明]을 비롯한 일부 연구자들에 의하여 지금까지도 활발히 논의되는 주제 중 하나다. 대륙신유가들은 중국의 재유교화 혹은 유교의 국교화에 주목하고 있으니, 바야흐로 '종교'라는 개념은 전통의 복장과 새로운 패션을 두른 채 양안(兩岸)의 현대신유가 담론 안에서 주목받고 있다. 그 중에서도 시진핑 주석의 '대국굴기'라는 기치와 더불어 유교의 기치도 함께 굴기하면서 캉유웨이가 부활하고 있는 기이한 현상의 귀추가 자못 궁금하다.

●이연승

종교학과 신(神)

종교를 이해하는 방법 가운데 하나는 그 종교의 신앙대상을 살펴보는 것이다. 많은 종교가 신앙대상으로 신(神)이라는 존재를 숭배한다. 신을 신앙의 대상으로 삼은 종교에 속한 신도들은 그들의 신을 절대적으로 숭배한다. 이러한 종교들에서 신이란 그 종교의 핵심적 현상의 하나이며, 각 종교 신도들이 보여주는 신앙의 모습은 자신들이 믿는 신을 어떻게 인식하고 있는가에 따라 드러나게 마련이다.

그런데 사람들이 신이라고 부르는 존재들은 어떤 존재들일까? 사람들이 신이라고 부르며 믿고 있는 존재들은 사람들에게 어떻게 인식되고 있을까 하는 물음을 묻게 된다. 다시 말해서 사람들이 어떠한 존재를 신이라고 부를 때 그 기준은 어떠한 것인가를 묻지 않을 수 없는 것이다. 그들은 궁극적 실재를 신이라고 부르는가? 아니면 인간의 능력을 초월한 존재를 신이라고 부르는가? 또는 영원히 죽지 않는 존재를 신이라고 부르는가? 이렇게 여러 가지로 묻는다고 해도 사실 명확한 기준을 세우기는 어렵다. 왜냐하면 종교에 따라 이들 모두가 신일 수도 있고 아닐 수도 있기 때문이다. 기독교를 예로 든다면 궁극적 실재가 바로 하느님을 뜻하므로 신이라고 부른다. 그러나 힌두교의 궁극적 실재인 브라흐만이나 노장의 도(道)는 신이라고 부르지 않는다. 인간의 능력을 초월한, 예를 들어 영원히 죽지 않는 존재를 신이라고 부를 경우에도 마찬가지다. 기독교에서 사후에 영생을 얻은 사람은 앞으로 영원히 죽지 않을 것이다. 그러나 적어도 기독교적 관점에서는 그들은 신이 아니다. 살아있는 인간을 신으로 믿는 사례들도 있다는 것을 고려한다면, 신에 대한 관념은 믿는 사람의 입장에서 살펴볼 수밖에 없다는 결론에 이른다.

한편 종교를 믿는 사람이건 아니건 간에 사람들은 어떤 존재를 상정해서 신이라고 부른다. 그러면서 마치 모두가 신이 어떤 존재인지 합의된 것처럼 여기고 있다. 그것은 신의 존재를 부정하는 불교이거나, 신의 존재를 인정하는 종교이거나 간에 모두 마찬가지인 듯하다. 그러나 앞에서도 알 수 있듯이 사실상 모두가 인정하는 공통된 신의 개념이란 존재하지 않는다. 결국 각 종교에서 신이라고 부르는 존재들의 모습은 다양하며, 또한 신의 호칭도 서로 다르다. 흔히 종교 정의의 어려움은 종교가 다양하기 때문에 나타나는 현상이라고 한다. 그런데 종교가 다양하다는 것은 이렇듯 신에 대한 다양한 관점으로부터 시작된다고 할 수 있다. 다양한 종교현상이란 사람들이 신을 어떻게 인식하는가에 따라 나타나는 것이기 때문이다.

그렇다면 사람들은 어떤 과정을 거쳐 신을 인식할까? 신을 인식하는 과정은 사람에 따라 다르겠지만, 대부분의 종교에서 신을 이해하는 출발점은 신에 대한 경험으로부터 비롯된다. 예를 들면 이슬람교 신도들이 인식하는 알라에 대한 관점은 무함마드의 경험에서 출발한다. 그들은 무함마드의 경험을 전해 듣고 그의 가르침에 따른 종교 행위를 하며, 그것에서 벗어나는 행위는 바른 종교 행위로 인정하지 않는다. 그러나 무함마드의 경험이란 유대기독교적 세계관과 아랍인들의 사유의 맥락, 즉 당시 아라비아반도에 있었던 문화와 세계관 안에서 이루어진 것이다. 이것은 다른 종교들에도 마찬가지로 적용될 수 있다. 따라서 한국 사회에서 신이라고 부를 경우에는 한국의 문화적 맥락에서 파악하는 것이 일반적이어야 할 것이다. 그러나 어느 순간에 우리는 god의 번역어로서의 신에 대해 더 익숙해져 있다. 물론 그것은 신이라는 용어에 국한된 것은 아니다. 종교연구에서는 그런 용어에 대한 철저한 반성과 성찰이 있어야 할 것이다. 여기서는 다만 신이라는 하나의 개념만 언급했을 따름이다.

많은 서구 학자들이 종교의 공통점을 찾기 위해 궁극적 실재니, 성스러운 힘이니 하고 부르지만 실상 그런 것이 얼마나 각 종교의 공통점을 알려줄 수 있을까? 종교마다 초월적 존재, 또는 성스러운 힘에 대해 부르는 명칭이 지극히 다양한 것을 보면 그렇게 간단한 것이 아니다. 따라서 종교학의 가장 기본적 입장은 믿는 자의 관점에서 그들의 신앙을 조망해 보는 것이다. 가령 불교에서 신의 존재를 부정한다면, 그것은 그들의 관점에서 존중해줘야 할 것이다. 비록 필자도 보살이나 행동하는 붓다는 신적 존재라고 부르고 싶지만 그것은 내 주장을 그들에게 강요하는 것일 뿐이다. 대부분의 종교에서 우주적 규범은 신으로 받아들이지 않는다. 다만 그 규범에 순응하려 할 뿐 우주적 규범에 대한 어떠한 종교적 의례를 필요로 하지 않는다. 인격적 신의 존재를 믿는 종교에서는 그 신들에 대한 의례를 행할 뿐이다. 이같이 우주적 규범을 따르는 종교와 신의 존재를 믿는 종교 간에는 건널 수 없는 문화적 간격이 존재한다. 따라서 인간의 종교적 삶이나 경험을 전제하지 않는 한, 각 종교의 공통점을 찾기란 정말 힘든 일이다.

●윤용복

종교와 심리치료의 경계는?

현대 사회에서 종교는 하나의 독립적이고 자율적인 영역으로 자신의 경계를 지키는 것이 점점 어려워지고 있다. 이러한 경계의 와해는 이미 포스트모던 담론에서 언급된 것으로 '탈분화(dedifferentiation)'로 개념화할 수 있으며, 이는 아이러니하게도 모더니티의 주요 특징인 기능적 · 제도적 분화가 극대화 혹은 극분화(hyperdifferentiation) 되면서 오히려 자율적 문화영역 사이의 구분이 무의미해졌음을 말한다. 이러한 현상은 종교영역의 '탈규제화(deregulation)'와도 연결된다. 즉 개인들은 자유와 선택을 강조하는 문화적 분위기에서 더는 전통에 의한 규제에 구속되지 않고, 현 문화 안에 발견되는 상이한 제 종교적 그리고 비종교적 의미 구조나 상징들을 결합시켜 자신들의 정체성을 구축하게 되었다는 것이다. 이는 '탈전통화(detraditionalisation)'로 권위적인 '진리'를 제시하는 제도종교 대신 "나에게 효과 있는 것"이 '진리'로 인식되면서 종교에서 실용주의와 상대주의는 점점 중요한 위치를 차지하게 된다.

이러한 변화는 후기 산업사회의 문화 소비주의와 밀접한 연관을 가지면서 개인들은 종교적 소속이나 의무로부터 상대적으로 자유롭게 해당 사회의 문화적 저장소에서 종교적 아이템들을 필요에 따라 선택 혹은 구매할 수 있는 환경이 제공되었음을 의미한다. '뉴에이지(New Age)'가 '포스트모던 종교'라고 불리는 것은 이러한 여러 특징을 잘 보여주고 있기 때문이다. '뉴에이지'라고 지칭되는 동시대의 대안적 종교문화는 종교적 그리고 비종교적(세속적/과학적) 영역을 넘나들며 다양한 요소들을 결합하여 일종의 혼성물(pastiche)을 구성하기에, 개인들에게 다양한 선택과 실험을 유도할 뿐 아니라 이들이 좀 더 넓은 선택의 폭을 가지고 자신들의 정체성이나 라이프스타일을 구축하게 한다는 것이다. 뉴에이지에서 특히 주목할 것은 잠재력 개발이나 영적 성장을 목적으로 전통 동양 종교의 수련방법과 현대 과학의 산물인 심리학이나 심리치료요법을 결합한 다양한 프로그램이 제공되고 있다는 것이다.

여기서 심리치료요법은 전통적인 정신의학/심리학의 치료법이 아니라 이를 토대로 하되 내적 치유, 의식(意識) 성장, 잠재력/영성 개발에 초점을 맞춘 대안적 심리요법을 말한다. 뉴에이지라는 문화적 흐름이 대안적 심리치료요법을 적극적으로 수용·변형하여 이를 흡수한 것이 사실이지만, 서구에서 기성 심리학/심리치료에 대한 반발로 이에 대한 대안적 방법이 추구되고 연구된 것은 뉴에이지보다 시간상으로 앞서간다. 여기서 서구 심리학의 역사 속에서 대안적 심리치료의 위치를 간략하게 살펴보고자 한다. 서구 심리학의 전개는 흔히 네 흐름(세력)을 통해 기술된다. 첫 번째 흐름은 인간의 마음을 정신병리학 연구를 기반으로 접근하며 심리작용을 기본 본능의 측면에서 설명하고자 한 프로이트(Sigmund Freud)의 정신분석학이며, 두 번째 흐름은 측정·관찰 가능한 인간의 외형적 활동을 연구대상으로 삼는 스키너(Burrhus Frederic Skinner)의 행동주의 심리학이다. 이 두 흐름은 20세기 전후 시작되어 1950년대까지 심리학의 주류를 형성한다. 그러나 1960년대 들어 기존 심리학의--인간을 (정신분석학의) 무의식적인 동기나 (행동주의의) 환경적 자극으로 움직이는 존재로 파악하는--기계론적 시각을 비판하면서 세 번째 흐름인 '인본주의 심리학(Humanist psychology)'이 등장한다. 이 흐름은 건강한 대중에 초점을 맞추며 심리학은 실질적인 인간의 욕구에 민감해야 하며 인간사회의 발전에도 부응해야 한다고 강조한다. 더 나아가 인간은 기본적으로 자유의지와 자아실현의 욕구가 있으며, 자신의 태도와 행동을 창조적으로 변화시킬 수 있다고 주장한다. 인본주의 심리학은 1960년대 미국에서 일어난 '잠재력 개발운동(Human Potential Movement)'의 토대를 형성하며 집단 치료(상담) 운동에도 커다란 영향을 미쳤다. 서구 심리학의 네 번째 흐름인 '트랜스퍼스널 심리학(Tanspersonal psychology: '자아초월 심리학' 혹은 '초개아 심리학')'은 이미 1960년대 인본주의 심리학 내에서 태동하였으나 1970년대부터 독자적인 진영을 구축하게 된다. 이 흐름은 종래의 심리학은 인간이 내재하고 있는 영성을 간과하고 사회적응을 위한 인격 형성이나 자기실현이라는 인간 문제에만 초점을 맞추어 인간이 의식, 신체, 영성을 구비한 전인적(全人的) 존재라는 것을 파악하지 못한다고 비판한다. 여기서 '자아초월(transpersonal)'이란 에고중심의 자아의식으로부터의 초월을 의미하며, 인간 의식이 확장되면 자아실현의 단계를 넘어 우주 의식이나 신비체험과 같이 비일상적(변성) 의식 상태에 이를 수 있음을 말한다. 자아초월 심리학은 기존의 심리학 이론과 동양 종교사상(불교)을 융합하여 심리학과 종교(영성)의 경계를 넘나들면서 '영성적 심리학(spiritual psychology)'으로 불리기도 한다.

이렇듯 심리학 그리고 이로부터 파생된 심리치료요법들이 단순히 심리적 질환의 치료를 넘어 개인의 잠재된 능력을 활성화하고, 내면을 탐구하며 더 나아가 의식확장의 중요한 수단으로 진화한 것은 획기적이라고 할 수 있다. 특히 자아초월 심리학은 전통적으로 종교적 이슈이던 초월(transcendence), (내면의) 신성, 인간의 궁극적 본성, 절대의식, 궁극적 의미와 가치 등을 다루면서 종교의 영역을 포섭하고 있다. 이러한 대안적 심리치료요법은 현대 종교문화의 흐름에도 지대한 영향을 미쳤다. 한국에서도 1990년대 후반부터 인본주의 심리학에 기초한 신경언어프로그래밍(NLP: Neuro-Linguistic Programming), 로저스(Carl Rogers)의 인카운터(Encounter) 집단학습법, 자아초월 심리치료는 큰 반향을 일으키며 상담치료 관련 전문가는 물론이고 (불교)성직자들의 적극적 참여를 이끌었으며, 독립적인 학회의 결성은 물론이고 기존 한국상담학회의 한 분과로 정착하였다. 특히 뉴에이지와 같이 비제도화된 종교영역에서 이들 이론과 치료요법은 적극적으로 수용되고 변형되어 워크숍이나 강좌를 통해 전파되고 있다. 한국의 경우 대안적 심리치료요법을 비롯하여 유사과학적인 치료요법까지 적극적으로 실험하고 있는 것은 명상·수련단체들이다. 동사섭(同事攝)은 로저스의 집단학습이론에 기초한 T그룹 워크숍(Training Group Workshop)으로부터 출발한 단체이며, 황토명상마을은 NLP를 핵심 프로그램으로 제공하고 있으며, 그 밖에 마음수련, 명상월드, 아봐타 코스, 미스틱로즈 (오쇼)명상센터, 단월드(심성수련) 등도 자신들이 개발한 심리치료요법을 적용하고 있다. 더 나아가 대안적 심리치료요법들은 제도종교에도 커다란 영향을 미치며 한국의 종교계가 심리치료/상담에 커다란 관심을 가지는 계기를 제공하였으며, 특히 자아초월 상담학은 불교 심리상담의 핵심 부분을 구성하고 있다.

'종교의 심리치료화' 혹은 '심리치료의 종교화'는 종교영역의 확장일 수도 심리학 영역의 확장일 수도 있다. 그러나 확실한 것은 동시대 종교문화의 빠른 변화 속에서 '종교'의 독립적이고 자율적인 영역을 주장하기는 어렵게 되었다는 것이다. 설사 정의를 통해 '종교'의 인위적인 경계를 설정하더라도 과연 이것이 동시대 종교문화를 이해하는 데 생산적인가에는 의문이 든다.

●우혜란

"잊혀진 꿈의 동굴" 혹은 기원에 대한 상상력

베르너 헤어조그(Werner Herzog) 감독의 다큐멘터리 〈잊혀진 꿈의 동굴(Cave of Forgotten Dreams)〉(2010)은 1994년 프랑스 남부에서 발견된 쇼베(Chauvet) 동굴 속으로 우리를 초대한다. 이곳에는 말, 매머드, 코뿔소, 들소, 동굴 사자 등을 그린 수백 점의 벽화가 있으며, 이들이 그려진 시기는 기원전 약 3만 2천 년(혹은 약 3만 7천 년)전까지 거슬러 올라간다. 보존의 이유로 출입이 엄격하게 통제되는 이곳에 헤어조그는 프랑스 정부의 특별 허가를 받아 고고학자, 미술사학자, 고생물학자, 지질학자 등으로 이루어진 탐사대와 함께 들어가 동굴 내부를 촬영했다. 동굴 주변, 동굴 입구로부터 시작해서 동굴 발굴 이야기, 제한된 시간 안에 제한된 조건 하에서만 촬영해야 하는 촬영팀의 기술적인 문제들, 초기 발굴팀의 증언으로 이어지는 초반부는 이 다큐멘터리가 사람들이 쉽게 접근할 수 없는 역사적 장소를 사실적으로 보여주는 다큐멘터리라는 느낌이 들게 한다.

그러나 쇼베 동굴에서 가장 유명한 이미지 중 하나인 말 - 움직이는 것처럼 보이는 말의 이미지를 시작으로, 동굴 속 여러 이미지를 보여주기 시작하면서, 이 다큐멘터리는 조금씩 단지 현실 공간의 충실한 재현이라는 것으로부터 멀어지기 시작한다. 어두운 동굴 속 벽화들을 가까이 보여주며 천천히 춤추듯이 이동해가는 카메라와 에른스트 라 이제거(Ernst Reijseger)의 신비한 음악이 더해지면서 이곳은 헤어조그가 만들어내는 새로운 공간이 된다. 어둠 속 불꽃 아래 벽에 비친 그림자가 움직이는 것을 보면 이곳은 인류 최초의 영화관 같기도 하고, 벽면 가득한 이미지들 아래 제단 같은 바위 위에 올려진 동물의 두개골을 보면 아득한 옛날 종교의례가 행해졌던 장소 같기도 하다. 이곳을 바라보는 우리는 감독의 말처럼 "잊혀진 꿈" 속에 들어와 있는 것 같기도 하고 "영원의 시간을 건너온" 무엇인가를 마주하고 있는 것 같기도 하다. 그러나 "시간과 공간의 의미가 사라진" 듯한 이 "매혹적인 상상의 세계" 끝에서 감독은 "분명한 것은 아무것도 없으며" 우리는 단지 "상상의 거울에 비친 자신"의 모습을 바라보고 있는 악어와 같을 수도 있다고 말한다. 아마도 오직 분명한 것은, 이 동굴/벽화에 매혹된 헤어조그가 영화라는 매체를 통해 종교와 예술의 기원을 나름대로 새로 창조해내었다는 것뿐일 것이다.

쇼베 동굴 벽화보다 약 1만 7천 년 이후의 것으로 추정되는 라스코 동굴 벽화가 1940년 발굴되었을 때, 프랑스의 사상가 조르쥬 바타유(Georges Bataille) 역시 이 선사시대 동굴 벽화에 매혹되었다. 1955년에 출판된 책 『라스코 혹은 예술의 탄생(Lascaux ou la naissance de l'art)』에서 바타유는 라스코 동굴에 그려진 동물 이미지들을 보며, 놀이와 예술, 종교의 탄생을 이야기했다. 그는 인간이 도구를 사용하며 노동이라는 생존에 유용한 활동을 하게 된 바로 그 순간부터, 동시에 오히려 그 유용성에 위반되는 가치를 지니는 행위들, 즉 노동하고 계산하며 물질의 효용가치를 높이는 인간으로서의 자신을 오히려 부정하는 행위들-유용성에 반대되는 행위로서의 놀이, 예술, 제의에 몰두했으며 이를 통해 주체로서의 인간 상태를 확보하고자 했다고 생각했다. 라스코의 동물 이미지들에서 바타유는, 노동을 통해 동물과 자신을 구분하기 시작한 인간이 자신이 떠나온 동물성, 이제 인간에게는 금기의 대상이 된 동물성에 매혹당하며 이를 신성과 동일시하는 모습을 보았다. 바타유는 이 동물 이미지들의 주술적 의미를 부인하지는 않았지만, 그에게 있어서 주술이란 어떠한 직접적 이익을 가져오기 위한 행위가 아니라 이익이 되는 결과를 탐색하는 과정 속에서 오히려 무력감을 깨닫고 자신의 힘이 닿지 않는 전능함의 영역을 감지하는 것이었다. 그렇기에 그는 창을 맞고 쓰러져 내장을 쏟으며 죽어가는 들소의 그림에서 엄청난 생명력과 힘을 발견하며, 그 앞에 새의 머리를 한 인간이 죽은 것처럼 누워있는 모습에서 이 신성한 힘을 마주한 무력한 인간의 혹은 주술사의 황홀경을 본다.

바타유는 이것이 예술의 탄생, 혹은 종교의 탄생이라고 말하지만, 그러나 이것은 어디까지나 바타유의 세계관 속에서의 예술의 탄생, 종교의 탄생이다. 그러한 점에서 선사시대 동굴 벽화를 다룬 헤어조그와 바타유의 작업은 유사한 점이 있다. 헤어조그의 〈잊혀진 꿈의 동굴〉도, 바타유의 〈라스코 혹은 예술의 탄생〉도 엄밀한 사실적 의미에서의 인류의 기원은 아니다. 그보다는 이 세상을 어떻게 바라보고 어떻게 살아갈 것인가에 대한 자신의 생각을 기원이라는 틀 안에 담아낸 산물이다(사실적 의미의 기원과 이처럼 세계관을 은유적으로 기원이라는 틀 안에 투영시킨 이야기를 혼합하기 시작하면 심각한 문제가 생긴다). 그러나 사실적 기원이 아니라고 해서 이들이 만들어낸 이 기원에 대한 상상력의 산물이 아무런 의미가 없는 것은 아니다. 여기서 다시 바타유를 빌어오자면, 유용성과는 거리가 멀어 보이는 이러한 상상력의 작업들은 우리에게 사실과 현실로부터 눈을 돌리는 것이 아니라, 오히려 현실에서 제대로 보이지 않게 된 것들, 어떠한 틀에 의해서 배제되고 억압되고 지워진 것들을 똑바로 다시 쳐다보고, 그 의미를 다시 생각해보게 만들기 때문이다.

　새로운 학기다. 나는 또다시 한 학기 동안 학생들과 사실이나 유용성과는 거리가 멀어 보이는 것들의 의미에 대해서 이야기해야 한다. 그러나 그것들이 주는 얄팍한 환상과 위안, 미혹을 말하는 것이 아니라, "잊혀진 꿈 속의 영원 같은 시간"속에서 불현듯 마주하게 되는 또렷한 현실과 그 현실의 잔인함을 이겨내게 하는 힘에 대해 이야기할 수 있길 바란다.

● 최화선

시간의 무게

토마스 만(Thomas Mann, 1875~1955)의 『마의 산』 첫 부분을 보면 공간 속에 깃든 시간적인 힘에 대한 짧은 언급이 등장한다. 공간도 시간처럼 망각을 낳는다. 예컨대 여행은 우리가 식물은 아니었나 하는 생각을 불러일으킬 만큼 공간의 힘을 실감하게 한다. 방금 전까지 몸담았던 공간이 지워지고 새로운 공간이 눈앞에 펼쳐질 때, 즉 방금 전까지 몸담았던 공간이 차창 뒤로 밀려나면서, 마치 잊고 온 물건처럼 시간을 집에 두고 온 것 같은 착각을 하게 된다. 여행은 이처럼 손쉽게 시간 지우기를 가능하게 한다. 그런데 공간은 시간보다 신속하게 망각을 선물하지만, 시간만큼 효과적이진 않다. 여행에서 돌아오자마자 우리는 집안 한구석에 처박혀 있던 두고 온 시간, 먼지가 조금 내려앉았지만 아직 곰팡이를 피워 올리지 않은 시간과 다시 대면하게 된다. 시간을 완전히 지우는 것은 역시 시간뿐임을 깨닫는 것이다. 그리고 여행지에 두고 온 시간, 나를 따라 비행기에 올라타지 못한 시간은 그렇게 거기 두고 온 공간에 다시 갇혀 있다.

최근에 혼자 있는 시간이 많아지면서, 무심히 흘러가는 시간을 붙잡는 것은 오로지 책을 읽거나 글을 쓰는 방법밖에 없다는 생각을 하곤 한다. 오늘 몇 페이지를 읽었는가를 계산하면서 시간의 죽음을 애도 하는 것이다. 장 그르니에(Jean Grenier, 1898~1971)는 『어느 개의 죽음』 이란 책에서 자기가 기르던 개가 살아 있을 때는 왜 개에 대해 글을 쓸 생각을 하지 못했는지에 대해 자문한다. 그러면서 그는 글이 죽음과 모종의 연관성이 있는 것 같다고 말한다. 그가 죽은 개에 대해 취할 수 있는 유일한 애도의 방식은 글쓰기였다. 사실 아무것도 죽지 않는다면 인간은 결코 글을 쓰지 않았을지도 모른다. 가끔씩 글은 너무 진한 죽음의 향기를 분출한다. 내가 읽은 책에 스며든 나의 시간, 내가 쓴 글의 행마다 스며 있는 나의 시간, 이러한 시간은 우리가 생각한 것보다 훨씬 단단하다.

장 그르니에는 질병, 노화, 죽음에 대해 종교와 철학이 제시한 해결책은 "환자처럼, 노인처럼, 시체처럼 살라는 것"뿐이었다고 투덜거린다. 이 대목은 묘하게도 아오키 신몬(靑木新門, 1937~)이 『납관부일기』에서 말하는 신란의 말을 떠올리게 한다. 신란이 말하는 '사즉불(死卽佛)'의 이야기가 그러하다. 이것은 죽음을 구원하는 것이 아니라, 죽음이 구원하는 장면을 그린다. 이러한 논리를 따라가면, 모든 사람은 죽음을 정면으로 응시하며 죽음을 받아들이고자 마음먹는 순간 빛을 체험하면서 성불하게 된다. 그러므로 종교적인 고행이란 죽음 전에 '죽음의 빛'을 체험하여 성불하는 것을 지향한다. 아오키 신몬은 이것을 "100% 죽음에 이르는 고행"이라고 말한다. 석가의 경우에는 35세에 "100% 죽음"을 체험하고 성불한다. 그런데 보통 사람에게는 '사즉불'

석가는 깨달음 때문에 위대한 것이 아니라, 깨닫고도 죽지 않았기 때문에,
그리하여 깨달음을 이야기하고 전파할 충분한 시간을 살았기 때문에 위대한 것이다.

은 곧 '불즉사(佛卽死)'여서, 성불은 곧장 죽음을 의미한다. 대부분의 사
람은 성불 후에 길어야 몇 초, 몇 분, 몇 시간, 몇 달, 몇 년을 살 뿐이지
만, 석가는 성불하고 나서 80세에 죽음을 맞기까지 45년을 더 살았던
것이다.

아오키 신몬은 '성불 후의 생존'이라는 기묘한 문제를 통해 석가의
종교적인 위대함을 이야기한다. 이미 죽었으나 죽지 않은 그 시간의
길이, 즉 성불 후의 시간이 문제가 되는 것이다. 그러므로 석가는 깨달
음 때문에 위대한 것이 아니라, 깨닫고도 죽지 않았기 때문에, 그리하
여 깨달음을 이야기하고 전파할 충분한 시간을 살았기 때문에 위대한
것이다. 즉 '성불 후의 생존'이 석가의 위대함의 실체인 것이다. 성불은
육체로 담아 유지하기 힘든 상태이므로, 삶과 죽음의 경계선을 걷는

일이므로, 이것은 얼마나 어려운 생존이겠는가? 실제로 많은 금욕과 명상은 단식을 수반하는데, 단식을 하게 되면 인간의 몸은 점점 목화(木化)되어 '고사 상태'에 빠지게 된다. 이때 죽음 직전에 만나는 빛, 이것이 종교적 체험의 최대치로 상정되는 것이다. 이러한 아오키 신몬의 이야기에 비추어 보면, 장 그르니에의 말이 꼭 틀린 것도 아니다.

밀란 쿤데라(Milan Kundera, 1929~)는 『불멸』의 시작부에서, 수영장에서 마주친 한 노부인이 갑자기 "스무 살 아가씨의 몸짓"을 표출하는 것을 보고 이렇게 말한다. "그 부인이라고 해서 자신이 이제 더는 아름답지 않다는 것을 모를 리 없을 테지만, 그녀는 그 순간만은 그 사실을 잊고 있었다. 이런 식으로 우리는 우리 자신의 일부를 통해서 시간을 초월하여 살기도 한다. 어쩌면 우리는 대부분의 시간을 나이 없이 살면서, 어떤 이례적인 순간들에만 나이를 의식하는 것이리라." 쿤데라가 발견한 것은 노인의 몸에서 튕겨 나온 젊은이의 몸, 늙지 않는 몸, 시간을 거스르는 몸, 불멸하는 육체였다. 인간의 몸은 시간을 그렇게 저장한다. 젊음과 늙음이 섞인 상태로, 어린이와 어머니가 섞인 상태로 시간은 인간의 몸 여기저기에 스며들어 있다. 그렇다면 '나이 없는 삶'을 방해하는 것은 결국 타인의 시선이란 말인가?

미셸 투르니에의 『방드르디, 태평양의 끝』 제11장에서 로빈슨 크루소는 화이트버드호를 타고 온 선장 및 선원들을 만나게 된다. 28년 2개월 19일 만에 처음으로 유럽에 '두고 왔던 사람들'을 만나는 장면에서 로빈슨은 다음과 같은 생각을 한다. "이 인간들 하나하나는 저마다의 가치, 관심점과 싫어하는 점, 중력의 중심을 지닌, 상당히 논리 정연한 하나씩의 가능적 세계였다.… 현실로 인정받으려고 기를 쓰는 가능태 말이다." 모든 인간은 그 자체로 존재의 가능성이다. 모든 개별적인 인간은 우리가 겪지 못한, 우리가 참여할 수 없는 존재의 가능성이다. 역으로 '존재' 자체는 모든 인간을 통해 자신의 가능성을 시험한다. 그런데 이렇게 생각하면 모든 인간이 조금은 더 예뻐 보일까? 그러나 로빈슨은 그 무수한 존재의 가능성에 현기증을 느끼며 승선을 거부하고 구토를 한다. 너무 오랫동안 시간의 다른 가능성을 경험하지 못한 것이다.

무인도에 살던 로빈슨은 나이를 모르고 살았다. 그러나 화이트버드 호가 갑자기 28년 2개월 19일이라는 시간을, 유럽에 두고 온 시간을 로빈슨의 어깨 위에 쌓아 올린다. 이 말을 듣자마자 로빈슨은 시간의 무게에 짓눌리면서 자신이 노인이 되어 버렸다는 사실을 깨닫게 된다. 그러므로 로빈슨이 시간에서 탈출하는 유일한 길은 승선을 거부하는 것이었다. 그는 무인도의 시간을 유럽에 가져갈 수는 없다는 것을 알았던 것이다.

●이창익

순례와 일본의 불교문화

　오래전 일본불교를 공부하면서 맨 처음에 부닥친 문제는 저것도 불교야 하는 것이었다. 불교는 불교 같은데 도저히 불교 같지 않아서 많은 애를 먹은 것이 일본의 불교였다. 내가 알고 있던 불교와는 너무 거리가 멀었기 때문이었다. 뿌리는 같은데 참으로 다르게 전개된 것이 이 세상에는 얼마든지 있다. 그중의 하나가 일본의 불교문화였고, 그 다르게 생긴 저것이 과연 불교일까 하는 의문으로까지 이어졌던 것이다.

　하지만 시간이 흐르면서 나는 내가 갖고 있던 질문의 방향이 일방통행이었음을 깨달았다. 일본을 알기 이전에 굳어진 불교에 대한 나 자신의 기존 이해, 기존의 개념이 요지부동의 전제가 되어 그 위에서 일본의 불교문화를 바라보았던 것이다. 여기에서 나의 불교 이해란 한국의 불교문화에 뿌리를 둔 불교 이해였음은 말할 나위도 없다. 한국의 불교 전통에서 보면 일본불교의 많은 부분은 불교가 될 수 없었던 것이다.

　방향을 반대로 하여, 일본불교의 입장에서 한국의 불교문화를 보면 어떠한 모습일까? 이상하고 신기한 것이 많을 수밖에 없을 것이다. 실제로 일본인 중에 한국의 산사를 찾아보고 아주 재미있었다고 말하는 사람도 많다. 눈에 익지 않고 정서에 녹아있지 않은 현상은 신기할 수밖에 없다. 시각은 상대적인 것이고, 이해의 폭은 그 상대적인 시각의 질곡에 갇히기 쉽다.

나의 일본불교 연구의 출발점에는 한국불교라는 배경이 있었다. 그러나 그것은 행운이었다. 한국불교에 대한 정서적 친밀감이 있었기에 위화감의 렌즈를 통해 일본불교의 특징을 좀 더 잘 볼 수 있었고, 일본불교에 대한 연구경험이 쌓이면서 저만치 떨어져 있는 한국불교의 한국적 특징이 선명하게 보이기 시작했다. 교통이 양방향이 되면서, 불교문화에 대한 연구의 즐거움은 무엇과도 바꿀 수 없는 인생의 즐거움이 되어갔다.

요즈음은 한국, 일본을 안 가리고 기회만 있으면 불교사원을 찾아나선다. 현장을 찾아다니면서 아하 이것을 연구하면 재미있겠구나 하고 느끼는 것이 많이 생겼다. 그중의 하나가 일본불교의 불상과 불교사원의 건축물이다. 일본의 불교는 어떤 면에서는 서로 각기 다른 불상으로 현현되는 불교적 신들에 대한 종교라고도 할 수 있다. 일본에는 절도 많지만, 각기 개별성을 갖는 불상 또한 그 수를 헤아리기 힘들다. 일본 전국의 사원의 수가 10만에 이른다 한다. 그리고 거의 모든 사원은 자기 고유의 불교적 신들을 갖고 있고, 그 신들은 각기 역사와 형태를 달리하는 온갖 불상에 의해 표현된다.

많은 불상은 그를 안치하는 건물과 특별한 관계를 맺고 있다. 불상과 이를 안치하는 건물은 하나하나 각기 나름의 장구한 역사가 있으며, 겉에서는 잘 보이지 않지만, 그 뒤에는 개성있는 버팀목 집단이 여

럿 있다. 옛날에 특정한 불상을 만들었다는 승려 혹은 불상에 대한 전설로부터, 불상을 안치한 건물을 짓고 이를 대대로 수리 보전해온 목수집단, 그리고 그 불상과 건물에 애착을 갖고 신앙심을 발휘해 온 일반인들의 집단이 있다. 나아가 신앙집단의 뒤에는 이를 잉태한 정치경제 구조가 있으며, 사회문화 전통이 뿌리를 내리고 있다.

이들 모든 구성요소가 조화를 이루어 빚어내는 종교문화는 일본적일 수밖에 없다. 신앙집단이나 사회정치 구조를 살피기 이전에, 불상과 그 불상을 안치하는 건물이 걸어온 발자취만 해도 따라가기가 벅찰 정도이다. 불상과 건물로 대표되는 불교사원은 교토에만 국한하여 보아도 13곳이나 유네스코에서 세계문화유산으로 인증을 받고 세계각지에서 관광객을 끌어들이고 있다. 한국의 불교는 전국을 통틀어 세계문화유산으로 인증받은 곳이 석굴암과 불국사, 그리고 해인사 장경판전의 두 곳에 불과함에 비교한다면, 일본은 가히 불상과 건물에 심혈을 기울여온 불교문화의 보고라고 하지 않을 수 없을 것이다.

이러한 불상, 불전에 흥미를 갖고 현재 진행하고 있는 것이 관서지방 33곳의 관음상을 모시고 있는 불교사원들을 순차적으로 일주하는 순례 신앙이다. 지금이야 사정이 다르지만 예전에는 그리 쉬운 순례가 아니었다. 전부 돌아야 하는 거리가 약 1000km였으니 말이다. 융성했던 서른 셋의 관음신 순례에 얽힌 이야기는 수없이 많다. 근세 일본에 있어서의 불교 순례의 종교 사회사라 할까 그것이 현재 진행하고 있는 연구테마다.

●허남린

현장의 목소리, 기록관을 만날 때

'놀박(노는 박사학위 소지자)'의 얘기다. 참 흔해졌다. 이들은 수년간 땅속에서 호흡하다 한여름 뙤약볕 보도블록 위에서 고군분투하는 지렁이처럼 갑작스럽게 눈에 띈다. 눈에 척 달라붙는 것은 그들이 나이기 때문일 것이다. 그런데 놀박들도 바쁘더라. 관찰해보니 농부가 굶어 죽어도 씨앗은 베고 죽는다고 놀박들도 각자의 분야에서 땀방울 얼룩지며 '알'을 까고 있었다.

'만나면 좋은 친구'인 줄 알았던 놀박들과 연대할 틈이 적어진 나도 익숙한 현장으로 나섰다. 그곳은 외양간 여물통에 어죽 끓여 먹던 시절 이야기들이 난무하는 그런 곳이다. 말하자면 그곳은 눈물 없이는 들을 수 없는 '한국식' 기억과 추억이 자작나무 숯불처럼 뜨겁고, 유쾌한 무용담이 골뱅이 무늬처럼 뱅글거리며 배꼽 빼는 이야기로 왁자지껄한 곳이다. 인류학적 현장은 대개 그러한데, 나는 그곳에서 좌판을 깔고 놀박시대를 건너는 1인 창업자인 셈이다.

그런데 나는 이제 슬슬 답습할 대로 답습하고 있는 현장연구, 소위 〈민속지(民俗誌)〉 작업에 지쳐가고 있는 것 같다. 거칠게 말하면 현장

연구는 대개 적당한 마을과 사람을 찾아내고 준비된 질문지로 제보자의 경험과 기억을 구술(口述)로 담는 일의 반복이다. 주제와는 별도로 연구방법론은 대동소이하다는 말이다. 그래서 좋게 말하면 전문연구자는 한국의 현장을 누비며 구술성(orality)을 극대화시키는 '아티스트'며, 조금 폄하하면 어느 정도 훈련을 거친 '6시 내고향' 리포터나 대학생을 약간 상회하는 수준의 '고(故)학력자'로 보아도 과언은 아닐 것이다. 물론 구술사가 '역사 없는 사람들의 목소리'를 담는다는 목적과 자부심은 높이 살만하고 그 동안 성과 또한 컸던 것도 사실이다. 그러면 '충분'한가. 현장에 대한 구술사적 접근은 질문하지 못한 '사실'과 질문하여 얻은 '사실' 사이에 항상 긴장을 안고 간다. '그래서 어쩌란 말인가'하는 볼멘소리가 들리는 듯하다.

이제 그 해묵은 불만을 조금이라도 누그러뜨리고자 하는 '공공적' 제언을 시도해보자. 먼저 지역학 전공 놀박에게 다음과 같은 연구용역이 들어왔다고 치자. 예컨대 "1950년대~2000년대 동해시 종교신앙 생활과 문화연구"와 같은 것 말이다. 십중팔구 기초자료조사를 토대로 현장조사로 이어질 것이다. 제보자들을 만나 녹취를 한 후 보고서를 작성할 것이다. 이때 간혹 예상치 못한 신선하고 진기한 정보와 구술을 바탕으로 그런대로 괜찮은 지역문화콘텐츠를 제안하기도 할 것이다. 그러면 됐지 무엇이 더 '필요'하단 말인가.

현재 한국의 시/군 단위에는 "기록관"이라는 곳이 있다. 이는 「공공기록물 관리에 관한 법률」(2017.9.22. 시행)에 따라 설치·운영하도록 되어 있다. 그래서 모든 시청/군청을 포함하여 교육청이나 특별한 목적의 기관에서는 이러한 기록관을 운영하고 있다. 더불어 '기록사'를 둔 곳이 늘어나고 있다. 가령 동해시의 경우 정규직/비정규직을 포함하여 3명의 기록사가 현재 상주하고 있다. 올해 초 우연한 기회에 〈동해시 지역사 자료조사·수집〉(국사편찬위원회 발주) 작업을 맡아오면서 알게 된 사실들이다. 그 과정에서 동해시 관계 공무원의 하해(河海)와 같은 '협조'를 얻어 "기록관" 자료를 접하게 되었다. 단발성 방문에 불과했는데, 차츰 나는 이 자료들에 더 깊은 의미를 부여하며 더 집중하게 되었다. 왜? '촉(觸)' 때문이었다. 놀박에게도 '감(感)'은 있는 법이다.

고백하자면 이들 공공기관이 생산한 지난날 동해시의 자료들을 보고 있노라면, 내가 그동안 써냈던 많은 지역의 〈민속지〉들은 부끄럽지만 구술인터뷰라는 한쪽 날개로 비행하는 위태로운 '삼류급' 비매품에 다름 아니었던 것 같다. 그러나 나는 인터뷰에서 미심쩍은 부분을 꿰어 맞추기 위해 그 구술이 지닌 한계를 도서관에서, 집안의 고문서와 일기류와 사진을 통해 열심히 보완하고 있었다고 여긴다. 그럼에도 스스로가 질문하지 못하고 들을 수 없었던 '드러나지 않은' 과거에 대해 늘 조금은 괴로워했다. 태양같이 화려한 해바라기의 긴 줄 사이로 끝없는 보리밭이 펼쳐지기를 바라지 않은 적이 없었다.

그런 고민이 주름이 될 무렵 "기록관"은 오아시스처럼 보일 수 있다. 그래서 대부분은 '어쩌다가' 남게 된 기록관 자료들에서 놀박의 무한한 시간대역을 좀 더 할애하기로 했다. 그리고 놀박 본연의 최고 경지인 영혼의 희열과 시대와 불화하는 속박으로부터 자유를 맛보고야 말리라며 자주 동해시를 내려갔다. 희미한 형광 불빛아래 바퀴벌레처럼 납작 웅크린 채 때로는 짧게 가끔은 길게 '아아', '아~~'하며 감탄사를 질러대는 오십을 바라보는 놀박의 놀음에도 까닭은 있었다. 그러니까 1970년대 서울이 근대 시민들로 '만원'이었다면, 비슷한 시기 동해시는 한국 산업화의 역군들로 만원처럼 기록되고 있었다. 놀박은 그렇게 고급진 관공서 기록물들의 틈바구니에서 서서히 하나의 날개가 돋는 것을 느낄 것도 같았다.

문제가 없는 것도 아니었다. 그것은 기록물을 관리하는 기록사와는 별도로 그 기록물을 일차적으로 해독할 수 있게 도와주는 '(지역기반 공공기록물) 독해사'를 두는 것이 필요해 보였기 때문이다. 민속학이나 인류학 그리고 종교학 등 지역 친화적 연구자들의 일자리 창출을 위해서 하는 말이 아니다. 생각보다 근·현대 자료가 방대함은 물론이거니와 지역사 연구의 체계적이고 구조적인 접근이 향후 그 지역만의 주체적이되 창조적이며, 개성적이되 보편적인 미래를 열어가는 기회로 승화되기 위해서라도 말이다. 그 힘의 보고(寶庫)가 우리가 세금을 들여 기어코 지역의 기록관을 존립시키는 이유이기도 할 것이다. 이제 현장 연구는 다시 '구술'과 '기록'의 두 날개로 날 때가 된 것은 아닐까.

●심일종

'지양'의 의미와 헤겔, 그리고 버틀러

　헤겔의 '지양(止揚. Aufhebung)'이라는 개념을 우리는 책을 통해 자주 접한다. 더 나은 것, 높은 것을 위해 무엇인가를 피하고 하지 않는다는 일상적 표현으로서의 '지양하다'도 있다. '지양하다'란 표현과 그 의미가 내게 문득 새삼스럽게 다가온 계기는 어쩔 수 없이 외국어를 몸으로 익히고 발화해야 하는 낯선 환경 속에서였다.

　독일에서 어학원에 다닐 때였다. 한 선생님께서 반 학생들을 저녁 식사에 초대하셨다. 시원한 성격에 개인적 대화는 깊게 임하는 분이셨다. 내 경험의 한계 내에서는 이곳 사람들이 손님맞이 스트레스를 안고 화려한 식사를 준비하는 경우는 드물다. 손님들이 감사의 표시로 들고 가는 것도 소박하다. 나는 누구나 조합 가능한 크박(Quark, 치즈의 한 종류)과 산딸기를 섞은 디저트를 준비해 갔다. 다만 설탕을 이곳 습성에 따라 넉넉히 넣지 않아 디저트로는 낙제점이었다. 많이 남은 것을 보고 다시 들고 가야 할지 난처해하고 있었다. 그때 선생님이 내 손에서 유리그릇을 친절하게 낚아채어 다른 그릇에 내용물을 옮기며 말씀하셨다. 보관했다가(aufheben) 자녀들과 함께 먹겠노라고. 이때 동사

'aufheben'이 내게 각인되었다. aufheben에 대한 또 다른 즐거운 기억은 손주를 보게 된 한 친구와 함께 있을 때였다. 자신이 아기였을 때 물려받아 누워있던 오래된 목재 침대를 창고에서 거실로 올려다 놓고 친구는 기뻐하며 이렇게 말했다. "잘 보관했다가(aufgehoben) 자녀를 위해 썼고, 이제 손주를 위해서도 쓸 수 있다니 참 좋다."

지양하다(aufheben)의 기본적 뜻은 무엇인가를 위로(auf) 들어 올린다(heben)이다. 여기에서 중지하다, 폐지하다, 끝내다, 치우다, 취소하다, 간직하거나 보관/보존한다 등 다양한 추상적 의미가 파생된다. 특별할 게 전혀 없는 일상 표현 중 한 가지 뜻이 내게 다가온 이유는 무엇일까. 선생님의 따뜻한 마음과 배려, 몇 대를 거쳐 온 아기 침대를 잘 보관하고 고쳐 쓰면서 새로운 세대를 위해 쓰게 됨을 기뻐하던 모습-이때 aufheben은 정적인 상태로 나중을 위해 '보존, 보관한다'는 뜻을 넘어선다고 느껴졌다. 지금을 부정하며 현재 문제와 동떨어진 과거 지향적 보존을 뜻하는 의미가 아니었다. 잠시 어딘가에 떨어져 보관되겠지만 언젠가 새로운 시간과 새로운 공간에서 전혀 다른 존재를 위해 새롭게 쓰일 수 있다는 미래를 향한 설렘과 희망, 그리고 상대방을 향한 마음이 내포된 열린 뜻으로 들렸다.

몇 달 전 독일에 갔을 때 우연히 '지양하다'의 의미에 대해 다시 생각해볼 기회를 갖게 되었다. 독일 주간지 《디 차이트》(Die Zeit)의 문예란, 56-57면에 실린 주디스 버틀러(Judith Butler, 1956~)의 글 "오늘날 왜 헤겔을 읽는가?"가 그 계기였다. 버틀러는 250년 전 태어나 활동한 헤겔이 왜 오늘날 의미가 있는지 독자들에게 이야기를 건넨다. 헤겔의 사상이 시대에 뒤처지지 않았다고 주장하는데, 헤겔 사상을 품는 방식은 일방적 충성이 아니다. 그는 『정신현상학』(Die Phänomenologie des Geistes)(1807)에서 헤겔이 [당시 자신이 처했던] '지금(now)'의 문제를 다루었다고 말한다. 헤겔이 당대 '현실'에 깊은 관심을 갖고 철학과 정신의 역사성에 대해 사유했음을 주목한 것이다. 버틀러는 헤겔이 처한 역사적 상황에 대해 자세히 언급하진 않는다, 잘 알려져 있는 이야기라 그럴 것이다. 대신 헤겔이 매년 7월 14일, 프랑스 혁명을 기념하며 샴페인을 마셨다는 점만을 간단히 언급하고 있다.

헤겔의 시대적 맥락을 다시 생각해본다. 1789년 7월 14일은 성난 민중이 바스티유 감옥을 습격한 날이다. 그는 매년 이날 축배를 들며 혁명을 기념했다. 1789년 프랑스혁명부터 나폴레옹전쟁, 그리고 1830년의 7월혁명에 이르기까지 바람 잘 날 없이 극심한 변혁의 시기가 그가 살아갔던 자리였다. 『정신현상학』은 프랑스혁명과 나폴레옹 전쟁 시기—모든 가능성이 열려 있으나 갈등과 폭력의 문제가 좀처럼 해결되지 않는 시대적 전환기에 탄생했다. 탈고 무렵, 나폴레옹의 예나(Jena) 점령으로 인해 그는 신변의 위협과 원고 분실에 대한 염려 가운데 도시 탈출을 감행해야 했다. 따라서 『정신현상학』은 시대적 전환기에 대한 치열한 성찰—도대체 우리는 어떠한 시대를 살아가고 있는 것일까?—에서 시작한다.

버틀러는 우리가 경험하는 시간적 조건들이 더 이상 유효하지 않음을 말한다. 다양한 상호문화적(intercultural) 조건하에서 사람들은 '상이한' 과거, 현재, 미래를 느낀다. 한쪽에서 진보, 발전이라 부르는 것이

다른 한쪽에서는 파괴를 의미한다. 민주주의가 스스로 허물어지는 현실이며 난민 문제로 유럽문명의 허구성이 드러나고 있다. 환경보호운동이 종과 세계를 구원하기 위해 충분히 강력하다고 믿었으나 그것은 오만이었다. 민족주의와 소유개인주의를 넘어서 초국가적 공동체로 나아가리라는 전망 또한 회의적으로 보인다. 버틀러는 이러한 절망의 감정에 휩싸인 서구의 독자들을 향해 이야기를 건네고 있다. 그러나 역사의 굴곡 속에서 서구적 근대 주체를 사유의 기반으로 삼게 된 우리도 버틀러의 이야기에 공감할만하다. 그의 대부분의 저작이 꾸준히 한국어로 번역되고 많은 이에게 반향을 일으키는 이유도 그가 시대가 당면한 문제에 깊이 천착해가고 있기 때문일 것이다.

버틀러에 따르면 모든 희망이 종국에 다다르고 말았다는 감정, 숙명론(fatalism)은 시대적 전환기에 되풀이되는 것으로서, 우리가 도대체 어떠한 시대에 처해있는지 확신하는 느낌이 상실되었음을 뜻한다. 우리가 파괴된 세상을 남기게 되어 다음 세대가 우리를 저주하게 될 것을 두려워한다면, 다음 두 가지 질문을 상기해야 할 것이라고 말한다. (1) 세상을 파괴한 사실을 잘 이해하는 것- 이것이 어떻게 우리에게 다시금 앞을 향해 나아가는 길을 제시할 수 있는가? (2) 우리가 역사적 시간 속에서 살아내는 이 삶을 도대체 어디에서 어떻게 긍정할 수 있는가? 그는 우리의 역사적 현재에 보유된 잠재력을 긍정하기 위해, 우리 시대의 잠재력으로서 사회성과 비폭력을 어떻게 이해할 수 있는지 헤겔을 통해 보여주려 한다.

이 글에서 주요하게 등장하는 것은 버틀러의 타 저작에서도 빈번히 등장하는 헤겔의 '주인과 노예'의 장을 통해 얻을 수 있는 통찰이다. 인간은 타인으로부터 "인정받기를 갈구하고 그 인정을 통해 자기 이해를 갖게 되는 존재양식"을 가진다. 처음부터 늠름하게 홀로 자족적인 주체의 발생은 없다. 주체는 타인과의 차별화를 위해 지속적으로 투쟁하고, 동시에 타인에 대해 의존하면서 발전한다. 이는 우리가 일반적으로 접하는 너와 나는 연결되어 있으며 너 없이는 나도 없고 나 없이는 너도 없다는 늘 있어온 낭만적인 이야기가 아니다. 지금 이 글은 버틀러의 글 내용에 대한 것이라기보다는, 헤겔을 수용하는 버틀러의 태도에 대한 것이므로 여기에서 그에 대한 논의는 더 이상 진행하지 않는다.

'주인과 노예'의 장은 19세기 마르크스에 있어서도 당대 부르주아 사회의 의미와 계급사회에서 일어나는 인간소외를 해석해내는데 핵심적인 것이었다. 혁명의 가치를 인정했다는 점에서 헤겔은 마르크스에게 큰 의미가 있었다. 그러나 헤겔 사상의 한계는 혁명의 완성으로 나아가려 하지 않았으며 기존 질서를 무너뜨리지 않는 보수성이었다. 마르크스는 엥겔스와 더불어 기존 질서를 와해시키는 공산주의 혁명을 통해 역사의 진보를 이룩하고 헤겔 철학을 극복하려 했다. 마르크스와 엥겔스에 의해 헤겔이 현재화(actualizing)된 방식은 폐지와 극복의 지양이었다. 19세기 이들 사상의 의미와 그 시대적 기여는 잘 알려져 있다.

19세기와는 또 다른 21세기, 버틀러의 지양은 섬세한 결로 진행된다. 버틀러는 헤겔의 관점을 통해 사회를 세분화하여 바라봄으로써, 파시즘적 사회통합의 표상이나 급진적인 개인주의에 기반한 고전적 자유주의 이념들로 빠지지 않을 수 있다고 말한다. 헤겔 철학의 문제점은 통합된 국가의 형태로 민족을 이해하고 있으며, 국가권력의 강력한 정치적 형태에 의존적인 것이다. 그럼에도 불구하고 우리시대를 새롭게 설정하기 위해 그의 저작들을 사용할 수 있을 것이다. 이러한 보존적 지양에서 버틀러가 헤겔과 작별하는 지양에 도달할 때는, 우리가 상호인정 행위를 통해 민족국가의 경계를 넘어서고 번역의 가능성을 통해 다언어의 장벽을 넘어 민족국가의 언어를 통해 규정되지 않는 더 큰 공동체의 일부가 되어 가리라는 전망의 지점에서이다.

"헤겔은 이러한 점에서 확실히 내 의견과는 다를 것이다. 여기에서 나는 헤겔과 작별한다. 그는 내 사상의 출발점으로 남지만 그는 또한 내 고유한 개념을 계속 사유해나가기 위해 뒤에 남겨두어야만 하는 사상가이다." 버틀러는 『정신현상학』에서 우리 시대에 필요한 의미를 해석해냄으로써 헤겔 철학을 현재화한다. 이후 우리가 당면한 문제와 관련하여 헤겔 철학으로부터 더 이상 통찰을 얻을 수 없는 한계점에서 그것을 잠시 지양한 후, 다른 길을 찾아 항해를 계속해 나아간다. 그의 작별은 전적 거부로서의 결별이 아니다. 우리가 함께 하는 공존과 연대를 위하여, 그 지양된 형태를 잠시 보존하는 것이다. 이 보존은 다양한 방향으로 새롭게 분기할 미래적 가능성을 내포한다.

버틀러 글 바로 옆에는 그의 글에 대한 반박문이 실려 있다. 한 단정도의 짧은 분량이다. 편집진이 버틀러의 글에 대한 반론에 지면을 할애했다는 점에 더 흥미진진하다. 제목은 "논리(die Logik)를 잊지 말라!"이다. 예나 대학 독일 고전철학 교수로서 헤겔 전문가인 클라우스 피벡(Klaus Vieweg, 1953~)의 반론이다. 그는 버틀러가 헤겔을 현재

화할 때『정신현상학』에만 몰입했으며 그중에서도 단 몇 가지 부분만
조명하여 편협하다고 지적한다. 이 시대를 위해 헤겔 철학을 현재화
하려 한다면 헤겔 철학의 중추신경인『논리의 학문』(Wissenschaft der
Logik)을 포함시켜 논구해야 한다는 것이다.『논리의 학문』은『정신현
상학』의 결론을 그 시작점으로 삼고 있으니 피벡의 비판 또한 새겨들
을 만하다. 나는 버틀러의 지양의 태도를 보았을 때, 그가 피벡의 이러
한 코멘트를 무시하며 넘어가기보다는 그 또한 비판적으로 숙고하며
자신의 사유를 더욱 깊이 있게 발전시켜 나아가리라는 생각이 들었다.

헤겔 사상을 독일 관념론의 틀로부터, 마르크스적 사유로부터, 또는
프랑스의 헤겔 수용사를 통해 정신분석학에 이르는 관점으로부터 등,
다양한 관점에서 조명하는 것은 의미 있다. 헤겔도 자신이 처한 역사
속에서 삶을 살아내며 그 자신의 사상과 지양의 내용을 변화시켰다. 청
년시절, 헤겔은 신학과의 씨름 속에서, 그리고 사랑과 합일, 아이의 상
징에 대한 성찰 속에서 자신의 변증법을 발전시켰다. 자신의 삶과 역사
적 현실 속에서 그의 변증법은 또한 지속적으로 지양되었다. 그가 어떻
게 사유했으며 변화되어갔는지에 대한 재해석 또한 여전히 진행형이
다. 이러한 다양한 관점들을 통한 재해석의 시도 가운데에서 핵심은 우
리 시대에 당면한 한계와 모순을 극복해 나가기 위한 통찰을 발견해내
는 것일 터이다. 양자택일을 권(혹은 강요)하고 과정에 대한 성찰과 논
의가 자주 생략되는 우리 시대, 학제간의 협업을 강조하지만 현실에서
는 학제간의 구분이 너무도 뚜렷한 학문의 세계에서 우리에게 필요한
지양이란 과연 무엇일까. 버틀러의 지양을 통해 생각해 본다. ●김태연

'잊은 나'는 '잃어버린 나'일까?

학문을 하는 것은 날마다 더해가는 일이고 도를 닦는다는 것은 날
마다 덜어내는 일이다.(爲學日益, 爲道日損, 『도덕경』 48장)

창밖의 나무나 꽃을 바라보거나 오디오에서 흘러나오는 음악을 들
으면서 엄마는 분명 깊은 생각에 잠긴 듯 보인다. 그래서 내가 묻는다.
"엄마 무슨 생각해?" "아니… 아무 생각도 안해" "꽃이 이쁘지! 이쁜 꽃
보니 젊은 시절 생각나?" "응… 그래… 아빠 생각도 나고….."
치매 증상을 겪고 있는 엄마에게 나는 그녀의 의식에 어떤 것들이
자리 잡고 있는지, 자신의 정체성을 어떻게 인식하고 있는지 자주 질
문을 한다. 대체로 엄마는 과거의 특정 시점의 사건에 대한 반복적인
회상, 그러한 회상과 동반되는 다양한 감정을 표출하며 그 시점의 자
아에 머물러 있는 듯 보인다. 특이한 것은 그녀의 기억력이 선택적으
로 작동한다는 점이다. 예컨대 뉴스의 기사는 기억하면서 자신이 지금
앓고 있는 질병에 대해서는 기억을 하지 못해 처방된 약 복용을 매일
거부한다.

치매를 앓는 엄마를 바라보는 고통과 그녀의 유전자를 물려받은 나의 미래에 대한 공포가 나를 압도한다. '뇌의 작은 부분이 손상되었을 뿐인데 정상적인 자기인식이 불가능하다면 우리가 말하는 '나'는 무엇인가? 그래도 오랜 시간 이른바 자아성찰을 위해, 그리고 깨달음까지는 몰라도 인격 수행에 관심을 가지고 공부도 하고 수행자들의 이야기에 귀를 기울이기도 하면서 살았는데 그러한 노력의 결과들이 노화와 뇌 손상으로 전혀 의미가 없는 것이 된다면…어떻게 해야 하나?!!…'

알츠하이머를 비롯해 이른바 치매 관련 질병은 "나는 누구인가?"에 대한 의식을 빼앗아 가는 경험이라고 한다. 평생을 축적한 기억과 가치관, 가족과 친구, 사회와의 모든 연결고리를 사라지게 하며 인간으로서 타인과 자신을 구분 짓는 사실상의 경계를 부수어버린다고 한다. 치매에 의해 '자아의 지속적인 부식'이 일어나고 결국 '자아의 완전한 상실'에 이르게 된다는 것이다. 많은 학자는 자아라는 것이 서사적 (narrative) 구조를 가지고 있다고 말한다. 전체적인 삶의 이야기, 우리가 누구인지에 관해 타인에게, 아니 본질적으로는 자기 자신에게 말하는 이야기, 이러한 이야기가 자아를 구성하는 중요한 측면 중 하나인 것은 사실이다. 심리학자인 도날드 포킹혼(Donald Polkinghorne)에 의하면 인간은 자신이 겪었던 사건들을 하나로 통합해 이해할 수 있도록 연결시켜 자기만의 이야기들을 만드는데 이러한 이야기들은 개인의 정체성과 자기이해의 기초가 되고 나는 누구인가라는 질문에 대답할 거리를 제공한다고 말한다. 즉 자아란 궁극적으로 이야기들이 치밀하게 모여 있는 것에 지나지 않는다는 것이다. 이러한 서사적 자아

(narrative self)는 인간의 기억과 인지기능에 절대적으로 의존할 수밖에 없다. 알츠하이머 환자들이 겪고 있는 대표적인 증상 중에 질병실인증 (anasognosia)이 있는데, 이는 자신이 알츠하이머병에 걸렸다는 사실을 인지하지 못하는 것이다. 타인이나 다른 사물에 관해서는 그렇지 않지만 자기 자신에 관한 정보만 업데이트를 못하는 것이 그 증상의 특징이다. 인간의 자아표상 시스템이 잘 가동되고 있으면 일상적 일화에 대한 기억을 의미기억으로 잘 전환시켜 자신이 누구인지 그 핵심을 잘 구성해 낼 수 있는데 알츠하이머 환자들의 경우 자아 표상의 영역으로 새로운 정보들을 통합시키는 능력을 상실하여 다른 외부의 것들과는 달리 자신에 관해 아는 것과 관련된 특별한 형태의 의미 기억을 소유하지 못하는 경우가 많다는 것이다. 이렇듯 서사적 자아를 업데이트하지 못해서 결국은 석화된 자아(petrified self)라고 부르는 상태에 도달한다고 한다.

그런데 이야기를 만들어내는 인지의 역할이 자아를 구성하는 중심이라고 보는 것에 이의를 제기하는 학자들도 있다. 그들은 자아를 지워나가는 인식의 부식에 의해 정말 아무것도 남지 않을까에 대해 의문을 제기한다. 피아 콘토스(Pia Kontos)는 오랜 기간 치매환자들을 관찰하면서 자아에 대해, 인지기능과 분리되어 독립적으로 존재하는 무언가가 분명히 있다고 말한다. 그녀는 이른바 '체화된 자아(embodied selfhood)'라고 하는 개념을 중심으로 자신의 이론을 제시한다. 체화된 자아란 몸에 배인 습관, 동작들이 인간성과 개성을 지지하고 전달하는 주체를 말한다. 데카르트 전통에서는 자아와 주체를 모두 마음의 영역으로 환원시켜 설명하지만 자아, 주체, 심지어 기억까지도 몸과 관계된다고 그녀는 말한다. 자아가 온전히 인지능력에 국한되는 것은 아니라는 것이다. 따라서 알츠하이머병이 일관된 이야기를 구성하고 전달하는 능력을 파괴하는 것은 사실이지만 알츠하이머 환자의 자아가 없어지는 것은 아니며 몸 안에 내장되어 있는 선인지적(precognitive)이고 전반성적(prereflective)인 자아의 형태로 계속 존재한다고 주장한다. 그녀는 우리가 인지만 가지고 세계와 관계를 맺는 것은 아니며 몸을 통해 세계에 참여한다는 것이다. 그녀는 알츠하이머 환자의 체화된 자아의 사례들을 말한다. 예컨대 기억력이 심각하게 손상되어 단어 몇 개도 기억하지 못하는 환자가 유대교 의례에서 기도문을 유창하게 암송한 사례를 제시하며 이는 부르디외(Bourdieu)가 말하는 아비투스(habitus)와 같은 것에 의해 가능했던 것이라고 말한다.

자아에 대한 이론은 다양하지만 대체로 통일성에 주목한다. 자아를 실재하는 것으로 보는 입장과 그렇지 않다고 보는 입장의 대립은 결국 통시적이고 공시적인 통일감을 불러일으키는 독립적 자아라고 하는 실체가 존재하는가에 대한 질문에 기인한다.

현대 인지과학이나 뇌과학의 입장에서 독립된 자아의 실체성을 주장하기는 무리일 것이다. 그러나 그렇다고 의식적으로 경험되는 주체로서의 자아를 부정하기는 힘들다. 알츠하이머를 앓아 자신의 이야기를 잊어버리거나 심지어 자신의 존재를 부정한다고 해도 주체로서의 나는 존재한다. 나 자신이 나의 기억과 인식능력, 감각기능, 신체활동 등으로 온전히 환원될 수는 없을 것 같다. 서사적 자아와 체화된 자아, 그 이상의 '나'가 존재할 수 있다. 오온(五蘊)의 다발로 설명하든 양자의식(quantum consciousness)로 설명하든, 자아는 없다고도, 혹은 있다고도 단언할 수 없는 신비한 수수께끼이다. 종교학을 하면서 자아에 대해 수없이 읽고 생각했건만 노모의 치매 앞에서 무지만을 자각한다. 머리가 복잡하고 혼돈스럽다.

그런데 나의 고민과 혼돈에도 불구하고 엄마의 얼굴은 점차 편안해져 간다. 어느 날은 동자 스님마냥 맑고 어느 날은 해탈 스님처럼 여유롭고 깊다. 엄마의 기억과 뇌가 비어갈수록 그녀의 번뇌와 슬픔도 사라져 가는 것 같다. 모든 질문에 "몰라~."로 일관하면서도 전혀 당황하지 않고 당당하다. 그녀의 상태를 비참하고 가엾게 바라보는 나의 문제일 뿐 엄마는 편안하다. 어쩌면 엄마는 의도치 않게 노자가 말하는 무지(無知), 무욕(無慾)의 길[道]에 들어선 것인지 모를 일이다. 엄마가 그토록 원하던 천국을 경험하고 있는지도….

●최수빈

도철 읽기와 보기

도철(饕餮)은 예로부터 탐욕을 경계할 때 자주 등장하는 인물이었다. 오늘날에도 '도철 같은 사람'이라는 표현은 듣기에 썩 기분 좋은 말은 아니다. 도철은 어떻게 생겼을까. 도철은 이미지로 표현되기도 하였다. 돌이나 도기나 금속 같은 매체를 이용하여 도철의 이미지가 표현되었다. 도철 이미지가 가장 유행했던 시기가 상나라(기원전 약 1570~1045)와 서주(기원전 약 1045~771) 때였다. 이 당시에는 청동기 표면에 각종 이미지를 새겨 넣는 것이 관행이었는데, 그중에서도 도철 문양이 가장 생동감 있고, 보는 이로 하여금 정서적인 반응을 불러일으켰다. 두 눈은 누군가를 쏘아보는 듯하고, 아래턱이 없는 입은 크고 깊어서 무엇이든 다 그 속으로 빨려 들어갈 것 같다. 좌우 대칭으로 배치된 뿔과 귀는 도철의 정체가 인간이라기보다는 어떤 초월적 존재를 형상화한 것일 가능성을 제기한다.

도철의 인물 됨됨이는 욕심 많고, 사치스럽고, 남의 것을 잘 뺏고, 불쌍한 사람을 도울 줄도 모른다. 게다가 게걸스러운 식탐은 만족의 끝을 알 수 없었다. 자전을 찾아보면 도철이라는 한자어를 구성하는 성분 가운데 의미 부분을 담당하는 글자가 '식(食)'이다. 먹는다는 것은 인간의 가장 기본적인 욕망이다. 그런 의미에서 탐욕의 대명사인 도철의 캐릭터를 먹는 행위의 과도함과 연관시킨 것은 매우 즉자적이면서도 적절한 방법이었다.

기원전 3세기경 작품인 『여씨춘추』는 청동기 표면에 새겨진 도철의 모습을 머리만 있고 몸은 없다고 묘사한다. 현재 우리도 확인할 수 있는 도철의 이미지를 작가가 목격한 그대로 전달한 것이다. 더 나아가 이 책은 도철의 몸이 부재한 까닭을 설명한다. 아마 도철은 식인(食人)의 습성이 있었던 것 같다. 그런데 식탐이 지나쳤던 탓일까. 그만 삼키지를 못하고 목에 걸리는 바람에 자기 몸마저 상하게 되었다는 이야기이다. 도덕적인 훈계의 의도가 분명하다. 한가지 도철에 식인의 이미지가 결부된 것이 흥미롭다.

이보다 더 시간이 흘러서 도철을 식인과 연관시킨 사람은 곽박(郭璞, 276~324)이었다. 곽박은 『산해경』 주석서를 썼다. 거기서 그는 사람을 잡아먹는다고 한 포효(狍鴞)의 정체를 설명하기 위하여 도철을 끌어들인다. 포효는 사람의 얼굴에 양의 몸을 하고 호랑이 발톱을 가진 존재이다. 곽박은 이런 포효가 욕심 많고 식인을 하는 도철이라고 단정한다. 하지만 곽박의 견해는 별로 설득력이 있어 보이지 않는다. 왜냐하면 『산해경』에는 식인을 하는 존재들이 한둘이 아니기 때문이다. 그렇게 많은 식인의 무리 중에서 왜 포효가 도철인지를 설명하는 대목이 있어야 하는데 곽박은 막연히 그 둘을 같은 존재로 본 데 지나지 않는다. 그렇지만 도철의 탐욕을 부각하기 위하여 식인의 모티브를 활용하

도철 문양이 가장 생동감 있고, 보는 이로 하여금 정서적인 반응을 불러일으켰다.
두 눈은 누군가를 쏘아보는 듯하고, 아래턱이 없는 입은 크고 깊어서 무엇이든 다 그 속으로
빨려 들어갈 것 같다. 좌우 대칭으로 배치된 뿔과 귀는 도철의 정체가 인간이라기보다는
어떤 초월적 존재를 형상화한 것일 가능성을 제기한다. 사진은 청동기에 새겨진 도철

려는 태도가 엿보이는 것은 어쩔 수 없다.

중국 고대 문헌에서 '식인'이 지닌 함의는 무엇일까. 그칠 줄 모르는 탐욕과 식욕의 종말이 식인이란 것을 말하고 싶었던 것일까. 인간의 한계를 극단적인 상황까지 끌고 간 다음, 결국에는 다시 찾아야 할 인간 본연의 모습이 무엇인지를 가르치고 싶었던 것일까. 혹시 곽박의 보충 설명은 포효라는 존재를 너무 도덕적인 시각에서 바라보고 있는 것은 아닐까. 곽박에 의하여 졸지에 도철이 되어버린 포효는 탐욕스러운 존재가 아닐 수 없다. 이러한 해석에 『산해경』의 저자는 동의할까. 적어도 『산해경』이 윤리적인 덕목을 강조하는 책이 아닌 것만은 분명하다. 그렇다면 식인을 달리 이해할 방법은 없을까. 가령 식인을 초월

의 지표로써 볼 수 있는 여지는 없을까.

앞서 이야기했던 청동기에 새겨진 도철의 이미지는 탐욕의 화신으로 묘사된 문헌 속 도철과 일치하는 것일까. 어쩌면 후대 문헌 속의 도철은 윤리적인 거름망을 통과하고 남은 잔여에 불과한 것이 아닐까. 어느 쪽으로 갈 것인가. 그것에 따라서 청동기 도철의 의미가 엇갈릴 것이다.

여기에 걸음을 멈추고 주변을 돌아보게 하는 이야기가 하나 있다. 지금까지 청동기 도철이라고 알고 있었던 것이 도철이 아닐 수도 있다는 것이다. 우리는 정확히 말해서 상나라나 서주 당시에 그것을 무엇으로 불렀는지 알고 있지 않다. 다만 도철이라고 부르게 된 배경은 송나라 때 청동기를 연구했던 학자들이 『여씨춘추』에 나온 이야기에 근거해서 명명 작업을 진행했는데, 그 이후부터 지금까지 관행적으로 그 이름이 사용되었을 뿐이다. 공부하다 보면 늘 이런 반전의 상황과 마주한다. 반전은 연구자를 당혹스럽게 만들기도 하지만, 새로운 길을 열어주기도 한다. 이미지 해독이 문자 읽기의 방법에 사로잡히지 않도록 주의를 기울일 필요가 있을 것 같다.

●임현수

45년의 기다림, 엔게디(Ein Gedi)
두루마리 문서의 복원

　기원전 600년부터 기원후 700년 후반까지 유대교 공동체가 생활하던 지역으로 추정하는 엔게디 지역에서, 1970년 '이스라엘 문화재 관리국(The Israel Antiquities Authority, IAA)'과 히브리대학(the Hebrew University of Jerusalem) 고대 유물 발굴팀은 하나의 궤를 발견하였다. 그 궤 안에는 양피지 두루마리 문서로 보이는 불에 탄 물체가 있었다. 하지만 발견 당시 이 두루마리 문서는 숯덩어리에 불과할 뿐, 문서라고 말하기 어려웠다. 따라서 이들은 이 문서를 읽어낼 수 있는 기술이 발견되기까지 정성스럽게 보관하기로 결정하였다. 이로부터 45년이 지난 2015년, 문화재 관리국은 과학자들과 협력하여 사해문서들을 3D 스캔하는 프로젝트를 수행하였고, 이때 엔게디 문서 역시 스캔되었다. 그리고 이렇게 스캔된 엔게디 문서 이미지는 켄터키 대학(the University of Kentucky)의 브렌트 실스(Blent Seals) 교수에게 보내졌다.

　브렌트 실스 교수는 두루마리 문서를 가상으로 펴서 시각화할 수 있는 디지털 이미지 소프트웨어 '가상적 펼치기(virtual unwrapping)'를 개발하였다. 이 소프트웨어는 마이크로 컴퓨터 단층촬영(Micro-CT) 기술을 이용해서, '3D 부피측정 스캔(volumetric scan)' 기기를 통해 생성된 영상 이미지를 복원하는 방식이다. 이에 따라 실스 교수는 이 소프트웨어를 이용해서 손상되어 읽을 수 없는 엔게디 문서를 복원하기 시작하였다.

구체적으로 문서 복원작업은 분할(segmentation), 텍스처링(texturing) 그리고 평탄화(flattening)의 3가지 과정을 통해 이루어지게 된다. 이는 입체적인 가상적 이미지로 시작해서 평면적인 이미지로 끝나는 연속적인 과정이었으며, 실스는 이러한 결과를 통해 생성된 이미지를 '마스터뷰(master view)'라고 불렀다.

먼저 엔게디 문서의 가상적인 이미지 복원을 위한 핵심은 이미지의 분할과정에 있었다. 앞에서도 설명하였듯이, 이 두루마리 문서는 완전히 불에 타 심하게 훼손되었다. 실질적으로 문서라기보다는 '숯 덩어리'에 더 가까운 상태였다. 따라서 이것은 물리적으로는 분리하거나 펴기가 불가능했다. 그래서 컴퓨터를 이용해서 기하학적 이미지를 만들어 내기에 이른다. 그리고 이러한 기하학적인 구조 모델은 잠재된 부분적인 페이지를 생성하게 된다. 이러한 페이지 생성기술은 '영역 확장 기술(region-growing technique)'을 통해 일관된 동물성 가죽들을 배치하는 과정으로 나아간다. 이를 위해 기초적인 알레고리가 활용되었는데, 이것이 '이차적인 대칭 텐서(second-order symmetric tensor)'와 saliency mapping 방식이었다. 먼저 이차적인 대칭 텐서는 물리적으로 기술할 수 없는 대상을 표현하기 위해 가상적인 좌표에 대상의 상태를 표현하는 방식이다. 또한 saliency mapping은 영상처리에서 관심 영역

완전히 훼손된 고문서의 복원 과정과 관련하여 우리가 주목해야 할 점은
이와 같이 불에 타 완전히 훼손된 고대문서가 전 세계적으로 많이 있다는 사실이다.
사진은 불에 탄 엔게디 두루마리 문서
https://en.wikipedia.org/wiki/En-Gedi_Scroll#/media/File:Ein_Gedi_
Scroll_Fragment_2-Shai_Halevi-IAA.jpg, CC BY-SA 3.0

을 찾는 방식이다. 영상처리에서 관심영역을 찾는 것은 사전 정보를
이용한다. 예를 들어 얼굴인식 시스템의 경우에 피부색과 얼굴 모양을
토대로 얼굴을 찾아내는 것이 대표적이다. 따라서 엔게디 문서는 부분
적 피질의 사전 정보를 토대로 동일한 피질 조각들을 찾아내고, 이를
분할한다.

하지만 분할을 통해 생성된 이미지는 잠재적인 텍스트에 불과하다.
이를 텍스트화하기 위해서는 문자와 단어들을 식별해야만 한다. 이를
위해 두 번째 단계인 텍스처링 단계로 접어든다. 이는 텍스트 표면의
밀도차에 의해서 발생하는 '빛의 세기 값(intensity values)'을 활용한다.
예를 들어 문서 표면에 쓰여진 문자들은 철과 납성분의 잉크로 작성되
었다. 잉크로 쓰여진 표면은 다른 곳에 비해 밀도가 높다. 따라서 잉크

가 칠해진 표면은 다른 곳에 비해 밝게 나타난다. 그리고 이러한 밝기를 기준으로 문자 표면과 다른 표면을 구분한다.

마지막 단계는 기하학적 이미지로 생성된 입체적인 가상 이미지를 평평하게 펴서 가시화하는 일이다. 가상적 이미지는 원통 모양으로 구성된 입체적인 이미지이며, 이는 읽기에 어려움이 따른다. 따라서 입체적인 3D 이미지를 2D 이미지로 전환하는 과정을 실행하는데, 이 과정을 통해 생성된 이미지의 가시성을 확보하는 것이다. 그리고 이러한 과정을 평탄화 과정이라고 명명한다.

이와 같은 과정으로 엔게디 문서 이미지는 불에 타 소멸된 부분을 제외하고 복원되었다. 그리고 복원된 엔게디 문서 이미지는 해독을 위해 의뢰처인 이스라엘 문화재 관리국으로 다시 보내졌다. 이렇게 보내진 문서 이미지는 이스라엘 고문서 학자들에 의해 기원후 300년쯤에 제작된 문서로 추정되었다. 이렇게 추정된 이유는 당시 히브리어의 문법적 특성에 기인한다. 그 시기 유대인들은 모음 없이 자음만으로 이루어진 문자를 이용했는데, 이 문서의 문자들은 자음으로만 표기되어 있기 때문이다.

또한 문서의 내용은 레위기 1장 1절에서 8절까지의 내용으로 파악되었다. 여기에 이 문서는 유대교 의례에 활용된 문서로 추측해 볼 수 있다. 이는 이 문서가 유대교 회당의 궤 안에서 발견되었고, 당시 같이 발견된 유물이 '동으로 만들어진 7가지가 있는 촛대'와 3,500개의 동전이 포함되어 있는 동전 박스라는 점에서 그렇다.

이처럼 완전히 훼손된 고문서의 복원 과정과 관련하여 우리가 주목해야 할 점은 이와 같이 불에 타 완전히 훼손된 고대문서가 전 세계적으로 많이 있다는 사실이다. 예를 들어 이탈리아 폼페이와 헤르쿨라네움 지방에서 발굴된 고문서 역시 불에 타 심하게 훼손된 문서들인데 이러한 '가상적 펼치기'의 기술을 활용한다면, 문서가 가지고 있는 잠재적인 비밀도 세상 밖으로 나올 것으로 기대된다. 이렇게 세상으로 나온 정보들은 과거의 비밀을 밝혀주는 중요한 열쇠가 될 수 있을 것이다.

이렇게 과학기술은 인간에게 상상으로만 가능했던 현실을 실제적으로 구현함으로써 우리가 알지 못했던 미지의 세계, 잊힌 세계를 세상 밖으로 드러낸다. 그리고 이렇게 재구성된 세계는 우리에게 다시 새로운 세계를 꿈꾸는 토대가 되어준다. 유구하게 지나온 시간의 궤적은 우리가 무관심한 사이에 많은 사실들을 덮어버리고 가려버린다. 엔게디 문서 역시 그런 시간의 육중함에 덮여 사라져 버린 역사이었다. 하지만 그렇게 켜켜이 쌓인 시간의 궤적 속에서 과거를 찾고 복원하는 것은 아마도 인간의 시원에 대한 갈증 때문일 것이다. 그렇다면, 과학기술은 이런 인간의 갈증을 풀어주고 과거를 꿈꾸게 할 수 있는 지렛대는 아닐까?

● 도태수

---

* 이 글의 '가상적 펼치기'에 대한 정보는 "From damage to discovery via virtual unwrapping: Reading the scroll from En-Gedi," *science advance*(2016.9.21) 참조.

종교와 머리카락

종교학에서 정신분석학은 그리 인기 있는 연구 분야가 아니다. 아마도 정신분석학의 '과도한 환원' 작업에 대한 여러 고전적 비난이 그 원인일 수 있다. 최근에 나는 조금은 다른 생각을 한 적이 있다. 그것은 정신분석학적 연구가 종교학 연구자에게 가하는 '성적 수치심'이라는 문제에 관한 것이었다. 개인사(個人史)를 넘어서 사회정치적 맥락에 가닿지 못하는 성적 언설을 '관음증'이나 '노출증'으로 매도하는 일정한 학문적 분위기가 감지된다고 해야 할까. 그러나 정신분석학이 제시하는 '과도한 해석'은 언제나 우리의 학문적 소심증을 되돌아보게 한다.

예컨대 우리는 할례가 초래하는 '정신적 변형'은 이야기하지만, 할례의 현장에서 흐르는 '피'와 성기에 가해지는 '상처'에 대해서는 해석을 중지한다. 마찬가지로 우리는 추상적인 몸에 대한 이야기에는 익숙하지만, 몸을 이루는 각각의 신체 기관의 종교적 역할이나 의미에 대해서는 상대적으로 무관심하다. 입이 아니라 미각을 이야기하고, 귀가 아니라 청각을 이야기하고, 눈이 아니라 시각을 이야기하는 식으로 몸은 그저 감각으로 추상화된다. 최근 물질주의적 종교 연구에 대한 관심이 고조되고 있지만, 여전히 우리는 '물질과 정신'의 이원성이라는 굴레를 좀처럼 탈피하지 못하는 것 같다.

최근 들어 시간이 날 때마다 20세기 중반에 이루어진 정신분석학적 연구 성과들을 살펴보고 있다. 요즘에는 몸과 관련하여 '할례', '빙의', '머리카락' 같은 주제와 관련하여 자료와 생각을 축적하고 있다. 이 글에서는 종교와 머리카락이라는 주제와 관련한 몇몇 연구를 간략히 소개함으로써, 종교학의 연구 방향에 대해 작은 생각거리를 던져보려 한다.

먼저, 종교학자인 데이비드 치데스터(David Chidester)가 『종교: 물질적 역학』이라는 책에 실린 「성스러움」이라는 글에서 이야기하는 머리카락부터 살펴보자. 인도의 티루파티에 있는 스리 벤카테스와라 신전에서는 매년 천만 명의 신자들이 신의 축복을 기원하며 삭발을 하고 신에게 '머리카락 희생제의'를 올린다. 이 '머리카락 희생제의'는 헤어스타일로 표현되는 인간의 허영심을 희생하는 의례로 여겨진다. 이 신전에는 500명의 이발사가 있고 매일 찾아오는 5만 명의 순례자가 있다. 이제 시선을 다른 데로 돌려보자. 그렇다면 이렇게 잘려나간 천만 명의 머리카락은 어떻게 처리되는가? 잘려나간 성스러운 머리카락은 폐기되는 것이 아니라 신전의 중요한 수입원이 된다.

신전의 사제들은 머리카락에 대한 독점권을 가지며 머리카락을 경매에 부쳐 수출하는데, 대부분은 케라틴(keratin) 생산을 위해 중국에 팔리고, 나머지는 가발과 위브(weave, 연장된 모발) 제작을 위해 유럽과 미국으로 팔린다. 유대인 여인들의 가발에 사용하는 머리카락이 힌두교 신전에서 왔다는 사실이 알려지면서, 이스라엘에서는 정통 랍비들이 이러한 가발은 우상숭배라고 판결한 적도 있다. 치데스터는 머리카락을 통해 '성스러움의 상업화'라는 문제로 우리의 주의를 환기시킨다. '성스러움의 판매'는 종교가 침묵 속에서 행하는 필연적인 사실이다. 그런데 치데스터는 머리카락 자체보다는 '성스러운 물질'의 흐름이 낳는 여러 현상에 주목하고 있다. 여기에서 그의 논의를 길게 살펴볼 여유는 없다.

다음으로 정신분석가인 찰스 버그(Charles Berg)는 『머리카락의 무의식적 의미』라는 책에서 체모(體毛), 즉 털의 다양한 의미를 살피고 있다. 그는 "우리가 옷을 입은 사회적 상태에서 드러내는 머리카락이 사회가 우리에게 허용하는 유일한 남근, 즉 우리가 드러낼 수 있는 유일한 남근"이라는 시각에서 논의를 전개한다. 그에게 머리카락은 "가시적인 남근"이며, 머리카락은 노출증과 거세 불안이 교차하는 지점이다. 이처럼 그는 머리카락과 관련된 일체의 행동에서 '거세 불안'과 '노출증'을 읽어낸다. 사회에 의해 심각한 거세를 당하지 않기 위해 우리는 머리카락을 빗으로 눕혀 단정하게 하고, 서둘러 머리카락을 잘라내고, 매일 면도를 한다. 또한 실제보다 머리숱이 많아 보이는 헤어스타일을 추구하기도 한다. 그는 탈모, 흰머리, **빳빳하게 세운 머리카락**, **빠지는 머리카락**을 모두 비슷한 맥락에서 해석한다. 여기까지의 이야기는 종교학 연구자에게 큰 울림을 주지 못한다.

찰스 버그는 임상 자료뿐만 아니라 인류학, 민속학, 전설 등에 등장하는 머리카락 이야기를 자기 이론의 증거로 제시한다. 예컨대 트로

브리안드 섬에서는 장례식 때 애도의 일환으로 머리털을 모두 밀어버린다. 찰스 버그는 이것을 "사랑하는 사람의 상실=거세=머리카락의 제거"라는 등식 속에서 독해한다. 또한 그는 죽은 자와 함께 머리카락을 매장하는 오스트레일리아의 관습, 턱수염을 면도하면 초자연적 힘을 잃는다고 믿어지는 마사이 족의 추장, 사춘기 소년과 소녀의 머리카락을 죽은 자, 신, 강물 등에 공물로 바치는 머리카락 희생제의, 정화 의식을 위해 잘리는 머리카락, 초야를 치르기 전까지 처녀의 머리카락을 자르지 않는 관습 등을 예로 든다. 또한 그는 성인식에서 머리카락을 자르고 턱수염을 면도하는 일종의 '대체 할례'에 대해서도 언급한다. 찰스 버그는 머리카락이라는 예를 통해서 가장 일반적이고 정상적인 인간 행동조차도 기실 무의식에 근원을 두고 있다고 주장하고 싶어 한다.

마지막으로 머리카락에 가장 관심을 많이 기울인 인류학자인 에드먼드 리치(Edmund Leach)의 이야기를 잠시 들어보자. 리치는 「주술적인 머리카락」, 「성서의 머리카락」 같은 글을 쓴 바 있다. 리치가 머리카락에 관심을 가진 것은 주로 찰스 버그 때문인 것으로 보인다. 찰스 버그가 주로 프레이저의 글에만 의존하고 있다는 비판에서 리치의 글은 시작된다. 이미 1886년에 빌켄(G. A. Wilken)은 머리카락과 애도의례에 대한 글을 쓴 적이 있다. 빌켄에 따르면, 애도의례에서는 보통 머리카락을 잘라내고 삭발을 하거나, 아니면 머리카락을 헝클어진 채 방치하고 턱수염도 자라도록 내버려둔다. 다만 찰스 버그와 달리 빌켄은 머리카락이 섹슈얼리티가 아니라 퍼스낼리티를 나타낸다고 주장한다.

대릴 포드(Darryl Forde)도 나이지리아의 야쾨족에 대한 연구에서 삭

머리카락과 섹슈얼리티 사이의 관계를
입증하는 인류학적 증거는 차고 넘친다.

발과 음핵절제의 상징적 연결, 그리고 머리 기르기와 임신의 상징적
연결을 보여준다. 또한 미얀마에서는 미혼 여자는 머리를 짧게 하고,
기혼 여자는 머리를 길게 길렀다고 한다. 그리고 사춘기나 결혼에 의
해 성적 지위가 변할 때 조발(調髮, hairdressing)의 방식이 달라지는 것
도 거의 일반적인 사실이었다. 그러므로 머리카락과 섹슈얼리티 사이
의 관계를 입증하는 인류학적 증거는 차고 넘친다. 굳이 이런 예를 들
지 않더라도 우리는 힌두교와 불교에서 삭발이 독신(獨身), 또는 성적
절제를 의미한다는 것을 쉽게 알 수 있다.

　그런데 에드먼드 리치는 동일한 자료를 놓고 인류학자와 정신분석
가가 얼마나 다른 해석을 내놓을 수 있는지에 관심이 있다. 예컨대 리

치는 "머리카락이 의례를 강력한 것으로 만드는 것이 아니라, 의례적인 상황이 머리카락을 강력하게 만든다"고 말한다. 그리고 그는 "정신분석가에게는 섹스가 제일 앞에 오지만, 인류학자에게는 신(즉 사회)이 제일 앞에 온다."고 말한다. 다시 말해서 리치는 머리카락 자체의 고유한 성스러움이 아니라 머리카락을 성스러운 것으로 만드는 의례적 맥락을 탐구해야 한다고 말하면서, 찰스 버그와는 다른 해석의 길이 있다는 것을 암시한다. 리치는 의례적 상황이 특정한 상징을 '신과 사회의 집합표상'으로 전환시킨다고 말하면서, "가장 진부한 것조차도 가장 강력한 성스러운 존재로 만들 수 있는 것이 바로 의례의 본성이다."라고 말한다.

그런데 에드먼드 리치는 인류학자가 이미 알고는 있지만 제대로 이해할 수 없었던 사실에 대해 정신분석학이 그럴듯한 설명을 제공해준다고 말한다. 즉 적어도 정신분석학은 우리가 이미 알고 있다고 생각하는 사실에 대한 습관적인 해석에 이의를 제기하고, 우리가 정말 그것을 제대로 알고 있는지에 대해 다그쳐 묻고 있다는 것이다. 종교학이 정말 정신분석학보다 더 그럴듯한 해석, 더 적합도가 높은 해석을 내놓고 있는지에 대해서는 우리가 곰곰이 다시 생각해 볼 일이다.

●이창익

'성스러운' 체액(體液)

'코로나 19'라는 전대미문의 전염병이 세계적으로 확산하면서 신종 코로나바이러스가 모든 주요한 사회적, 경제적, 문화적 이슈를 점유하고 있는 현시점에서 체액 즉 몸에서 배출된 피, 눈물, 땀, 젖 등의 신성함을 논하는 것은 어쩌면 매우 모순되게 들릴지 모른다. 이는 일종의 체액이라 할 수 있는–기침 등에 의해 튀어나오는 미세한–비말에 의해 이 바이러스가 전파된다고 알려지면서, 대면 모임은 물론이고 타인과의 신체적 접촉 또한 피할 것이 권고되기 때문이다.

사실 체액은 많은 문화권에서 불결하고 오염된 것으로 상정되어 접촉을 꺼리는 금기의 대상이기도 하다. 이 중에서 월경혈과 산후혈과 같은 여성의 출혈은 특히 불결하다고 여겨져 여성을 사회/종교 공동체로부터 격리하는 하나의 기제로 작동하였다. 인간의 체액이 혐오 또는 아브젝시옹(abjection)를 불러일으키는 것은 육체의 내부가 외부가 되면서 육체의 '경계'를 넘어서기 때문이다. 입, 코, 귀, 눈, 항문, 질(膣)은 내부와 외부가 만나는 대표적 기관으로 인간의 취약성을 상징하기도 한다. 특히 체액은 피부의 경계를 넘어 외부로 유출될 때 본인의 육체와 분리됨으로써 역겨움과 기피의 대상이 되기도 한다.

그러나 종교적 맥락에서 인간의 체액은 새로운 의미와 상징성을 부여받을 뿐 아니라, 중요한 물적 매개체로 신자들은 이를 통해 직접 신성과 소통하고 신의 현존을 경험하기도 한다. 대표적인 종교는 기독교이다. 예수가 흘린 피와 땀은 하느님의 구속사(救贖史)에서 매우 커다란 의미를 가진다. 예수가 인류의 구원을 위해 흘린 희생의 피-성혈(聖血) 혹은 보혈(寶血, Precious Blood)-는 구원의 원천으로, 천주교 신자들은 정기적으로 미사 중 성찬식에서 포도주로 형상화된 성혈을 받아 마심으로써 살아있는 그리스도와 하나 됨을 추구한다. 또한, 성모가 예수의 주검 앞에 흘린 눈물은 그녀가 세상의 고통에 동참하고 있음을 상징한다. 동시에 성모의 모유는 모든 것을 양육하고 돌보는 그녀의 역할을 강조하고, '수유하는 성모(Mary Lactans; Our Lady of Milk)'의 이미지는 중세에 걸쳐 대중의 사랑을 받으며, 이미지 묵상을 통해 성모 발현과 함께 성모의 모유를 직접 받아먹는-예, 성인 베르나르, 복녀 파울라-기적도 보고된다. 여기서 성모의 젖은 육화된 성모 또는 성모의 현존에 대한 표징이기도 하며, 더 나아가 그녀의 모유는 예수를 양육하였기에 그녀와 육화된 예수와의 밀접한 관계를 드러낸다.

이런 맥락에서 중세 기독교 신비주의에서 관상, 묵상, 기도를 통해 예수 혹은 성모의 삶을 모방하고-Imitatio Christi, Imitatio Maria-이들과 하나 되고자 하는 수행에서 이들 성스러운 체액은 매우 중요한 매개체로 작동하였다. 성혈과 성유(聖乳)가 중세 기독교에서 대중의 신심을 고양하는 중요한 물적 자원이었다는 것은 관련 성유물(sacred relics)이 당시 유럽에 넓게 퍼진 것에서도 확인된다. 여기에는 다른 성인들과 달리 예수와 성모는 사후 육체와 함께 하늘로 올라감으로써 육체적 잔재를 지상에 남기지 않았다는 믿음도 한몫을 한다.

그러나 구원자나 성인으로부터 유출되었다는 성스러운 체액을 보고, 만지고, 맛보면서 구원자의 현존과 은총을 온몸으로 확인하려는 열망은 기독교의 옛 전통에서만 발견되는 것이 아니라 동시대에도 여전히 지속되고 있다. 한국의 경우 대표적 사례는 나주의 '마리아의 구원방주'(이하 '구원방주')로 해당 공동체를 이끄는 윤율리아(본명: 윤홍선, 1947~)는 성스러운 체액과 관련된 여러 기적을 통해 많은 추종자를 주위에 모으면서 관련 기독교 전통을 극단적으로 재해석 또는 확대 해석하는 과감한 종교적 실험을 보여주고 있다. 윤율리아가 대중의 이목을 처음으로 끈 사건은 그녀가 모시던 성모상이 1985년 6월부터 1992월 1월까지 눈물, 피눈물, 진땀을 흘리고 코피까지 쏟으며 성모의 고통을 보여주었다는 것이다. 이러한 성모상의 기적이 알려지면서 순례객이 전국에서 모여들고 그녀의 추종자를 중심으로 공동체가 현재의 모습으로 정착되었다고 할 수 있다. 이후에도 그녀의 성모상은 1992년 11월부터 1994년 10월까지 향유(香油)를 흘리고, 2001년 3월에는 핏빛 향유를 흘렸으며 현재까지 계속 향유를 흘리고 장미 향을 풍기고 있다고 한다. 성모의 젖과 관련된 기적은 상대적으로 최근에(2009년~) 보고된 것으로, 성모의 '참젖'이 특별한 행사나 교회 기념일에 윤율리아와 신도들 그리고 특정 장소('성혈 조배실', 경당 등)에 떨어진다고 한다. 윤율리아는 이렇듯 성모 신심/공경을 전면에 내세우며 1985년부터 현재까지 성모 발현과 함께 성모로부터 받았다는 메시지를 꾸준히 대중에게 전달하고 있다.

'구원방주'에서는 예수성심(Sacred Heart of Jesus) 혹은 예수신심/공경 또한 매우 중요한데, 이는 '구원방주' 안에 있는 '성모님 동산'에 '(15처) 십자가의 길', '갈바리아 언덕', '성혈 조배실'이 조성되어 있음에서도 알 수 있다. '십자가 길'에서 윤율리아는 정기적으로 예수의 십자가 길을 재현하며 편태(채찍질)와 자관(가시면류관) 고통을 겪으며 피를 흘리고, 예수가 십자가에 못 박히면서 얻은 오상(五傷)의 상처 자국 즉 성혼(聖痕)을 보일 뿐 아니라, 이 길에는 종종 예수의 성혈, 피땀, 진액도 떨어진다고 한다. 그녀가 이렇게 예수의 십자가 고통에 적극적으로 동참하고 있는 것은 자신의 몸을 통해 '그리스도 닮음(Imitatio Christi)'을 구현함으로써 예수와 하나 되어 예수의 구속 역사에 참여하고 있음을 입증하고자 함이라고 할 수 있다. 한편 '갈바리아 언덕'의 십자가에 달린 예수상에서는 성혈이 흘러 떨어질 뿐 아니라 종종 눈물과 진땀이 흐른다고 한다. 이 밖에 '성혈 조배실'은 1995년 미사 중 윤율리아가 받은 성체가 심장 모양의 살과 피로 변화되었던 장소에 조성되었다고 하며, 이곳에는 현재까지 여러 차례 성혈이 내렸다고 한다. 마지막으로 언급할 것은 '율신액', 즉 윤율리아의 소변이다. 그녀가 2002년 '십자가 길'에서 로마 병사가 예수의 옆구리를 창으로 찌르는 장면을 현시로 보게되고 그 순간 극심한 고통을 느끼는 동시에 찬란한 빛을 경험하였는데, 그때 주님이 그녀의 소변에 아름다운 빛을 주었다는 것이다. 그녀의 추종자들은 그녀의 소변을 묻힌 스카프를 아픈 부위에 매거나 문지르면 치유된다고 믿고 있다.

앞에서 보았듯이, '구원방주'는 다양한 종류의 체액-피, 젖, 눈물, 땀, 진액, 소변 등-을 매개로 예수와 성모의 현존과 은총을 추종자들에게 확인시키려 한다. 여기서 이들 물질의 역할은 초월적인 것을 구체적인 것으로, 비가시적인(부재한) 것을 가시적인 것으로 경험하게 만들고, 그 경험을 계속 전달할 수 있도록 한다는 것이다. 이런 맥락에서 종교 경험에서 '물질'의 중요성은 결코 간과할 수 없으며, 여기서 '물질'은 단순히 믿음이나 신학적 교리의 이차적 표현이 아닌, 믿음의 실질적 토대로 작동하면서 다양한 감각이 동원된 종교경험을 가능케 한다고 할 수 있다. 특히 가톨릭교회는 성화, 성상, 성유골 등을 신심을 고양하는 중요한 물적 유산으로 간주하고, 하느님의 '육화' 혹은 성만찬을 전례의 핵심으로 구성할뿐더러, 예수와 성모의 삶과 일치됨을 강조하여 이를 위한 다양한 종류의 관상, 묵상, 기도를 갖추고 있다. 이런 의미에서 '구원방주'는 가톨릭교회의 풍부한 물적 문화와 신비주의 전통을 배경으로-물론 교도권은 이를 인정하지 않지만-나타났다고 할 수 있다.

한국 가톨릭은 일찍이 '구원방주'를 이단으로 규정하고 해당 공동체를 방문하는 자들에게 파문제재를 선언하였으나, '구원방주'는 가톨릭교회와 분리되기를 거부하며 여전히 자신들의 활동을 이어가고 있다. 본 글은 무엇이 그토록 많은 신자를 그곳으로 향하게 했는가에 대한 하나의 시사점을 제공할지도 모른다.

●우혜란

인간희생제의를 어떻게 이해해야 할까

상왕조(기원전 16세기~11세기경)의 갑골문을 보면 인간희생제의에 대한 기록이 상당히 많다. 현재 고고학적 발굴 작업을 통해서 확보된 상왕조의 갑골문은 600여 년에 이르는 왕조의 전 역사를 아우르는 것이 아니라, 그중 후기에 해당하는 200여 년에 걸쳐 기록된 자료에 불과하다. 이러한 갑골문을 토대로 상왕조 후기 인간희생제의에 얼마나 많은 사람이 동원되었는지를 조사한 연구에 의하면, 거의 1만 5천여 명이 살해당한 것으로 추정된다. 상왕조에서 인간희생제의는 동물 희생제의와 비교할 때 빈도나 규모가 상대적으로 떨어지는 것은 사실이지만, 그 자체만으로도 무시하지 못할 비중을 차지하고 있었던 것으로 보인다.

상왕조에서 인간과 동물을 희생제의의 공물로 함께 사용한 현상을 보면 동물희생이 인간희생을 대체하면서 나온 산물이라는 일종의 진화론적 견해는 별반 타당성을 얻지 못한다. 희생제의 과정에서 인간을 처리하는 방식도 동물과 다르지 않았다. 자르고, 묻고, 태우고, 빠뜨리는 것은 인간과 동물 모두에게 공통적으로 적용되었던 방식이었다. 동물을 공물로 바쳤던 신들에게는 어김없이 인간도 희생으로 사용되었다. 희생제의에 동원된 인간들은 왕조 밖에서 들어온 외부인들이 다수를 차지하였다. 주로 전쟁을 통해서 사로잡힌 포로들이 희생제의의 공물로 이용되었다.

상왕조는 고대 청동기 문명국가로서 무엇보다 거대한 제사 공동체였다. 왕조의 신성 공간인 도시에서는 거의 매일 다양한 신들에게 대규모의 희생제의가 거행되었다. 상왕조의 구성 주체들은 호모 렐리기오수스(Homo Religiosus)이면서 호모 네칸스(Homo Necans)였다. 그만큼 성스러움과 죽음(혹은 죽임)의 거리는 근접해 있었다. 인간희생은 양자의 거리를 더욱 좁히는 촉매였을 것이다.

오늘도 원근에서 들려오는 폭력과 죽음의 현실은 같은 인간으로서 인간희생제의를 바라보는 심경마저 무디게 만드는 것 같다. 하지만 감수성이 살아 있는 사람들에게는 이 현상이 여전히 불편하고 당혹스럽게 느껴질 것이라 믿고 싶다. 상왕조에서 거행되었던 인간희생제의를 어떻게 이해할 것인가? 인간희생제의가 진행될 수 있었던 일련의 조건들은 무엇일까? 또한 그것이 의도한 목적은 무엇이고 실제 성취한 효과와 기능은 무엇인가? 도대체 인간희생제의가 필요하다고 여겼던 세계를 만든 사람들은 누구인가?

스페인 군대가 아즈텍 제국을 멸망시키는 데 명분으로 작용한 것이 이곳에서 거행되었던 인간희생제의였다는 점은 널리 알려진 사실이다. 스페인 사람들은 아즈텍의 인간희생제의가 지닌 야만성을 드러내고 자신들이 자행한 학살을 정당화하기 위하여 이 제의에 관해 과장된 묘사를 서슴지 않았다고 한다. 예를 들어 한 번의 인간희생제의에서 8

만여 명이 희생되었다는 언급이 대표적인 경우이다. 이것의 허구성은 이미 밝혀진 바 있다. 아즈텍의 인간희생제의를 연구한 다비드 카라스코(David Carrasco)는 뭇사람들을 구원하기 위하여 단 한 사람이 희생되었다고 주장하는 유럽의 그리스도교인들이 아즈텍 제국의 정복 과정에서 2년 동안 살해한 원주민의 수가 인간희생제의에서 죽은 사람의 10배에 달한다고 말한 바 있다.

다비드 카라스코의 발언은 아즈텍인들을 향하여 스스로를 문명인으로 자처했던 서구인들의 야만적 이면을 폭로한다. 그럼에도 불구하고 현대의 아즈텍 후예 중에는 여전히 인간희생제의를 거북해하고 심지어는 그러한 사실마저 부인하는 경향이 있다. 인간희생제의에 부착된 반문명성의 딱지가 부담으로 작용하기 때문일 것이다. 이에 대하여 다비드 카라스코는 사실을 덮는다고 능사는 아니며, 아즈텍이 지닌 모순적 이중성에 주목할 필요가 있다고 주장한다. 인간희생제의는 아즈텍인들이 일상적인 삶 속에서 이룩한 문화적인 성취 및 정치사회적인 표현 방식들과 겉으로는 모순적인 것처럼 보이지만 실제로는 무관한 것이 아니다. 인간희생제의는 그것 이외의 다른 삶의 차원들과 포괄적인 연관성 속에서 다루어질 필요가 있다. 그는 이러한 방법을 통해서 아즈텍의 인간희생제의에 담긴 의미가 제대로 규명될 수 있다고 믿는 것 같다.

●임현수

하느님의 올바름을 묻는 요즘 영화들

세상이 이 모양인데 하느님이 도대체 어디에 있다는 건가? 서구 유일신 전통에서는 납득하기 힘든 일들을 겪을 때마다 세계관에 대한 회의가 하느님의 존재를 묻는 물음의 모습으로 솟아올랐다. 이에 대한 신학적 대답을 신정론(神正論)이라고 부른다. 오래된 물음과 답변이지만, 문제가 사그라들기는커녕 더 강렬해지고 있는 느낌이다. 서양에서는 아우슈비츠 이후에 이 물음이 전면적으로 재검토되었고, 한국에서는 세월호 참사 이후에 이 문제를 더 진중하게 끌어안고 있다.

필자는 직업적 필요 때문에 종교와 관련된 영화가 나올 때마다 꾸역꾸역 보는 편이다. 그런데 최근에 본 영화들에서 신정론의 문제는 꾸준히 그리고 더 신랄하게 다루어지고 있다. 이 글에서 인상적인 영화 몇 편을 언급하고자 한다.

신정론을 다룬 대표적인 한국 영화는 〈밀양〉(2007)이다. 2018년 초 서지현 검사의 성추행 폭로로, 안태근 전 검사가 부하를 성추행하고도 교회에서 스스로 회개했다고 간증한 사실이 밝혀지면서 한국 사회에 재소환된 영화이기도 하다. 영화에서 신애(전도연)는 아들 준이를 잃고 나서 다음과 같은 질문을 던진다. "하나님이 계시다면, 그 하나님의 사랑이 크시다면, 왜 우리 준이를 그렇게 내버려 두셨나요?" 전능한 신의 존재, 신의 선함, 고통스러운 현실의 존재라는 신정론의 조건을 완벽하게 갖춘 질문이다. 신애는 교회를 다니며 위안을 얻지만, 잘 알려져 있듯이 자신과 상관없이 하느님에게 회개하고 이미 구원을 받았다는 살인자를 면회한 후에 그 위안이 깨진다. 꺾인 들꽃처럼 신애가 쓰러지는 순간에 기독교 세계관과 신정론은 붕괴한다. 그 결과는 원작소설에서는 주인공의 자살이고, 영화에서는 이웃공동체와의 연대를 통한 새로운 삶이다.

〈오두막〉(2017)의 앞부분은 〈밀양〉의 미국판이라고 할만하다. 한 아버지의 어린 딸이 휴양지에서 납치되어 살해당한다. 아버지는 "왜?"라는 질문을 품에 안고 고통 속에 살아간다. 그러나 이 영화는 〈밀양〉과는 달리 기독교 세계관 안에서 이 문제를 봉합하려는 최대한의 노력을 보여준다. 이 영화에서는 현실 인물로 형상화된 성자, 성부, 성령이 등장해 주인공의 아픔을 보듬어준다. 흥미롭게도 성부(聖父)를 표상하는 인물은 아프리카계 미국인 아주머니이다. 주인공이 "가장 절박한 순간에 그 아이를 버리셨어요."라고 원망하자, 성부 아주머니는 "아니야, 자네는 불가사의한 일을 이해하지 못하고 있네."라고 운을 뗀 뒤, 끝내는 눈에 눈물을 그렁그렁 맺은 채, 아이가 고통을 당하는 그 순간에 "우린 그때 함께 있었어."라고 힘겹게 말한다. 이 대화에는 여러 유형의 신정론이 녹아 있지만, 두드러지는 것은 신의 전능함이라는 주제가 약화하고 신이 인간의 고통을 함께한다는 공감의 주제가 강조된다는 점이다.

예기치 못한 맥락에서 만나는 신정론도 있다. 〈루르드〉(2011)는 성지에서 일어난 기적을 다룬 영화이다. 성지순례단을 이끄는 수녀는 기적을 갈구하는 신자들과는 달리 냉정한 신학을 가진 이다. 신체적 고난 속에서 기적을 바라는 이들에게 수녀가 늘 하는 말은 "쉽지는 않겠지만 우리의 운명을 겸손하게 받아들여야 해요. 당신이 겪는 고통엔 깊은 뜻이 있어요."이다. 나아가 "난 여러분을 위하여 고난을 겪으며 기뻐합니다."라는 바울의 말도 인용한다. 논리정연한 신정론이지만 당사자들에게는 아무 위로가 되지 않을뿐더러 폭력적으로 받아들여질 법한 말이다. 기존 신정론의 쓸모없음을 꼬집고 있는 장면이다.

상황이 극단적일수록 신정론의 울타리는 유지하기 힘들어진다. 〈아뉴스데이〉(2016)는 2차 대전 때 러시아 군인에 점령되어 집단 강간을 당한 폴란드 수녀원의 이야기이다. 많은 수녀가 임신하였고, 수녀원에서는 폐쇄를 막기 위해 몰래 의사를 불러 출산을 하고 심지어는 아이를 몰래 갖다버리기도 한다. 의사가 수녀에게 묻는다. "믿음을 잃은 자는 없었나요?" 수녀가 답한다. "믿음이라는 게 말이죠, 처음엔 아버지 손을 잡은 어린아이처럼 안정을 느껴요. 하지만 시간이 지나면 아버지의 손을 놓치는 순간이 분명히 와요. 우리는 길을 잃었어요." 수녀의 대답은 "그것이 우리가 지고 갈 십자가입니다."라는 신앙의 언어로 마무리된다. 그러나 내 생각에는 아버지의 손을 놓쳤다는 말에 진심이 실려있는 것 같다. 전통적인 종교적 설명은 여기서도 멈칫한다.

이 문제와 관련해 내 머릿속에 가장 강하게 남아있는 장면은 〈시리어스맨〉(2010)에 나오는 랍비의 농담이다. 이 영화의 주인공은 현대판 욥이라고 할만한 인물로, 갑자기 이유를 알 수 없는 온갖 불행을 맞아들이게 된다. 그는 불행의 의미를 알기 위해 필사적으로 한 랍비를 찾아다녔고 우여곡절 끝에 겨우 상담을 할 수 있었다. 그런데 랍비는 대답 대신 한 치과의사 이야기를 해준다. 환자의 치아에 히브리어로 '도와주세요'라고 새겨진 것을 발견한 의사가 그 의미를 알기 위해 백방으로 노력했지만 결국 아무것도 알아내지 못하고 원래 생활로 돌아갔다는 이야기다. 랍비는 말한다. "하느님이 우리에게 답을 줘야 하는 건 아니네." 하느님이 인간에 빚진 것은 없으며, 다만 인간이 궁금해하는 것일 뿐이라는 것이다. 애초에 질문 자체가 우리들의 것이 아니었던가? 우리의 바람을 신의 속성에 투영하면서 물음과 해답이 꼬이게 된 것 아닌가? 묻는 이를 복장 터지게 하는 랍비의 심드렁함은 인간과 다른 차원에 신의 섭리가 존재함을 말하는 욥기의 태도를 반복하는 것이기도 하다.

기존 종교에 대한 불신이 높아가는 시대이기에 신정론이라는 오래된 문제의식이 다시 떠오르는 것은 주목할만한 일이다. 영화에서 나타난 다양한 반응은 전통의 울타리 가장자리와 그 너머를 배회한다. 기존 종교에 대한 현대인의 의구심이 영화에 정직하게 담긴 결과일 것이다.

●방원일

다큐멘터리 영화 〈만신〉과 TV 다큐멘터리 〈신의 뇌〉, 그리고 종교학 상념

최근에, 종교적 소재를 다룬 대중문화 작품 두 편을 보게 되었다. 원로 무속인 김금화(1931년생)의 일대기를 다룬 재연 다큐멘터리 영화 〈만신〉(박찬경 감독, 2014년 3월 개봉), 그리고 뇌과학계의 종교 관련 연구성과를 곁들이면서 다양한 종교들의 모습을 살피고 종교의 현대적 의의를 모색한 TV 교양 다큐멘터리 〈신의 뇌〉(KBS, 2부작, 2014년 4월 방영).

〈만신〉은 박찬경 감독의 장편영화 데뷔작으로, 여러 해 동안 무속에 기울여온 관심과 애정의 깊이가 잘 녹아있는 작품이다.(박찬경 감독은 이전에 형인 박찬욱 감독과 함께 무속을 소재로 한 스마트폰 단편영화 〈파란만장〉[2010]을 만들기도 했다.) 영화는 역사 자료, 김금화와 주변인들과 학자들의 인터뷰, 아역부터 중년까지 세 명의 배우가 연기한 재연 드라마를 적절히 아우르며 대하 서사를 펼쳐낸다. 어린 나이에 시집가서 고생하다가 도망친 뒤 집안 내력이자 운명이었던 신내림을 받고 무당이 된 일, 한국전쟁 때 남북 양쪽의 군인들로부터 혹세무민한다고, 적을 도왔다고 핍박받고 심지어 죽음의 문턱에까지 갔던 일, 새마을운동의 미신타파 열풍 속에서 도망 다니며 몰래 굿을 해야 했던 일, 굿판에 들이닥쳐 훼방하는 기독교인들을 엄히 타일러 돌려보낸 뒤 못내 씁쓸한 헛웃음을 지어야 했던 일, 민중운동과 독재정권 두 진영으로부터 갑자기 동시에 전통문화의 꽃으로 대접받게 된 일, 무형문화재가 되어 종합예술인으로 인정받고 큰무당이 되어 지도적 종교인으로 인정받게 된 일, 그리고 개인들뿐 아니라 민족과 역사의 고통까지 보듬으며 벌여온 숱한 굿판들…. 이 영화는 미신에 대한 멸시와 전통에 대한 대접이라는 상반된 평가 속에서 무속인으로 평생을 살아온 한 인간의 파란만장한 일대기이자, 가부장적 사회 속에서 고군분투해온 한 여성의 험난한 투쟁기이고, 동시에 시대의 격변 속에서 무속이라는 종교가 겪어온 수난과 회복의 역사 이야기이자, 무속을 의지하든 멸시하든 어쨌거나 이 고유한 종교와 오랜 세월을 함께 해온 우리 자신의 이야기이기도 하다. 흥행 면에서야 일반 상업영화에 비할 바는 못 되지만, 〈만신〉은 다큐멘터리로서는 드물게 대중과 평단 모두로부터 좋은 평가를 받고 있다고 한다. (상영관 수는 이제 많이 줄었지만, 전국 몇몇 영화관에서는 지금도 계속 상영 중이다.)

〈신의 뇌〉는 한 독일인 저널리스트가 세계의 다양한 종교들을 찾아다니며 의례에 참여하고, 신자들이나 학자들과 인터뷰를 하고, 뇌과학 등 현대 과학의 종교 관련 연구 성과를 살피는 과정을 통해 오늘날 종교는 과연 어떤 위상과 의의를 지니는지를 모색하는 내용으로 이루어져 있다. 제작진에게 발탁되어 종교 탐방객이자 이야기꾼 노릇을 한 위르겐 슈미더는 이미 여러 해 동안 이런 작업을 해왔고 그 결과를 책으로 출판하기도 했는데(『구원확률 높이기 프로젝트』, 2013), 이번 TV 다큐멘터리는 이 책의 확장 심화된 영상 버전이라고 할 만하다. 티베트와 인도 등 세계 각국 종교들의 때론 아름답고 때론 그렇지 못한 생생한 모습, 다양한 종교들이 제법 평화롭게 공존해왔다는 흥미로운 나라인 한국의 종교 현장에 대한 관찰과 참여와 신자 인터뷰, 종교 경험을 소재로 한 뇌과학 등 현대 과학의 흥미롭고 상이한 연구성과에 대한 소개와 평가, 종교학을 비롯한 다양한 학문 분야의 국내외 석학들(제레드 다이아몬드, 정진홍 등)과의 인터뷰 등을 아우르며 다채롭게 펼쳐지는 내용은 (TV 프로그램의 속성상 다소 피상적인 감이 없지 않지만) 매우 흥미진진하고 유익하며, 역시 대중과 평단으로부터 좋은 평가를 받았다.

한 무속인의 일대기를 통해 지금 여기 우리에게 무속이라는 종교는 과연 무엇인지를 묻는 다큐멘터리 영화, 그리고 세속화된 현대 사회 속에서 여전히 많은 이에게 의미의 샘물을 제공하고 있는 종교에 관한 다채로운 담론과 이미지를 통해 종교의 유용성과 유의미성 쪽에 판돈을 거는 파스칼의 내기를 해봄 직하지 않겠느냐고 말하는 TV 프로그램. 두 작품에는 한 가지 공통점이 있다. 둘 다 종교에 대해 깊은 공감적 태도를 취하고 있다는 점이다. 그 내용의 깊이에 대한 평가는 일단 접어두고, 두 작품을 보며 얻은 감동의 느낌은 종교학을 하는 사람으로서 솔직히 부럽기까지 하다.

학문 분야나 학과로서 종교학의 입지가 좁다는 사실은 어제오늘의 일이 아니고, 특히 입시 경쟁, 취업 전쟁, 신자유주의 교육정책에 끌려다녀야 하는 대학에서 종교학은 그야말로 '존폐'의 벼랑 끝으로 내몰리고 있는 게 현실이다. 그런데 둘러보면, 학문으로서 종교학은 늘 그랬고 지금도 그렇듯이 초라하지만, 종교에 '관한' 담론을 기대하는 대중의 바람은 생각보다 두터운 것 같다. 한편에선 분야를 막론한 인문사회 학계의 내로라하는 학자들과 글쟁이들이 저마다 종교에 대해 이런저런 담론을 쏟아내기도 하고, 다른 한편에선 영화감독과 저널리스트 같은 대중문화 생산자들이 종교를 소재로 재밌고 감동적인 작품들을 만들어내고 있다. 한쪽은 냉정한 접근을 통해 사람들의 머리를 움직이고, 한쪽은 공감적 접근을 통해 사람들의 가슴을 울린다. 냉정과 공감, 또는 종교학에서 흔히 하는 말로 판단 중지와 감정 이입. 이 상반된 두 가지 태도 사이에서 줄타기를 해야 하는 (하고 싶은) 종교학도로서 과연 내가, 우리가 그 줄타기를 잘해 왔는지, 잘하고 있는지 확신이 서지 않을 때가 많다. 머리와 가슴이 따로 놀고, 머리만 분주하든지 가슴만 벅차든지 하고 있지는 않은지. 나는, 우리는 열심히 종교에 '관한' 담론을 생산하고 있는데 대중이, 여타 학계가 몰라준다고 혼자 푸념만 하고 있지는 않은지. 종교학도의 종교 관련 '담론'은 그래도 다르다고, 달라야만 한다고 스스로 자족하며 우물 위 하늘만 멍하니 바라보며 주저앉아 있지는 않은지. 도대체 나에게, 우리에게, 지금 여기서 종교학을 한다는 것은 과연 무엇인지. 이런저런 상념이 잠 못 들게 하는 밤이다.

●김윤성

넷플릭스로 배운 신종교

인상적으로 본 넷플릭스 다큐멘터리 이야기를 하려고 한다. 오쇼 라즈니쉬가 1980년대에 미국에 종교 공동체를 설립하였다가 퇴출 당하는 과정을 다룬 〈오쇼 라즈니쉬의 문제적 유토피아〉(Wild Wild Country, 2018)이다. 우리에게 사상가로 잘 알려진 라즈니쉬가 미국에서 공동체를 설립하고 저지른 사건과 논란은 미국에서는 유명하지만 한국에선 많이 알려지지 않은 이야기이다. 매우 잘 만들어진 이 프로그램을 보면서, 나는 한 종교공동체를 연구하면서 만날 수 있는 거의 모든 쟁점을 만난 것 같다. 6편으로 구성되어 총 6시간이 넘는 이 다큐의 내용을 여기서 요약할 수는 없기에, 두드러지는 쟁점 몇 개만 언급하도록 하겠다.

신종교(혹은 소위 이단과 사이비)를 취재한 프로그램은 흔히 세뇌라는 관점에서 접근하기 때문에 당사자의 목소리가 잘 담기지 않는다. 그런데 이 다큐는 놀랍게도 미국 사회에서 물의를 일으켜 추방된 이들의 목소리가 중심이 된다. 다큐는 이들을 철저히 인터뷰하고 이들의 증언에 따라 진행된다. 핵심적인 신자들이 실제 등장하는 것 자체가 전율스러운데, 더 인상적인 것은 이들이 공동체에서 느낀 "매력"이 잘 전달된다는 것이다. 필자는 개인적으로 사진만으로도 오쇼 라즈니쉬 얼굴에서 빛이 난다고 느끼는데, 신자들은 그 빛남이 주는 황홀함을 이야기해준다. 게다가 그들의 얼굴에서도 빛이 느껴진다! 공동체는 와해되었지만 그 후에도 그 이상은 그들 개인의 삶에 조화롭게 녹아 있다는 것이 느껴진다. 그들이 미국에 공동체를 건설하는 장면에도 그들의 행복이 잘 전달된다. 미국 주류사회에서 컬트로 규정된 이 공동체를, 내부자의 시선을 중심으로 정합성을 유지한 형태로 담아낸 것이 인상적이다.

내부적 시선 못지않게, 이 집단을 배척한 미국 주류사회의 시선도 잘 표현된다. 처음부터 이들을 적대시한 마을 주민들 진술이 공동체 이야기와 교차해서 등장한다. 필요한 대목에서는 이들 사건을 다룬 지역 경찰, 검사, 심지어는 FBI 요원의 인터뷰가 폭넓게 등장한다. 이들에 대한 미국인의 이미지는 '컬트', '섹스', '레드'로 요약된다. 미국에 공동체가 설립된 1980년은 존스타운 집단자살이 일어난 다음 해이기 때문에, 컬트(cult)라고 명명된 순간 이들에 대한 의구심과 우려는 돌이킬 수 없는 것이 되었다. 또 이들은 결혼하지 않은 남녀의 공동체이고, 라즈니쉬 명상 중의 자유로운 섹스 장면이 방영되자 주류 기독교적 정서와의 간극은 극대화되었다. 어처구니없게도 이들이 입고 다닌 붉은 옷은 레드 컴플렉스의 빌미가 되어, 주민들은 "마을에서 공산주의자를 몰아내자"며 총을 들었다. "우린 미국인이고 민주주의를 지켜야 한다"는 완고한 정서는 결국 이민법을 적용해 라즈니쉬를 추방한 미국 정부의 행정 집행의 배경이 된다.

주변의 적대적, 때로는 폭력적 태도에 대한 방어를 위해 라즈니쉬 공동체는 대량으로 무기를 반입하기 시작한다. 모든 종교 사상을 아우르는 평화로운 세계를 꿈꾸던 공동체가 외부 사회에 반응하는 과정에서 생긴 예기치 못한 변화의 출발을 보여주는 사건이다. 이후 이들이 미국 주류사회를 위협한 행위들, 예를 들어 거주민 수를 바탕으로 시의회를 장악하고 앤털로프시를 라즈니쉬 시로 개명하고 시장을 배출하는 행위, 노숙자를 끌어들여 주민을 더 확보하여 오레곤 주의회까지 진출하려는 시도, 무엇보다도 독극물 살포로 지역 사회에 공포를 주었던 행위 등이 다큐의 시간 대부분을 차지하는 내용이다. 사건에 주도적으로 관여한 사람들의 인식 속에서 이 과거의 행위가 어떤 식으로 정당화되어 있는지를 듣는 것도 매우 흥미롭다. 공동체 생존이라는 목적이 모든 수단을 정당화할 때 종교 공동체가 위험한 집단이 되는 일은 종교사에서 많이 볼 수 있는데, 이 다큐는 그 과정을 세밀하게 관찰할 기회를 준다.

가장 핵심적이고 논쟁적인 인터뷰이는 쉴라(Ma Anand Sheela)이다. 라즈니쉬의 비서로 위에 언급한 사건들을 주도하였고, 그 과정에서 미국 사회를 매우 도발하는 태도를 보였고, 나중에는 공동체를 탈퇴하여 라즈니쉬로부터 배신자로 취급당하였고, 사건들의 사법적 책임을 지고 복역했던 인물이다. 그는 인터뷰 마지막 부분에서, 현재 라즈니쉬라는 인물에 대한 평가는 미국에서 공동체를 만들고 운영한 5년이 존재하지 않았던 것처럼 이루어지고 있다고 말한다. 핵심을 찌르는 말이다.

한국에서 라즈니쉬가 받아들여지는 방식이 바로 그러하기 때문이

넷플릭스의 자본력과 과감한 콘텐츠 기획력 앞에서 기존의 영화사나 방송국이 휘청인다는
사실은 잘 알려져 있다. 그렇다면 그 자본과 기획력이 학술 영역에 적용된다면 어떻게 될까?
전혀 새로운 양상의 학문적 결과물을 상상해야 할 것이다.
이 다큐에 활용된 자료의 양과 전세계를 대상으로 한 취재와 인터뷰의 양은
학자의 작업과는 차원이 다른 것이었다
사진은 오쇼 라즈니쉬가 1982년 여름 라즈니시 페스티벌에서
롤스로이스를 타고 지나가는 모습

다. 나도 1990년대 그에 대한 열풍에 동참하여 『배꼽』을 비롯한 그의
책들을 탐독한 사람이다. 나는 사상가로서 그를 사랑했지만, 그가 자
신의 이상을 실천하기 위해 만든 현실의 공동체가 어떤 문제를 일으켰
는지에 대해서는 제대로 알지 못했다. 우리에겐 그가 한 행위가 배제
된 채 그에 대한 이미지가 형성되어 있다.

　우리는 작고한 지 오래된 라즈니쉬 본인의 인터뷰를 들을 수는 없지
만, 자료 화면을 통해 간접적인 판단은 내릴 수 있다. 그가 합장할 때
빛나는 엄청난 크기의 다이아몬드 반지, 30대 가까운 롤스로이스 자동

차 등에서 그가 물질적 향락을 숨기지 않았던 정신적 지도자임은 대번에 알 수 있다. 그는 공동체의 문제들에 대한 책임을 실무자들에게 넘기고 자신은 사법적 책임을 지지 않았지만, 그 문제가 지도자와 무관하다는 생각은 들지 않는다.

이 다큐는 넷플릭스 오리지널이기 때문에 이를 보기 위한 방법은 서비스에 가입하는 것밖에 없다. 최근 한국에서도 새로운 문화 권력으로 부상한 넷플릭스를 내가 왜 광고하고 있는 것일까? 넷플릭스의 자본력과 과감한 콘텐츠 기획력 앞에서 기존의 영화사나 방송국이 휘청인다는 사실은 잘 알려져 있다. 그렇다면 그 자본과 기획력이 학술 영역에 적용된다면 어떻게 될까? 전혀 새로운 양상의 학문적 결과물을 상상해야 할 것이다. 이 다큐에 활용된 자료의 양과 전세계를 대상으로 한 취재와 인터뷰의 양은 학자의 작업과는 차원이 다른 것이었다. '넷플릭스 시대에 학자의 자리는 어디일까?'라는 잡생각을 하게 할 만큼, 이 다큐의 수준은 인상적이었다.

●방원일

● 저자 소개 ●

구형찬   서울대학교 강사
김윤성   한신대학교 교수
김태연   숭실대 인문과학연구소 교수
김호덕   한국종교문화연구소 이사
도태수   한국학중앙연구원 박사과정
민순의   한국종교문화연구소 연구원
박규태   한양대학교 교수
박상언   한국종교문화연구소 연구원
방원일   숭실대학교 HK연구교수
송현주   순천향대학교 교수
신재식   호남신학대학교 교수
심일종   서울대학교 인문학연구원 객원연구원
안연희   선문대학교 연구교수
우혜란   한국종교문화연구소 연구원
유기쁨   서울대학교 강사
윤승용   한국종교문화연구소 이사
윤용복   아시아종교연구원 원장
이 욱   한국학중앙연구원 연구원
이민용   한국종교문화연구소 이사장
이연승   서울대학교 교수
이용범   안동대학교 교수

이진구　한국종교문화연구소 소장

이창익　한신대 강사

이혜숙　〈불교평론〉 편집위원

임현수　한국종교문화연구소 연구원

장석만　한국종교문화연구소 연구원

정진홍　서울대학교 명예교수

조현범　한국학중앙연구원 교수

최수빈　서강대학교 강사

최정화　서울대학교 강사

최현주　한국종교문화연구소 연구원

최화선　서울대학교 강사

하정현　한국종교문화연구소 연구원

허남린　캐나다 브리티시 컬럼비아대학교 교수

홍승민　Fresno Pacific University, School of Humanities, Religion & Social Science 조교수

〈가나다 순〉

종교문화의 안과 밖

등록 1994.7.1 제1-1071
1쇄 발행 2021년 8월 20일

엮은이 한국종교문화연구소
펴낸이 박길수
편집장 소경희
편 집 조영준
관 리 위현정
디자인 이주향
펴낸곳 도서출판 모시는사람들
        03147 서울시 종로구 삼일대로 457(경운동 수운회관) 1207호
전 화 02-735-7173, 02-737-7173 / 팩스 02-730-7173
홈페이지 http://www.mosinsaram.com/

인 쇄 (주)성광인쇄(031-942-4814)
배 본 문화유통북스(031-937-6100)

값은 뒤표지에 있습니다.
ISBN 979-11-6629-047-3   03200